Je vis mo

Se dirigeant vers Dieu.
Ils étaient conduits par des hommes
Que l'on avait assassinés
Sans qu'ils aient été coupables.

Le Lai du Soleil, poème islandais du XIIe siècle

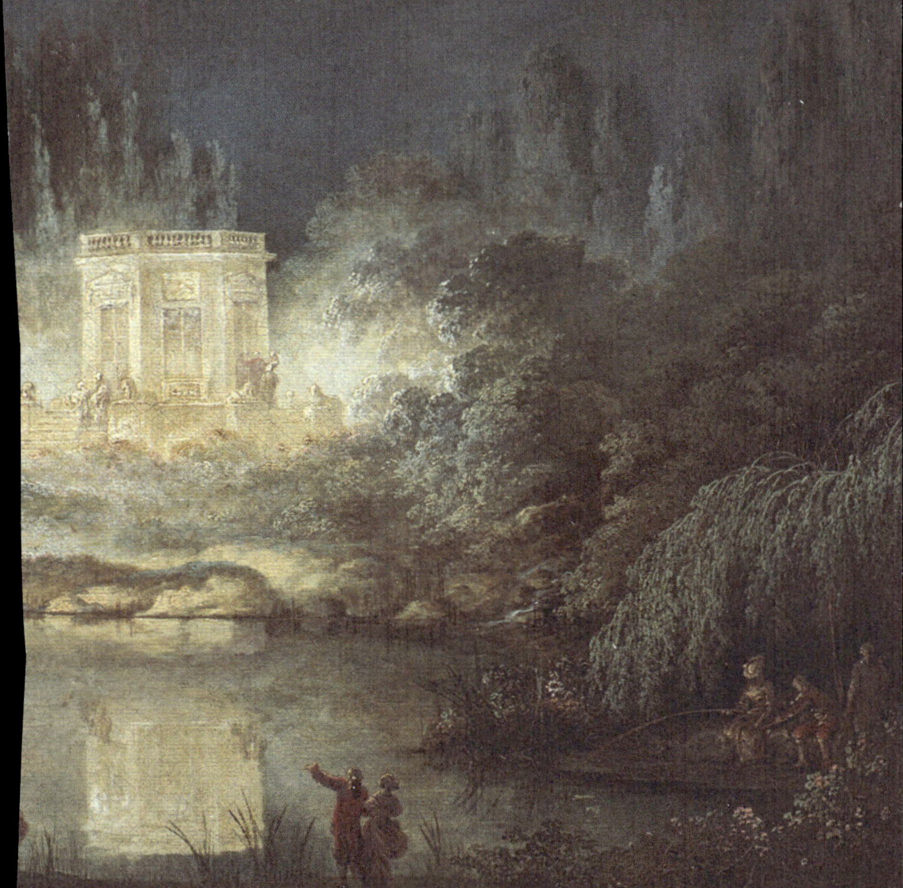

Illumination du pavillon du Belvédère dans les jardins du Petit Trianon lors d'une fête en août 1781, Claude Louis Châtelet (Musée du château, Versailles) © Josse/Leemage.

Le Petit Trianon
et Marie-Antoinette

Elisabeth Reynaud

Le Petit Trianon
et Marie-Antoinette

ÉDITIONS FRANCE LOISIRS

Édition du Club France Loisirs,
avec l'autorisation des Éditions SW Télémaque

Éditions France Loisirs,
123, boulevard de Grenelle, Paris.
www.franceloisirs.com

© Éditions SW Télémaque, 2010.
ISBN : 978-2-298-04304-4

Cher Lecteur,

J'ai voulu retrouver pour vous
— de sa jeunesse dorée jusqu'à l'échafaud —
une Marie-Antoinette
superbe et douloureuse
amoureuse et héroïque,
la voici en chair et en larmes

Elisabeth Reynaud

À Miléna

SOMMAIRE

1 – Le Trianon de porcelaine 13
2 – Les femmes du Roi-Soleil 19
3 – L'écrin de verdure devant recevoir
     le futur joyau 27
4 – Le château du Petit Trianon 35
5 – Le jardin de la reine 41
6 – La rencontre de sa vie : le comte Fersen.... 51
7 – Les feuilles empoisonnées des libellistes 63
8 – Des verges pour se faire battre 71
9 – La visite du grand frère 79
10 – La fête continue 89
11 – Le théâtre de la reine 99
12 – Les soupirants de Trianon 107
13 – Le retour du bien-aimé 115
14 – Réjouissances au Petit Trianon 125
15 – La folie du théâtre 137
16 – Mais enfin que jouait-elle ? 145
17 – Les inconvénients 153
18 – La duchesse de Polignac 161
19 – L'entourage de Marie-Antoinette 171
20 – La dangereuse société 179
21 – « L'Autrichienne en goguette » 187
22 – Nouveaux travaux au Petit Trianon 193
23 – Théâtre et fêtes nocturnes
     au Petit Trianon 203

24 – Visite du tsarévitch, futur Paul Ier 213
25 – Quelle gouvernante pour les enfants
     de France ? 221
26 – Un hameau comme d'autres en ont déjà 227
27 – Jardinage et théâtre à Trianon................ 233
28 – Les portraits de Mme Vigée-Lebrun 243
29 – Gustave III au Petit Trianon.................... 251
30 – Le retour du beau Fersen 257
31 – Nouvelle impopularité, la reine
     a changé... 267
32 – Deux fausses notes : le Barbier
     et le collier.. 275
33 – La vie du hameau 283
34 – Tourmente à Trianon 291
35 – Dernières retouches à Trianon................ 299
36 – Derniers feux à Trianon 307
37 – Trianon devant le Tribunal
     révolutionnaire 315

Chronologie... 323
Le Petit Trianon de Marie-Antoinette
en images 327

1

LE TRIANON DE PORCELAINE

D'abord ce fut comme un conte de fées. Cruel et merveilleux. Trianon était un petit hameau rattaché aux chasses de Louis XIV. Enclavé dans le parc royal, on trouva naturel de démolir en 1668 les chaumières et l'église. Les terres du cimetière furent transférées dans celui de Choisy. Colbert écrivit au roi qui était en Flandres, le 5 mai 1670 : « Je fus hier à Versailles. Les charpentiers ont commencé du matin les combles de Trianon. Le jardin s'avance fort. »

La maison fut construite en quelques mois. Puis Colbert mentionne : « Les jardiniers, terrassiers, charretiers et manœuvres, labourent, fument et remuent les jardins de Trianon. »

La création du nouveau petit domaine sortit de terre comme par enchantement. On en fit même un conte. Le sieur de Preschac écrivit : « La princesse Belle-Gloire se promenant sur les bords du grand canal, dit au héros, Sans-Parangon, que son père, l'empereur de Chine, préférait les maisons simples aux superbes palais. Aussitôt pour lui plaire, il frappa trois coups de sa baguette, et sortit tout à coup de terre un château de porcelaine, entouré d'un parterre de jasmin et d'une infinité de petits jets d'eau. »

Trianon devint la dernière mode. On en répandit des gravures dans la presse. Les propriétaires terriens, de tous côtés, voulurent avoir leur « Trianon ».

Le bâtiment était recouvert de faïences qui jetaient mille feux au soleil. C'étaient des carreaux de Hollande, venus pour la plupart de Delft. Mais déjà, Claude Révérend avait créé une fabrique qui les imitait, à Saint-Cloud. Les plaques de porcelaine évoquaient les récits des voyageurs rentrés de Chine. Les estampes en avaient donné le goût.

On montra fièrement le petit édifice aux ambassadeurs du roi de Siam reçus à Versailles. On avait disposé une profusion de vases, de pots, de bassins, de jardinières, en porcelaine. Le fontainier Denis fit des vers qu'on se disait devant le roi :

Considérons un peu ce château de plaisance
Voyez-vous comme il est tout couvert
    [de faïence,
D'urnes de porcelaine et de vases divers,
Qui le font éclater aux yeux de l'univers.

On ne saurait être courtisan à moins. Les combles de porcelaine étaient ornés de plombs dorés. L'escalier allant à l'étage était chargé de petits amours armés de flèches, d'oiseaux et de fleurs sculptées. Etienne le Hongre, Temporiti et Lespagnandel, les sculpteurs, travaillaient

14

d'arrache-pied. On créa deux fontaines avec des vases et des bassins scintillant au soleil.

Au cabinet des Estampes, le plan de ce bâti-ment disparu indique un salon de vingt-deux pieds de long sur dix-neuf de large, distribuant de chaque côté deux appartements de taille égale, composés d'une chambre, un cabinet et une garde-robe. Avec une volière jouxtant le cabinet. Tout ce qui n'est pas en faïence est en stuc blanc liseré de bleu. On ne retrouva de cette maison que quelques lambris de porcelaine et quatre grands panneaux de Delft, à sujet chinois, au château de Rambouillet.

Francart, peintre des Gobelins, décora les plafonds. Les tentures, les soieries, les tapisseries de taffetas brodé rivalisaient d'or et d'argent, sur fond blanc et bleu. Dans chaque pièce les rideaux, les rubans, les dentelles, les passementeries faisaient de ce séjour une véritable bonbonnière d'assez mauvais goût. D'un côté, la chambre des Amours, et de l'autre, la chambre de Diane étaient meublées de lits sculptés, en bois doré, incrustés de miroirs de Venise dans le dossier. Le mobilier croulait sous les tentures de brocart, les rosettes de soie bleue et les tourterelles en stuc. De grands voiles de gaze brodés tombaient jusqu'au sol, abritant les ébats du souverain et de ses maîtresses.

Quatre petits pavillons entouraient le corps principal. Leur usage évoque un monde de poupée. Il y avait le « pavillon des confitures », celui des entremets, celui « pour faire le rôt », un autre pour les potages, les entrées et les hors-d'œuvre, enfin

15

celui « pour dresser le fruit », destinés aux princes et aux seigneurs.

Tout ceci montre assez combien ce premier Trianon était dévolu aux plaisirs du souverain ayant cédé aux caprices de la belle Montespan.

Les jardins n'étaient pas en reste. Le jardinier Le Bouteux avait planté sans compter les jasmins d'Espagne et les orangers, les tulipes et les giroflées doubles. Neuf mille oignons de narcisses de Constantinople, de jacinthes et de tubéreuses. Les fleurs rares arrivaient de toutes parts. De Provence, trois mille jonquilles et treize cents jacinthes. Puis des muscats et des raisins de Corinthe.

On s'extasia devant son orangerie en pleine terre. Une immense serre dont les vitrages étaient fixés sur des châssis en charpentes amovibles. On démontait « les couverts des orangers » aux beaux jours, pour les remettre en hiver.

L'été, on se reposait sur des bancs de gazon, et, dans les grands froids, on s'ébattait au milieu des orangers, des citronniers et des grenadiers.

Et comme on faisait des vers avec tout, Denis écrit :

Et la pluie et le vent, quoique fort rigoureux,
Dans leurs rudes assauts ne peuvent rien contre
    [eux.

Colbert supervisait tout cela de près. Les dépenses étaient lourdes, mais on célébrait partout ce jardin embaumé. Les fleurs les plus odorantes étaient rassemblées dans un « cabinet des parfums ». On respirait les lys, les jasmins et les fleurs d'oranger en toutes saisons. Le duc de Luynes note « une quantité prodigieuse de fleurs dans des pots de grès, enterrés dans les plates-bandes, afin de les changer non seulement tous les jours, mais encore deux fois le jour si on le souhaitait. On m'assura, ajoute-t-il, qu'il y eut jusqu'à un million neuf cent mille pots à la fois, soit en terre, soit en magasin. »

Le Bouteux avait réussi à changer l'ordre des saisons en l'honneur du roi. On ne pouvait faire moins pour le Roi-Soleil. Les fleurs y tressaient partout le L royal.

2

LES FEMMES DU ROI-SOLEIL

Saint-Simon nous dit : « Trianon n'était alors qu'une maison de porcelaine où aller faire des collations. » Quant à Mme de Sévigné, elle enchaîne, le 12 juin 1675 : « La reine alla hier faire collation à Trianon ; elle descendit à l'église, puis à Clagny où elle prit Mme de Montespan dans son carrosse et la mena à Trianon avec elle. »

On y soupe, on y danse, on y assiste au spectacle et au concert. Le roi prend un tel plaisir à ces réjouissances que ce premier Trianon ne lui suffit plus. Il décida qu'on détruirait la maison de porcelaine et ses quatre appendices qui ne lui semblaient pas dignes de sa grandeur et, chargea Mansart de lui bâtir à la place un véritable palais d'habitation. La raison de cette sentence brutale tient dans la disgrâce de Mme de Montespan. Le charmant objet avait été construit pour elle. C'est elle qui avait inspiré ce luxe de cocotte et ces décorations un peu ridicules.

En 1687, supplantée par Mme de Maintenon, épousée trois ans plus tôt, la reine étant morte, un nouveau règne commence. Le palais qui s'élève sera pour la nouvelle épouse. Palais qui cependant ne lui doit rien, puisqu'elle songera davantage à freiner les dépenses du roi en termes de constructions, plutôt qu'à l'y pousser.

Jules Hardouin-Mansart se met à l'œuvre avec son collaborateur Robert de Cotte. C'est ce dernier qui imagine et dessine le péristyle en marbre rose. Les sculpteurs s'attaquent à des statues, des groupes, des vasques. On pose des brûle-parfums et des cassolettes fumantes entre des gerbes de palmes et des guirlandes d'épis et de raisins. Les peintres et les sculpteurs comme Le Gros, Mazeline, Hardy, Van Clève pensent à rendre hommage au génie de Le Nôtre. Le roi visite fréquemment les travaux. Le 22 janvier 1688, il dîne pour la première fois dans ses appartements, en compagnie du dauphin, de Mme de Maintenon, de Mme de Noailles et de quatre dames de leur suite.

« Après dînée le roi voulut voir toutes les dames travaillant à leur ouvrage et, de temps en temps, il se promenait dans sa nouvelle maison en donnant des ordres pour l'embellir », lit-on dans le *Journal* de Dangeau.

Louis XIV a l'œil averti. Un défaut dans une fenêtre de guingois ne lui a pas échappé. Il le fait remarquer au surintendant des Bâtiments, Louvois. Lequel refuse de voir le défaut et gronde tout haut. Le lendemain, nouvelle observation du monarque. Le Nôtre prend les mesures. Le roi a raison. Il fait de lourds reproches au surintendant, disant que « sans son opiniâtreté à lui, on aurait bâti de travers et il aurait fallu tout abattre ».

Louvois, inconsolable, finira par en mourir de dépit le 16 juillet 1691.

Le Trianon devient peu à peu une pure merveille. Saint-Simon lui-même, qui joue les grincheux contre les Bâtiments du roi, ne peut s'empêcher de louer « ce palais de marbre, de jaspe et de porphyre » et ses jardins délicieux. Mansart fait élever le « buffet d'eau » en marbre de couleur et plombs dorés. L'eau s'y déverse de vasque en vasque, couvrant d'une nappe de cristal mouvante les précieux matériaux.

Louis XIV se rend sans cesse à Trianon. Il y couche, y passe plusieurs jours de suite. Les appartements de Mme de Maintenon touchent à ceux du maître. Là, il oublie les contraintes de l'étiquette, les audiences aux ambassadeurs, le grand couvert et le petit lever. C'est sa résidence secondaire avant la lettre. Le lieu privilégié de son gynécée.

Le marquis de Dangeau rapporte : « Le Roi va souvent dîner à Trianon où il mène d'ordinaire Mme la duchesse de Bourbon, Mme la duchesse de Conti et leurs dames. Les courtisans, eux, ne suivent pas. » Les princes du sang eux-mêmes n'y ont pas accès sans l'agrément du roi et doivent « demander permission » pour s'y rendre. Les filles du roi, duchesses de Bourbon et de Chartres, qu'il a eues de la Montespan, et la princesse de Conti, fille de La Vallière, peuvent seulement y convier une dame de leur choix. Point d'hommes. Le roi désigne lui-même les privilégiés. Ainsi, quand il veut marquer son mécontentement au duc de Saint-Simon, il « nomme » régulièrement la

21

duchesse pour Trianon et non pour Marly, où les maris pouvaient aller de droit lorsque leurs femmes y étaient. Pendant cette disgrâce passagère, Saint-Simon ne peut aller ni à l'un ni à l'autre.

On joue au « cadran de l'anneau tournant », sorte de roulette, au billard, à la loterie. Les dames gagnent des étoffes, des dentelles, de l'argenterie, des bijoux. Mme de Maintenon y participe. Lorsqu'elle gagne, elle rend son lot. Les violons jouent des airs de Lulli. Le soir, il y a musique ou comédie dans la petite salle de théâtre. Ensuite un souper est servi sur le péristyle où passent les vents du soir chargés de parfums. Saint-Simon raconte : « Rien n'était si magnifique que ces soirées de Trianon. Les parterres changeaient tous les jours de fleurs. J'ai vu le Roi et toute la Cour les quitter à force de tubéreuses dont l'odeur embaumait l'air, mais si forte par leur quantité, que personne ne put tenir dans les jardins, quoique très vastes et en terrasse sur les bras du Canal. »

Musiciens et danseurs de l'Opéra de Paris se produisent en costumes sur la scène du théâtre. Le roi se tient dans une tribune en petite compagnie. Les dames assises, on sert une collation dans les corbeilles, et l'opéra commence. On joue *Atys* de Lulli, *Énée et Lavinie* de Colasso et, en 1702, *Omphale* de Destouches. Comédies et tragédies se succèdent pendant le carnaval de 1702.

Le roi d'Angleterre, Jacques II, qui vient de perdre sa couronne, et sa femme, qui sont reçus à la cour, assistent à l'opéra *Issé* de Destouches qui clôture les fêtes du mariage du duc de Bourgogne avec Marie Adélaïde de Savoie, chérie de Mme de Maintenon.

Le roi a fait préparer un appartement pour elle. La chambre qu'il a choisi d'attribuer à la femme de son petit-fils, à l'extrémité de son propre logement, est celle qu'on appelle le « salon frais », donnant sur le jardin des Sources. Trianon devient le palais de la jeune princesse. Elle y donne des fêtes entourée de sa cour. Se prend de passion pour le jeu du mail et du lansquenet dont elle dit dans un billet adressé à Mme de Maintenon qui a dû lui faire la leçon : « Je suis bien résolue de me corriger et de ne plus jamais jouer à ce malheureux jeu qui ne sert qu'à nuire à ma réputation et à diminuer votre amitié, qui m'est plus précieuse que tout. » Une autre princesse plus tard ne fera pas preuve des mêmes dispositions. Ce qui la fera haïr inutilement. Son malheureux mari ayant beau payer fidèlement ses nombreuses dettes de jeu.

Le roi a offert à la princesse une « Ménagerie garnie des bêtes les plus rares », nous dit Saint-Simon. Pourtant il ne s'agit que d'un poulailler et d'une laiterie qui annoncent ceux d'une autre fermière en robe de cour. Pour l'heure, ce ne sont que parties sans fin, allées et venues en gondoles sur le grand canal, au son des violons et des hautbois qui résonnent jusqu'au matin pendant les nuits d'été. On dîne et soupe sur l'eau. Dangeau raconte une de ces parties données sur le grand canal : « Sur les six heures du soir le roi entra dans ses jardins de Trianon, et, après s'y être promené quelque temps, il se tint sur la terrasse qui regarde le canal. » De là il vit les princes et les princesses, ses enfants, embarquer dans plusieurs gondoles affublées de lanternes multicolores. « Le roi fit apporter des sièges au haut de la balustrade, où il demeura jusqu'à huit heures à entendre la musique. » À deux heures du matin les princes rentrèrent au château se coucher, mais la duchesse de Bourgogne attendit le départ de Mme de Maintenon pour Saint-Cyr. Lorsqu'elle la vit monter en carrosse à sept heures du matin, elle alla se coucher avec sa suite sans paraître fatiguée d'avoir tant veillé. Elle était vêtue à l'espagnole comme elle avait vu les comédiens de théâtre le faire. Le lendemain à nouveau, dînée, musique d'opéra, souper puis bal à dix heures et demie. Les princesses dansent « toutes vêtues magnifiquement à l'espagnole ». Leurs partenaires sont le duc de Berri, le duc d'Orléans, le comte de Toulouse. Le roi se retire avant minuit, sans interrompre le bal, rapporte le *Mercure*.

Le Trianon est encore fréquenté par la fille de l'Électeur palatin, qui a épousé Monsieur, duc d'Orléans, frère du roi. On la connaît sous le nom de « la Palatine ». On dit qu'elle tient plus de l'homme que de la femme. Elle est forte, courageuse, sauvage. Toujours enfermée à écrire de terribles lettres qui n'épargnent de ses railleries ni les gens, ni les lieux. Elle n'aime pas la pompe monotone et froide du palais et préfère se promener seule dans les jardins. Ainsi Trianon trouve grâce à ses yeux. En 1705, elle écrit à sa tante, Sophie de Hanovre : « Mon logis a vue sur les Sources. Les Sources sont un petit bosquet si touffu, qu'en plein midi le soleil n'y pénètre pas. Il y sort de terre plus de cinquante sources qui font de petits ruisseaux larges d'un pied. Ils forment de petites îles suffisamment larges pour y mettre des tables et des chaises et y jouer à l'ombre. De mon côté les arbres entrent presque dans mes fenêtres. Aussi appelle-t-on ce corps de logis Trianon-sous-Bois. »

Une nuit la duchesse de Chartres a l'idée d'allumer des pétards sous les fenêtres de Monsieur, son beau-père. Le roi est du complot. Les pétards éclatent. Monsieur, réveillé en sursaut, voit fuir dans les allées les robes de couleur. Le lendemain il porte plainte au roi qui fit des excuses « pour les princesses et pour lui-même ».

Le dauphin mourait en 1711. Le duc de Bourgogne en 1712, et Louis XIV en 1715, laissant le trône à son petit-fils de cinq ans, le futur Louis XV.

3

L'ÉCRIN DE VERDURE
DEVANT RECEVOIR LE FUTUR JOYAU

Pendant la première partie du règne de Louis XV, Trianon cessa d'être habité. En 1741, il fut offert à Marie Leszczynska. « On sut hier, écrit le duc de Luynes le 17 août, que le Roi avait donné à la Reine le château de Trianon, avec la permission d'en faire l'usage qu'elle voudra. » La reine put ainsi loger à Trianon son père, le roi de Pologne, toutes les fois qu'il lui rendait visite à Versailles. Chaque jour Stanislas allait passer quelques heures avec sa fille. En arrivant à Trianon il prenait le thé, fumait sa pipe et allait se coucher à neuf heures.

Trianon est déjà le lieu prédestiné des amours et des scènes d'intimité. Louis XV, dans une crise éphémère de repentir, a congédié sa maîtresse, Mme de Châteauroux. Par un soudain retour de santé il s'apprête à la rappeler à Versailles lorsque la dame, recluse dans sa maison de la rue du Bac, meurt subitement. C'est à Trianon que le roi s'enfuit pour cacher une douleur qui pourrait lui être reprochée. Malgré le froid de décembre, il

27

s'enferme avec quelques proches pour pleurer la favorite disparue.

L'année 1750 voit renaître la vie au domaine de Trianon. La marquise de Pompadour, nouvelle maîtresse en titre, donne au roi l'idée de créer une « Ménagerie ». Avec des moutons, des pigeons, des poules, des canards et des cygnes dont la marquise raffole indistinctement. La distraction du moment consiste à élever des oiseaux de basse-cour. « Le roi et Mme de Pompadour, rapporte le duc de Luynes, s'amusent beaucoup des pigeons et poules de différentes espèces. » Ils en ont partout, à Trianon, à Fontainebleau, à Compiègne, à l'Ermitage. Le roi en a même dans ses cabinets, dans les combles de Versailles. « Ce goût, joint à celui du laitage, convenait sans doute au tempérament de madame de Pompadour et fut la cause de la construction d'une ménagerie », ajoute le duc.

On construit encore une grande laiterie avec quantité de vaches venues de Hollande. Il y a maintenant, à ce qu'il faut bien appeler le Grand Trianon, une trentaine de petits logements destinés à ceux qui veulent y passer la nuit à la suite des soirées auxquelles ils ont été conviés. La marquise donne audience à Trianon comme à Versailles car elle se mêle beaucoup de politique. Les soupers réunissent trente à quarante personnes que le roi a nommées.

Un jour de février 1752, Louis XV a réuni toute sa famille autour de lui dans un moment de grande douleur, il vient de perdre sa fille préférée, Madame Henriette.

La « ménagerie » a été construite à l'ouest du château de Mansart. Au milieu des parterres ceints de gazons à la française, Gabriel a placé l'élégant pavillon qui subsiste de nos jours. Un rez-de-chaussée formant un salon circulaire avec quatre portes-fenêtres et quatre cabinets carrés attenants : un boudoir, une cuisine, un réchauffoir et une garde-robe. Puis on ajoute une volière, des poulaillers et des serres chaudes qui reprennent les fantaisies à la dernière mode. Mme de Pompadour veille à tous les détails. Elle transmet ses ordres, comme le rapporte Marigny, en 1755 : « Vous ferez faire les deux petites serres chaudes que le Roi demande pour ses ananas, et les deux douzaines de chaises pliantes de bois pour Trianon, que j'ai dites. »

Au nord-est de l'allée du Rendez-Vous, se trouvait le petit bois des Onze-Arpents. Entre ce bois et le château on avait creusé un grand réservoir. À côté deux glacières, une pépinière et des logements de gardes et de jardiniers. Il restait un espace en forme de trapèze : c'est l'endroit que le roi choisit pour la nouvelle ménagerie. À gauche de la ménagerie, on place le « salon frais » dans une salle de verdure, à droite, des poulaillers, un potager, avec un portique de treillage, une figuerie, des serres et un jardin réservé aux fleurs rares. Le roi, accompagné de ses dames et des actrices du théâtre des Petits Cabinets, société habituelle de la marquise de Pompadour, s'y rend presque chaque jour « en voyage ».

En 1753, le nom de Petit Trianon n'est pas encore donné à la nouvelle création de Louis XV.

On l'appelle la « Nouvelle Ménagerie de Trianon »,
ou quelquefois l'« Ermitage de Trianon ». Par
analogie à l'Ermitage de Versailles qui avoisinait
le bassin de Neptune. Ce n'est que vers 1759 que
le terme de Petit Trianon sera définitivement
adopté.

En 1755, d'Argenville fournit quelques préci-
sions : « De la cour des volières on passe dans un
jardin fruitier chargé de plantes étrangères :
ananas, café, aloès, géranium, figuier des Indes.
Ces plantes sont rangées sur des gradins ou en
pleine terre. Dans le second jardin se trouvent les
serres chaudes pour les fruits primeurs et un
fleuriste [petit bâtiment de fleurs], dont les murs
sont couverts de buissons ardents et de jasmins
jonquilles. Le tout est bordé de petits orangers en
pots enfoncés dans le sol. » Chaque année
Louis XV ajoute des carrés de fleurs et de nouvelles
serres. Il aime l'agriculture et le jardinage. On lui
a enseigné la botanique. Il surveille au grand
potager de Versailles les essais d'acclimatation
de l'ananas, du figuier et du caféier. Après avoir
satisfait aux goûts de sa favorite en construisant
laiterie et volières, il voulut posséder dans sa
résidence favorite un jardin expérimental. Le duc
d'Ayen lui présenta l'homme qui mettrait ce projet
à exécution. Son père, le duc de Noailles, était
chargé du gouvernement de Saint-Germain. Dans
cette ville il entendit parler par le botaniste
Lemonnier, alors médecin de l'infirmerie royale,
d'un jardinier qui, par son habileté, obtenait des
résultats prodigieux. Il alla visiter son jardin et y
conduisit le roi.

Ce jardinier, nommé Claude Richard, était fils d'un Irlandais, lui-même jardinier, émigré en France à la suite de Jacques II. Entré au service d'un lord fixé à Saint-Germain, il avait fait de son jardin une des plus étonnantes merveilles du genre. Puis le lord, lassé d'y engloutir des sommes considérables, l'abandonna à Richard. Celui-ci, trop pauvre pour assumer la charge des immenses serres chaudes dont il ne voulait pourtant pas se séparer, s'y installa et y établit sa résidence. Du foyer des fourneaux il fit le foyer de sa famille et épargna ainsi le bois destiné au ménage. Ce fut une telle réussite que bientôt il acquit une grande renommée. Le célèbre botaniste Lemonnier dit de lui : « Avant lui, on connaissait à peine en France l'usage des serres chaudes. Ou bien elles coûtaient beaucoup et produisaient peu. Cet agronome vient à bout de faire éclore et mûrir chez lui ces fleurs et ces fruits précoces qui semblent se jouer des saisons. C'est à lui qu'on doit la création d'une variété de renoncule aux formes et aux couleurs jamais vues. C'est lui qui inventa la méthode de cultiver les plantes en terre de bruyère. »

En allant chasser dans les forêts de Saint-Germain, Louis XV allait admirer les cultures de Richard et faisait remplir sa voiture de pots de fleurs et de fruits qu'à son retour à Versailles il offrait à la reine et aux dames de la cour. Il voulut lui confier les jardins de Trianon. Mais l'homme ne pouvait s'arracher aux serres qui lui avaient tant coûté. Il finit par consentir en imposant une condition que son expérience lui dictait : il ne recevrait d'ordres ou d'appointements de nul autre que du roi lui-même. Ce fut entendu, et plus tard Louis XVI demeura fidèle à l'engagement pris par son aïeul. Le jardinier-fleuriste, car tel était son titre, reçut une maison construite près du réservoir du Trèfle et le terrain devant. Le domaine était en perpétuel mouvement de démolition et de construction. On détruisit un potager, on édifia des serres chaudes, des serres sans feu, une serre dite hollandaise pour la culture des ananas, des figuiers et autres arbres fruitiers. Il y eut une serre spécialement consacrée aux pêchers.

Dans les *Mémoires d'un homme de cour*, de la Gorse raconte un dialogue fort savoureux entre le roi et son jardinier, car les travaux n'allaient jamais assez vite au gré du souverain, et il lui en demandait la raison.

« Sire, répondit Richard, M. de Marigny évalue à 90 000 livres ce qui reste encore à faire. Or, comme on ne le paie pas, les travaux n'avancent pas. Si l'entreprise m'était confiée, je me ferais fort de l'achever moyennant 30 000 livres.

— Comment ! s'écria le roi, vous en viendriez à bout avec cette somme ? Mais on me vole donc !

— En douteriez-vous, Sire ?

— En ce cas, Richard, je vous charge expressément de la confection de cet ouvrage.

— À merveille, Sire, mais l'argent où est-il ? Je n'en ai point moi !

— Quoi ! Vous en manquez ! Eh bien, venez me voir demain matin, vers les dix heures et je vous en prêterai sur ma cassette personnelle. »

Richard fut exact chez le roi qui lui remit les 30 000 livres en disant : « Ah çà, mon cher Richard, quand la caisse des Bâtiments vous paiera, vous me rendrez cette somme, n'est-ce pas ? » Ce qui fut dit fut fait. Louis XV recouvra son argent peu après.

Si l'on voulait faire sa cour au roi, il fallait aller se gaver de fruits et les louer sans restriction devant lui, les trouver délicieux et incomparables. On avait rassemblé sur son ordre toutes les sortes de fraises existant en Europe. On en fit de succulentes au Petit Trianon et le roi s'en gorgeait comme étant son fruit préféré. Il s'intéressait aussi aux expériences menées sur la corruption des blés. Sa passion pour la botanique prenant aussi chaque jour un peu plus d'ampleur, il demanda à un scientifique réputé du Jardin des Plantes, à Paris, Bernard de Jussieu, de se joindre à son jardinier, pour lui composer un jardin botanique. Il fit le catalogue des plantes insérées dans le nouveau jardin du roi. Il y avait les plantes de cuisines, les plantes de médecine, les plantes d'ornement et celles employées dans les arts comme la peinture. Tous les botanistes de l'Europe avaient alors les yeux fixés sur les jardins de Trianon. On rapportait à Richard des plantes du monde entier. Des graines de tulipiers de Virginie, des échantillons d'arbre à cire venus de Louisiane, des végétaux rapportés des Indes par l'abbé Pingré. Le chevalier Turgot rapporta d'une mission à Cayenne le cacao, la vanille et une petite lentille rouge sucrée qui plut à Marie Leszczynska et reçut le nom de « lentille à la reine ». On cite encore des plants d'arbres venus de Chine et que le fils de Richard, Antoine Richard, alla chercher à Brest. Le fils, élevé à l'école de son père, rapportait sans dommage des plantes de ses nombreux voyages. Ainsi le buis de Mahon, le cèdre du Liban, la giroflée maritime, le chêne de Gibraltar, sorte de chêne-liège dont les fruits sont comestibles, et dont le rejeton devint à Trianon un arbre magnifique. Il herborisa le long des côtes d'Alger, puis jusqu'en Asie Mineure, revint par l'Allemagne et la Hollande, descendit sur les Alpes et les Pyrénées. Il réunit ainsi plus de quatre mille végétaux méthodiquement classés.

Que reste-t-il à Trianon des collections botaniques de Louis XV ? Rien physiquement, mais les savants en ont gardé les traces et nos jardins regorgent de ces plantes venues du bout du monde.

4

LE CHÂTEAU DU PETIT TRIANON

C'est pour accéder au souhait de Mme de Pompadour que Louis XV, également passionné par son petit domaine, fait entamer les fondations du Petit Trianon en 1762. Les murs, l'année suivante, et le toit, l'année d'après. De 1764 à 1768, ce sont les menuisiers, serruriers, sculpteurs et peintres qui opèrent. La marquise n'en jouira jamais puisqu'en cette dernière année paraît à la cour la nouvelle favorite, Mme du Barry. Les comptes des Bâtiments précisent qu'il a coûté 736 056 livres, 16 sous et 6 deniers.

Le rez-de-chaussée, à part la salle de billard et celle des gardes du corps, est réservé au service. Un escalier de pierre, à rampe en fer forgé, conduit au premier étage. Par la porte à gauche, on va à l'entresol et au second étage. La porte à droite s'ouvre sur les pièces de réception : antichambre, grande et petite salle à manger, salon, cabinet du roi, bibliothèque. Le château est construit dans un jardin de fleurs et de fruits dont la décoration emprunte les motifs. Guirlandes de fruits, profusion de fleurs ornent les boiseries peintes en vert d'eau très pâle. Sur les stucs des plafonds, les

35

ornements se détachent en blanc rehaussé d'or. Ce n'est que roses, lys, tournesols, angelots, feuilles de chêne. Pour la salle à manger on commande quatre grands tableaux ayant pour thème la pêche avec Neptune et Amphitrite, la chasse avec un portrait de Diane, Cérès et Triptolème enseignant l'art de cultiver le blé et de faire les moissons, et enfin Bacchus, l'heureux dieu des vendanges et du vin.

Les cheminées sont aussi soigneusement choisies : dans la grande salle à manger, en marbre bleu turquin, dans le salon, en brèche violette, dans le cabinet du roi, en marbre d'Alep, et dans la petite salle à manger, en griotte d'Italie.

Au second étage, les courtisans de la suite du roi occupent les chambres qui donnent sur les jardins, et, au centre, un dédale de cabinets, presque sans lumière du jour, logent les gens de service. Les chaises percées pour les besoins de tous sont placées dans de petits réduits noirs. L'hygiène n'était pas plus observée au Petit Trianon qu'au palais de Versailles. À l'article « Latrines » du *Dictionnaire de l'architecture française* de Viollet-le-Duc, on lit : « Le château de Versailles ne renfermait qu'un nombre tellement restreint de [cabinets] privés, que tous les personnages de la cour devaient avoir des chaises percées dans leur garde-robe. Il en était de même dans les corridors de Saint-Cloud, sous Louis XVIII, car les traditions de Versailles y étaient scrupuleusement conservées. Un jour que nous visitions ce palais, dit-il, avec une respectable dame de la cour de Louis XV, passant dans un couloir empesté,

36

elle ne put retenir cette exclamation de regret :
"Cette odeur me rappelle un bien beau temps." »

Le coup de génie de la salle à manger est dans la
table mobile qui apparaît chargée de mets sans la
présence d'aucun serviteur qui aurait pu troubler
l'intimité du roi et de ses maîtresses. Elle disparaît
à nouveau dans les profondeurs du sol, à l'étage
des services, lorsque le roi et ses convives n'en
ont plus besoin. D'Argenville raconte : « Cette
"machine" est du sieur Loriot, artiste connu pour
le secret qu'il a découvert afin de fixer le pastel
sans en ôter la fleur ni altérer la fraîcheur. »
Louis XV lui donna 12 000 livres de rentes et un
logement au Louvre. Le mécanicien, Richer, qui
n'avait pas reçu son salaire pour le montage de
cette machinerie complexe, adressa un placet plein
d'esprit au responsable des Bâtiments du roi :
« Votre protection s'étend sur les arts mécaniques,
moins brillants qu'utiles, comme sur les beaux-
arts… Elle ne laissera pas plus longtemps privé de
ses salaires un cyclope docile qui forgea de grand
cœur quelques fers pour le palais de Vénus. »

Pour l'heure, Vénus, c'est la comtesse du Barry.
C'est avec elle que Louis XV inaugure le palais
dont il avait rêvé avec la marquise de Pompadour.
Celle-ci n'avait de prérogatives qu'en matière de
plaisir. La botanique fut reléguée au second plan.
L'usage était alors, pour les princes et les grands
seigneurs, d'avoir en dehors de leur domaine
attitré une petite maison où ils allaient, avec quelques intimes et des femmes peu farouches, souper
librement loin de tout regard indiscret. C'est dire
si l'invention de Loriot venait à point.

Avec sa table on se sert et se dessert tout seul, comme par enchantement. Au signal, le parquet s'ouvre, la table, dressée et chargée de mets, sort accompagnée de quatre dessertes également garnies. À chaque service, le milieu de la table disparaît. Il ne reste que le pourtour où sont les assiettes. Une rose en métal, ménagée dans l'épaisseur du cercle central, étend ses feuilles et cache le vide. La partie descendue s'arrête au rez-de-chaussée où on la remplit à nouveau. Quand elle est remise en mouvement vers le premier étage, la rose de métal se retire pour lui livrer passage. Le repas fini, table et desserte s'enfoncent dans le sol. Les lattes de parquet reprennent leur place et se rejoignent si exactement qu'il faut les avoir vues s'ouvrir pour croire qu'elles sont mobiles. Les contrepoids étaient cachés dans les souterrains. Le roi dut faire construire des bâtiments pour le service car les deux pièces de cuisine étaient devenues insuffisantes avec ce nouveau mécanisme.

On sait peu de choses sur les dernières années de Louis XV au Trianon. Un jour le jardinier Richard fit avec la reine-marguerite, dont les graines étaient venues de Chine, une surprise au roi : sur fond de marguerites rouges et violettes, il avait écrit « Vive le Roi » et « Le Bien-aimé ». Richard obtint des variétés doubles, à pompons, à tuyaux, blanches, roses, panachées.

Louis XV, qui même dans ses plus grands désordres gardait le respect des observances religieuses imposées par l'étiquette de la cour de France, avait projeté d'annexer au Petit Trianon une chapelle. Mais c'est seulement en 1772 qu'il donna l'ordre de construire ce nouvel édifice. Pour le règne de Louis XV le Petit Trianon avait coûté la somme de 1 400 000 livres en près de vingt-cinq ans.

On ne pouvait rien imaginer de plus séduisant. Du château on avait vue sur la cour plantée de charmilles et, à travers une percée dans le mur, sur les bosquets du parc de Versailles. Une autre face regardait le jardin botanique. Les fenêtres du salon donnaient sur des parterres plantés de fleurs rares. La salle à manger s'ouvrait sur des allées de tilleuls, des bosquets de rosiers et de lilas, des allées de gazon au bout desquelles étincelaient des jets d'eau, retombant en pluie dans des vasques de marbre blanc où jouaient des amours en plomb doré. On se promenait au milieu des branches de lys et des couronnes de roses, des poires, des raisins et des guirlandes de feuilles sculptés dans les boiseries.

C'était le premier pas vers une mode nouvelle venue d'Angleterre, qui allait détrôner l'art de Le Nôtre. En même temps l'architecture, le mobilier, se modifiaient pour donner un nouveau style que l'on nommerait – à tort – le style Louis XVI parce que c'est sous son règne qu'il est arrivé à son complet épanouissement. Gabriel, le premier architecte du roi, se tourna vers les leçons données par l'Antiquité. L'exhumation d'Herculanum et la connaissance des peintures et des bronzes retrouvés sous ses ruines fournirent de nouveaux modèles dont les artistes s'inspirèrent.

L'eau est partout, elle retombe en nappe sur

des buffets de marbre, en dais sur la tête des statues ou jaillit en coup de feu du canon d'un fusil. Les jardins de la Renaissance ayant outrancièrement « architecturé » la nature, en 1764, Jean-Jacques Rousseau écrivait dans *La Nouvelle Héloïse :* « Je suis persuadé que le temps approche où l'on ne voudra plus dans les jardins, rien de ce qui se trouve dans la campagne... on n'y mettra plus que des fleurs de porcelaine, des magots, du sable de toutes couleurs et de beaux vases pleins de rien. » Mais l'influence des jardins anglais eux-mêmes atteints par l'engouement pour la mode chinoise allait battre en brèche cette affirmation. On y retrouve le sentiment de l'antique et de la nature. Un monde littéraire, artistique, social, s'éteint avec le règne de Louis XV.

C'est au Petit Trianon que le roi ressent les premières atteintes du mal qui devait l'emporter. Certains échotiers prétendent qu'il l'aurait contracté au cours d'une orgie. Louis XV étant venu au Petit Trianon le 26 avril 1774, pour y passer quelques jours avec sa maîtresse, se trouva « incommodé de douleurs de tête, de frissons et de courbatures ». Il partit néanmoins en voiture pour la chasse, mais il dut rester dans son carrosse et revint chez Mme du Barry où il prit plusieurs lavements. Personne ne crut à la gravité de son mal et, de retour au château de Versailles où on le transporta avec précaution, une petite vérole confluente se déclara et le roi mourut le 10 mai 1774.

5

LE JARDIN DE LA REINE

Le jardinage et le théâtre furent les goûts dominants de la société française dans les années qui précédèrent la Révolution. La reine Marie-Antoinette, aussitôt que dauphine, à son arrivée à la cour de France, manifesta une passion pour ces deux passe-temps très à la mode. Les frères du roi se faisaient peindre en jardiniers. Provence, en bleu, cueillant une grappe de raisin pour sa belle-sœur. Artois, en rose, une bêche à la main, offrant à son épouse la fameuse prune de Monsieur. Les princesses, costumées en bergères. Ces tableaux sont du peintre Drouais.

On visite les jardins célèbres. Marie-Antoinette, en octobre 1773, va voir celui du maréchal de Biron situé rue de Varenne : potagers, fleuristes, serres de plantes rares. On cite comme un prodige le fait que le *Magnolia grandiflora* y a fleuri deux années de suite. On y voit des carrés de tulipes, une collection d'asters de vingt espèces différentes. Les terrasses sont ornées de 10 000 pots de faïence. Dans les allées et les bosquets se cachent des fauteuils et des canapés couverts de toiles cirées.

Elle visite aussi celui du duc de Chartres dans la plaine Monceau, avec une petite île où paissent des moutons, sources, bois semés de mausolées, parterres à couleur unique, tentes turques et jeu de bague chinois. Enfin un jardin d'hiver où un orchestre se cache dans une grotte et joue une musique douce.

À Chantilly, dans les bosquets plantés par le Grand Condé, au milieu d'une île, il y avait un charmant petit jardin anglais et un village en miniature. Marie-Antoinette avait une idée en tête. Elle la polissait avec une énergie farouche. Ayant quelques raisons à cela. Après l'ordre impérieux que Le Nôtre a imposé aux éléments naturels, chacun retrouve la nostalgie de la liberté des végétaux. Le goût féminin se cabre devant cette domestication des éléments. Duchesne écrit en 1773 dans son traité *Sur la formation des jardins* : « *Un* cri général proclame ennuyeuse la promenade des Allées des Saisons, les trouvant désertes et inhabitées. À l'aspect des grilles, on sent avec chagrin qu'on est enfermé. »

On allait jusqu'à dire que Le Nôtre avait massacré la nature et qu'il avait inventé l'art de s'entourer à grands frais d'une enceinte d'ennui. La monotonie du parc de Versailles en lassait plus d'un. L'immense terrasse brûlée de soleil, balayée par la pluie et le vent, l'horizon du grand canal, lancinant de monotonie, ont dès l'abord fatigué la jeune archiduchesse qui arrive de la cour d'Autriche pour être reine de France. L'étiquette qui règne au palais lui pèse. À Vienne elle n'était pas sans cesse en représentation.

Au printemps de 1774, Louis XVI accède au trône. Il a vingt ans. Marie-Antoinette devient reine de France à dix-neuf ans. Les deux jeunes souverains sont acclamés par une nation enthousiaste. Un des premiers gestes du roi est d'offrir à sa jeune épouse qui l'impressionne tant un somptueux cadeau. Il aurait dit : « Vous aimez les fleurs, j'ai un bouquet à vous offrir, c'est le Petit Trianon. » Il était charmé de lui en faire don. L'impératrice Marie-Thérèse écrit à Mercy-Argenteau, son ambassadeur et espion à la cour de France : « Tout l'univers est en extase. Il y a de quoi : un roi de vingt ans et une reine de dix-neuf ans... la générosité du roi pour Trianon, qu'on dit la plus adorable des maisons, me fait grand plaisir. » Mais aussitôt elle écrit à sa fille : « Ne menez pas le roi dans des dépenses extraordinaires ; que ce charmant premier don ne serve pas à faire de trop grandes dépenses, encore moins aux dissipations... »

Le comte de Provence aurait bientôt Brunoy, et le comte d'Artois, Bagatelle. Marie-Antoinette ne désirait rien pour elle qui lui rappelât le jardin royal et l'imposante majesté de la vie de cour. Elle voulait la grâce d'un lieu plus humain, la liberté de ses amitiés, en un mot elle ne pensait qu'à se soustraire à la perpétuelle attention dont elle était l'objet sous prétexte d'étiquette.

Dès juillet 1774, Marie-Antoinette ne vit plus que pour son jardin anglais au Petit Trianon. Le roi donne des ordres pour que le domaine soit entouré de murs et pour que « tout ce que peut désirer la Reine relativement à cet établissement, soit exécuté avec toute la diligence et le soin possibles ». « La Reine, ajoutent les *Mémoires secrets* de Mercy, a été très sensible à ce cadeau… Elle a répondu au Roi en riant qu'elle acceptait le Petit Trianon à condition qu'il n'y viendrait que lorsqu'il y serait invité. »

Le roi n'aime que la chasse et les travaux de serrurerie, ses manières sont gauches et sa démarche empruntée. Il n'en revient pas du don que le ciel lui fait dans la personne de cette charmante poupée à grand front et au teint de porcelaine. Il ne peut y croire, lui qui a jusque-là vécu sans amour. Même ce grand-père qu'il aimait tant l'a déçu en affichant des maîtresses comme la du Barry. Un jour que Marie-Antoinette s'est laissé emporter dans une lettre à sa mère, elle l'a appelé « le pauvre homme ». Il lui en a cuit d'ailleurs, sa mère l'ayant tancée vertement dans une lettre suivante. Le roi, effectivement, viendra se promener dans le jardin, dîner, souper, puis il rentrera dormir au château de bonne heure car il se lève tôt le matin pour aller chasser.

Marie-Antoinette prit tout de suite possession de son petit domaine. Elle y pendit la crémaillère le 6 juin, jour de la levée des scellés apposés sur les papiers officiels de Louis XV, elle y reçut « son auguste époux » et toute la famille royale. Provence, frère du roi, était aimable et cultivé, mais peu franc et intrigant. Ses traits étaient déjà alourdis par l'obésité. Il avait le mauvais goût de courtiser sa belle-sœur. Artois, qui n'avait pas l'embonpoint hérité de leur mère, Marie Josèphe de Saxe, était élégant, adroit, mêlé à toutes les nouveautés, toutes les folies, toutes les débauches du siècle. On le disait ardent, hautain et inconscient. Il plaisait infiniment à Marie-Antoinette, mais comme un compagnon de jeux. Mercy déplorait l'indulgence que celle-ci témoignait à ce prince. Car le jeune frère du roi contribua pour une large part, par son inconséquence, à la mauvaise réputation que se fit la jeune reine les premières années de son règne. Les deux épouses respectives des frères du roi, les princesses de Piémont, ne brillaient ni par leur intelligence, ni par leur beauté. Les trois filles de Louis XV qui étaient encore à la cour, Adélaïde, Victoire et Sophie, voyaient d'un œil sombre les frivolités auxquelles se livrait cette jeunesse en folie.

Gabriel dressa un plan pour l'agrandissement du jardin. La collection de plantes botaniques fut envoyée au Jardin des Plantes qu'on nommait à l'époque jardin du Roi. La reine demanda à Antoine Richard de nouveaux plans pour son jardin anglais. Dans le petit espace qui lui est réservé, il imagine de loger un théâtre de verdure, deux kiosques, un temple de Diane à la romaine, une pagode, une volière chinoise et des bains à la turque. Puis une étable, une bergerie, deux rivières, près des poulaillers, formant de petites îles. Des rochers devaient en faire dévier le cours. Il conservait les serres bâties par Louis XV. Or ce que la jeune reine voulait c'était un jardin à la mode.

Sur ces entrefaites, la princesse de Beauvau, voyant la reine chagrine, lui vanta le talent d'un amateur éclairé, le comte de Caraman. Mme de Genlis le présente comme un boute-en-train, habile aux divertissements. Il avait planté à Roissy un parc anglais dont on parlait beaucoup, ainsi que dans son hôtel de la rue Saint-Dominique. Marie-Antoinette voulut le voir. Elle s'y rendit le 23 juillet accompagnée des princesses Clotilde et Elisabeth. Et leurs gouvernantes, Mmes de Marsan et de Bourdeilles. Mme du Deffand rapporte ainsi la visite de la reine : « Mme de Beauvau, qui lui avait inspiré cette visite, l'attendit dans la maison avec son mari pour la recevoir. M. de Caraman, averti dès le matin, vint tout préparer. Comme la reine ne voulait voir personne, Mme de Caraman hésitait à se rendre chez elle. » Mme de Caraman ajoute : « Comme la reine était en deuil du feu roi, je ne pouvais avoir de la musique dans ce jardin. Mais j'établis deux orchestres, l'un de flûte et l'autre de cors de chasse, dans des appartements du Palais-Bourbon, de l'autre côté de la rue. Et ce concert étonnant et éloigné fit le plus grand effet, sans offenser la règle du deuil. Outre la collation de la Reine et de la compagnie, j'en fis préparer une superbe pour les écuyers et les gardes. Les valets de pied, cochers et postillons eurent aussi un goûter dans la cour. »

Des petites filles coiffées de fleurs présentent un bouquet à cette reine à peine plus âgée qu'elles, puis elles chantent et tout le monde mange des glaces trouvées excellentes.

La reine resta deux heures à se promener, à déguster des friandises et à faire la conversation avec Mme de Caraman finalement venue de sa propriété de Roissy.

Le comte fut confirmé ce jour-là dans sa charge

de directeur des jardins de la reine et se rendit dès le lendemain à Trianon, pour s'entendre avec l'architecte sur les travaux. Les plans du comte nous sont connus puisque ce sont ceux-là qui furent exécutés. Il plaça une cascade, une montagne et un lac, multiplia les pelouses, fit circuler une rivière, composa des bosquets. Il abandonnait tout un bric-à-brac inutile anglochinois. Richard fut assez froissé d'être évincé mais il écrivit : « Je n'ai présenté mon plan à la Reine que parce que Sa Majesté me l'a ordonné. Mais, dès que la Reine a jugé à propos d'en adopter un et de le signer de sa main, je serai soumis à tous les ordres qui me seront donnés par M. le comte de Caraman et M. Mique. »

À la mort de Louis XV, Gabriel avait demandé à se retirer du service des Bâtiments du roi. C'est alors que Mique fut nommé contrôleur général des Bâtiments de la reine. Titre singulier et division capricieuse des services ! Marie-Antoinette tenait cet artiste de la feue reine, Marie Leszczynska, qui l'avait employé à Versailles. C'était un Lorrain que l'impératrice Marie-Thérèse avait spécialement recommandé à sa fille, puisque le père de Marie-Antoinette était prince de Lorraine. Le jeune Mique étudia d'abord l'architecture à Strasbourg, puis il suivit des cours à Paris. Il devint directeur général des Bâtiments du roi de Pologne, Stanislas Leszczynski. À la mort de ce roi, les bâtiments construits en Lorraine entrèrent dans les Domaines royaux. Mique fut alors promu contrôleur général des Bâtiments de la reine.

Le jardin de la reine est donc sorti de la collaboration du comte de Caraman et de l'architecte Mique, aidé du travail d'Antoine Richard. Mais il n'est plus question des idées du comte une fois que les travaux ont commencé. C'est à Richard Mique qu'il revient de les réaliser. M. de Caraman resta élégamment à l'écart. « M. Mique, écrira-t-il, suivit ou ne suivit pas mes plans, mais il avait la charge des fonds octroyés et je laissai oublier mes plans de Trianon. »

La reine envoya son portrait sur une boîte enrichie de diamants à ce collaborateur désintéressé pour le remercier. Le roi, qui l'avait apprécié, le nomma lieutenant général en 1780.

Le projet de Caraman exigeait une dépense de deux cent mille livres. Le travail avançait avec lenteur faute de fonds débloqués. Marie-Antoinette ordonna à Mme de Noailles, sa dame d'honneur, de presser Turgot, nommé contrôleur général des finances, de fournir les sommes nécessaires. La dame lui écrivit en ces termes : « Vous savez, Monsieur, que la reine fait faire un jardin chinois à Trianon. Sa Majesté était convenue, avec la permission du Roi, que ce serait M. Mique qui en serait chargé, et que les fonds seraient fournis tous les mois. Il n'y a rien de payé jusqu'à présent, et je joins ici la note de ce qui est nécessaire. La somme du moment est de 8 000 livres… » Mais ne serait-ce que pour les gazons, la dépense s'élevait déjà à 50 000 livres.

Ainsi, la jeune reine ordonne et pense que l'on obéira aussi facilement à ses ordres qu'on le fit pour les maîtresses du roi Louis XV. Mais Turgot, qui vient de succéder à l'abbé Terray aux finances, hésite à vider une caisse si peu aisée à remplir. L'ouvrage reste en souffrance pendant toute une année. Marie-Antoinette, folle de jardins, s'en consola d'une manière cocasse. Elle planta un jardin anglais sur sa propre coiffure. On lit dans une gazette de l'époque, *La Correspondance* : « La Reine a imaginé pour ses courses de traîneaux, une parure de tête qui porte sa coiffure à des hauteurs prodigieuses. Certaines femmes pour l'imiter, arborent des prairies émaillées de fleurs, des ruisseaux argentins, des forêts, un jardin à l'anglaise. Un panache immense soutient tout l'édifice par derrière. »

C'était le début de ces monstrueux échafaudages par lesquels Marie-Antoinette allait remplacer la coiffure mise en vogue par la marquise de Pompadour.

C'est à la modiste Rose Bertin que l'on devait les créations délirantes qui faisaient fureur à ce moment. Le panache en plume portait le nom de *Quès aco, Marin ?* simplement parce que cette locution provençale était le titre d'un pamphlet célèbre que Beaumarchais venait d'adresser à un certain Marin.

C'était comme un mot de passe qui sévissait parmi cette jeunesse dorée et que Marie-Antoinette répétait en hurlant de rire. Les cheveux, frisés en boucles énormes, hérissées de grandes épingles, formaient avec le panache une coiffure nommée le hérisson. Mais tout de suite après il y eut le « pouf aux sentiments ». « Pouf », pour le côté gonflé de la coiffure, et « aux sentiments », parce qu'on indiquait par là ce qui vous touchait le plus : fruits, fleurs, oiseaux, animaux, paysages, bâtiments, etc. La duchesse de Lauzun se montra affublée de tout un paysage monté sur ses cheveux : canards, chasseurs, moulin et sa meunière, mari cocu tirant un âne rétif.

Une certaine loufoquerie présidait aux divertissements de la reine de France. Ils étaient plus voyants – ce que lui reprochait sévèrement sa mère – que réellement dangereux pour l'État. Mais déjà ils déclenchaient des railleries qui ne feraient qu'augmenter avec le temps. Jusqu'aux insultes du procès.

6

LA RENCONTRE DE SA VIE :
LE COMTE FERSEN

Le roi est en adoration devant son épouse. Il n'a de cesse de faciliter ses plaisirs et d'accéder à toutes ses demandes. Chaque semaine il y a deux bals à la cour, dont un costumé le lundi, et deux représentations de théâtre. Marie-Antoinette n'a manqué aucune des festivités du carnaval de janvier et février 1775. Elle s'y montre, au grand dam de sa mère l'impératrice Marie-Thérèse, coiffée de façon extravagante. Sa parure, dit-on, s'élève « de la racine des cheveux à trente-six pouces de haut, avec tant de plumes et de rubans qui relèvent tout cela » que sa mère, inquiète, lui rappelle qu'« une jeune jolie reine, pleine d'agréments, n'a pas besoin de toutes ces folies ». Ce à quoi Marie-Antoinette réplique que tout le monde en porte et qu'on en a fort diminué la hauteur depuis la fin des bals, exigée par le carême. Elle dira qu'elle s'est plus enrhumée aux cérémonies de la semaine sainte qu'à tous les bals du carnaval. Ses dames, Mmes de Cossé, de Mailly ou de Chimay, ses belles-sœurs et elle chantent les lundis dans ses appartements de Trianon. Elle courre aux chasses du comte d'Artois dans le bois de Boulogne bien qu'elle n'assiste pas aux dîners qui les clôturent. Mais ce compagnon de jeux trop frivole attire le blâme d'un peuple qui pour l'heure s'inquiète du prix libre de la farine. Elle se passionne pour les courses de chevaux et se rend aux bals et aux représentations de l'Opéra, aux Comédie-Française et Italienne. Visite les expositions de tableaux au Louvre. Mais lorsque le Palais de justice brûle, elle envoie deux cents louis pour les besoins urgents et annule sa sortie à l'Opéra.

Lorsqu'il neige, elle se rend à Paris en traîneau accompagnée d'une folle compagnie à peine plus âgée qu'elle. Et même souvent plus jeune, bien qu'elle ait tout juste vingt ans.

Le 10 janvier 1774, l'ambassadeur de Suède avait présenté le comte Axel de Fersen, qui voyageait en Europe pour parfaire son éducation, à la jeune dauphine Marie-Antoinette. Quelques jours plus tard, le 30 janvier, il y avait bal à l'Opéra de Paris. C'était le rendez-vous de la haute aristocratie. Fersen, bien sûr, y fut convié. Il avait des yeux de velours sombres qu'il tenait de sa mère issue d'une illustre famille française du Languedoc. Catherine de Fersen était un esprit d'élite et douée d'une extraordinaire beauté. Elle avait de magnifiques yeux noirs et un teint de porcelaine. Son fils lui ressemblait, il avait les mêmes yeux voilés et rêveurs, un peu mélancoliques, une bouche dessinée et triste. Il était d'une taille souple et élancée, portant l'uniforme à ravir. Il avait les traits fins et d'une perfection classique, si bien que ses contemporains l'avaient surnommé « le beau Fersen ». C'est dans la notice que Marie-Antoinette lui avait demandée sur les origines de sa famille que l'on apprend qu'il descend par son père de chefs de clan écossais qui acquirent de vastes domaines en Écosse puis vinrent s'installer en Hesse et en Poméranie, pour aboutir en Suède.

À la suite de cette lecture, Marie-Antoinette lui déclara avec un sourire : « Vous êtes donc de lignée royale et notre égal. » Le père du comte de Fersen remplissait la charge de grand maréchal du royaume de Suède. Rien n'avait été négligé pour parfaire l'éducation du jeune Axel. À seize ans il partit quatre ans étudier à Turin, à Strasbourg, à l'école militaire de Brunswick. En passant par la Suisse, il s'arrêta à Ferney pour rendre visite à M. de Voltaire qui le reçut, nous dit-il dans son Journal, « en veste écarlate, avec de vieilles boutonnières brodées, en vieille perruque non frisée, souliers à l'antique, bas de laine tirés par-dessus les culottes ».

Puis il connut la France, Paris, la cour de Versailles et Marie-Antoinette. Arrivé à Versailles le 1er juillet 1774, il assista à la messe du Saint-Esprit et fut présenté à Mme du Barry, cérémonial que l'étiquette imposait.

Au bal du 30 janvier il promenait sa haute taille élégante au milieu des masques et des folles coiffures, lorsqu'un charmant domino s'approcha de lui. La tournure était délicate, la voix charmante. Il se prêta de bonne grâce, malgré sa gravité d'étranger venu du Nord, à la conversation qui dura assez longtemps pour attirer l'attention des danseurs. Puis finalement une petite main qu'il avait déjà baisée à la cour laissa glisser le masque et le jeune homme de vingt ans laissa échapper un discret sourire de surprise. Il venait de reconnaître la dauphine âgée comme lui d'à peine vingt ans. Évidemment la foule l'ayant aussi reconnue s'attroupait, et elle dut, pour échapper à l'indiscrétion, s'enfuir dans sa loge où l'attendaient Provence et Artois riant aux larmes. Marie-Antoinette ne riait pas. Son cœur battait à tout rompre. En retrouvant le bel Axel dont « la figure et l'air convenaient exactement à un héros de roman », elle sut qu'elle faisait la plus grande rencontre amoureuse de sa vie. Déjà les langues allaient bon train à la suite de cet échange romanesque. Pourtant Fersen avait conservé dans son maintien, malgré la folle gaieté de la dauphine et son enjouement naturel, l'impeccable retenue d'un grand seigneur qui n'oublie pas que c'est le privilège des princes de s'approcher et de choisir selon leur bon plaisir celles ou ceux qu'ils veulent s'attacher.

Il écrivit à son père : « Mme la dauphine s'est longuement entretenue avec moi avant que je la reconnusse. Enfin quand elle se fit connaître tout le monde s'empressa autour d'elle et elle dut se retirer dans sa loge. À trois heures je quittai le bal. » Le bal, donné par Marie-Antoinette, avait débuté à cinq heures de l'après-midi.

Axel fut immanquablement invité à toutes les fêtes de Marie-Antoinette jusqu'au 28 avril où

Louis XV tombait malade, pour mourir le 10 mai. Il s'était noué entre les deux jeunes gens une entente profonde et contrariée qui ne pouvait que prendre les tours d'une passion par son empêchement même. En tout cas du côté de Marie-Antoinette. Elle en donnerait un jour toutes les preuves. Le 12 mai Fersen quittait Paris pour Londres, laissant la jeune reine dans le désarroi. Le comte de Creutz, ambassadeur de Suède, écrivit à son souverain, Gustave III : « Le jeune comte de Fersen vient de partir pour Londres. De tous les Suédois qui ont été ici de mon temps, c'est celui qui a été le mieux accueilli dans le grand monde. Il n'est pas possible d'avoir une conduite plus sage que celle qu'il a tenue. Avec la plus belle figure qui soit et de l'esprit, il ne pouvait manquer de réussir dans la haute société, aussi l'a-t-il fait complètement. Votre Majesté en sera sûrement contente, mais ce qui rendra monsieur de Fersen digne de ses bontés, c'est qu'il pense avec une noblesse et une élévation singulières. »

Fersen fut nommé capitaine du premier régiment des chevau-légers du roi mais son imagination restait à jamais préoccupée d'une image si élevée au-dessus d'une simple aventure que sa raison lui interdisait de s'y attacher et qu'elle ne ferait pas obstacle au projet de sa carrière. La reine de France serait le premier et unique amour du jeune homme qui ne se maria jamais. Et si les souffrances pesèrent lourd sur ses jours, terminés par une mort effroyable, il eut le bonheur d'être aimé d'une femme dont l'attrait personnel et la plus prestigieuse des couronnes faisaient une figure de rêve.

Les soirées chez la princesse de Guéménée sont l'occasion de complots acharnés contre les ministres qui n'ont pas l'heur de plaire à la jeune reine. Turgot, qui tente à tout prix de restreindre les crédits qu'elle exige pour ses fêtes et ses plaisirs, se rend haïssable à ses yeux. Sa mère s'inquiète : « Tous ces plaisirs bruyants où le roi ne se trouve pas ne sont pas convenables. » Mais Louis XVI ne saura jamais rien refuser à la femme qu'il adore. Témoin l'affaire du jeu de bague.

À la belle saison Marie-Antoinette passe ses journées dans sa « maison de Trianon », comme elle l'appelle. Elle a fait nommer son amie la princesse de Lamballe surintendante de sa maison, au détriment de la comtesse de Noailles, « Madame l'Étiquette », comme la nommait ironiquement Marie-Antoinette.

Dans les *Mémoires secrets* de Mercy, on lit : « La reine a la plus vive amitié pour la princesse de Lamballe. On sait que Sa Majesté fait souvent des parties avec elle au Petit Trianon et qu'elle n'y admet que quelques dames de sa suite. Là, elle se livre en liberté à toutes les folies de son âge. » Toutefois Mercy ne tarit pas d'éloge sur la princesse, sur « son caractère fort honnête, éloigné de l'intrigue et de tout inconvénient ». Entendons « politiques ».

On disait que, sans être jolie, elle pouvait le paraître « à distance ». L'amitié de cette princesse au cœur sensible ne se démentira jamais jusqu'à sa mort atroce durant les massacres de septembre 1792. On portera sous les fenêtres de la prison du Temple où la reine est cloîtrée la tête de son amie, plantée sur une pique et grossièrement maquillée. Après lui avoir arraché les entrailles.

En 1775, Marie-Antoinette exige un lieu exclusif et privilégié pour sa « société ». Les habitués seront jusqu'à la fin ses hôtes favoris au Petit Trianon. Turgot, qui étudie les moyens de restreindre les dépenses de la cour, est rien moins que disposé à lui débloquer des crédits supplémentaires. Marie-Antoinette finit par se plaindre au roi comme une enfant gâtée à qui on a refusé un jouet. Elle obtient la disgrâce de Turgot pour le retard apporté à l'exécution de son jardin anglo-chinois. Du moins cela pèse-t-il dans le renvoi du ministre.

Et Louis XVI, à nouveau, d'accéder au caprice de son épouse. Il fait mettre un crédit de 100 000 livres à disposition du directeur des Bâtiments par ordonnance du 22 août 1775. Les travaux reprennent en automne. On plante un petit bois qui reçoit le nom de « bosquet vert ». Marie-Antoinette a une nouvelle fantaisie. On raffole des chinoiseries de toutes sortes. On avait donné une somptueuse fête chinoise à Marly au mois d'avril précédent. La reine veut à Trianon un jeu de bague chinois comme celui de Monceau. On lui présente la maquette début 1776. Le jeu de bague est un vaste parasol autour duquel tourne une plate-forme.

En installant ce jeu à Trianon l'architecte Mique en fait un monument. Il fait une tourelle à deux étages ajourés autour de laquelle tournoie un grand plancher de bois. Trois Chinois y sont assis. Un quatrième se tient au sommet de la tourelle tenant un grand parasol, orné de deux dragons dorés. L'ouvrage emploie sculpteurs, mécaniciens, menuisiers, peintres-doreurs. Des chimères à cornes de cuivre servent de monture aux hommes, des paons offrent un siège aux dames. On entend les clochettes des chapeaux chinois quand le mécanisme est en mouvement. Toute cette jeunesse émaillée de rires et d'exclamations plus ou moins convenables s'arme de lances pour attraper les bagues au rythme du manège virevoltant. C'est le clou du jardin chinois.

Au printemps 1776 la rougeole sévit à Versailles. Marie-Antoinette, n'écoutant que son bon cœur, accueille son neveu, le duc d'Angoulême, à Trianon, car le comte d'Artois, le père, est violemment atteint. Il souffre d'une forte fièvre et a craché du sang. La reine s'inquiète aussi pour sa belle-sœur chérie, Madame Elisabeth, qui est sans cesse avec elle depuis que sa sœur aînée, la princesse Clotilde, est partie se marier au prince de Piémont. Délicieuse et spirituelle Madame Elisabeth qui deviendra la sœur de cœur de Marie-Antoinette. Présente auprès d'elle dans toutes les épreuves, jusqu'à la fuite à Varennes et à la prison du Temple. Attentive, affectueuse, courageuse, pleine d'insolence et de lucidité, jusqu'à l'échafaud, à la veille de ses trente ans. Peut-être la seule vraie amie de la reine, que les historiens ont oubliée puisque apparemment elle ne semblait pas jouer de rôle politique. Ce qui n'est pas exact, comme on le verra.

Marie-Antoinette redoute que sa jeune belle-sœur, de huit ans sa cadette, ne prenne le mal en question. Mais il ne s'agissait que d'une dent qui perçait et lui avait donné la fièvre. Les courtisans effrayés quittent Versailles pour leurs propriétés respectives. Le petit duc d'Angoulême se rapproche de sa tante à cette occasion. C'est lui qui, plus tard, épousera sa cousine, Madame Royale, première enfant du couple royal et seule survivante de l'hécatombe révolutionnaire.

L'impératrice Marie-Thérèse s'inquiète beaucoup pour la réputation de sa fille mise à mal par les courriers internationaux qui relatent ses frasques en les déformant. On lui prête des amours saphiques avec les amies qui l'entourent. D'abord avec la princesse de Lamballe puis avec cette nouvelle recrue, la duchesse de Polignac qui, en tout angélisme, obtient les faveurs les plus insignes de sa royale amie. Les charges, les pensions et les appointements volent de tous côtés vers les proches de la nouvelle amie adorée.

Mais il y a plus délicat. Marie-Antoinette vient d'acheter des bracelets de diamants d'une valeur de 250 000 livres après avoir déjà fait l'acquisition de boucles d'oreilles pour 450 000 livres. Marie-Thérèse s'afflige d'en être avertie par la presse. Elle s'exclame : « Cette légèreté française avec toutes ces extraordinaires parures ! Ma fille, ma chère fille, la première reine le deviendrait elle-même ! Cette idée m'est insupportable ! » Marie-Antoinette traite cette affaire de « bagatelles ».

Mercy pousse un cri d'alerte : « On se plaint publiquement que la reine occasionne des dépenses considérables. » Mais l'impératrice, lassée des plaintes qu'on lui fait sur sa fille bien-aimée, écrit à son ambassadeur : « J'approuve les soins que ma fille a fait voir de loger son neveu, le duc d'Angoulême, au Petit Trianon ; je suis sûre que dans des occasions de cette nature, elle ne manquera jamais aux impulsions de son bon cœur. »

La rougeole du comte d'Artois gagna le comte de Provence. Les deux frères guérirent et la reine eut la gracieuse idée de célébrer leur retour à la santé par une fête.

Dans ce dessein, elle fit transformer l'orangerie de son château en salle de spectacle. On y transporta les châssis dressés dans la galerie du Grand Trianon, où elle ne se trouvait pas chez elle. C'est de cette scène encore provisoire que parle Mercy en septembre 1776 : « On voit Marie-Antoinette venir surveiller elle-même cette installation et souper en son château, le 11 juillet, avec trois ou quatre de ses dames. » La fête eut lieu le 23 juillet. Le roi, ses deux frères, la comtesse de Provence et Mesdames tantes y assistèrent avec une cour choisie. Il y eut des illuminations, des spectacles, des couplets chantés en signe de joie pour le rétablissement des princes. Tout se passa dans la gaieté, la grâce, de la part de la reine, avec des marques visibles de contentement de la part du roi, et des démonstrations de reconnaissance de la part de ses frères. Il y eut encore un concert. Les troupes de la Comédie-Française et de la Comédie-Italienne avec celle de l'Opéra de Paris furent conviées pour enrichir la représentation. Louis XVI s'amusa beaucoup de *La Bonne Femme*, où une épouse héroïque, Mathurine, offre sa vie pour sauver les jours d'Admète, son époux, en s'engageant au service militaire, pour racheter les erreurs de son ivrogne de mari.

Mercy qui rapporte scrupuleusement tous les détails de la vie à Versailles écrit à Marie-Thérèse : « Il y a eu spectacle français, opéra-comique, ballets et souper, où toute la famille royale était réunie avec une suite peu nombreuse. Cette fête a été charmante par les grâces que la Reine y a apportées. Le Roi se plaît beaucoup à de pareilles occasions et, pourvu qu'elles ne deviennent ni trop fréquentes ni trop coûteuses, elles ne peuvent contribuer qu'à faire régner à la cour le ton et le genre d'amusement qui lui est convenable. » Marie-Antoinette avait retenu pour le ballet un danseur de l'Opéra de Venise, nommé Pick, qui était en congé en France. Mais il aurait dû retourner à son poste à cette époque. On frôla l'incident diplomatique et l'ambassadeur de Venise ne se calma que lorsque le danseur italien fut intégré dans la troupe de l'Opéra de Paris.

Mique avait en urgence utilisé le poulailler de la ménagerie pour entreposer les décors du spectacle. En ayant averti sommairement le directeur des Bâtiments, M. d'Angiviller, celui-ci s'en formalisa et répliqua vertement : « Vous pressentez que c'est ici une des dernières occasions dans lesquelles je procéderai sur d'aussi simples aperçus… » Combien chaque initiative de la reine pouvait porter à caution sans qu'elle en prît la mesure.

7

LES FEUILLES EMPOISONNÉES
DES LIBELLISTES

La calomnie flambe jusque par-delà les frontières. Les moindres gestes de la reine sont amplifiés, interprétés, déformés. Marie-Thérèse s'alarme gravement des débordements de sa fille. Il lui semble qu'elle agit « comme une Pompadour, une Barry, mais nullement comme une reine, une princesse de la maison de Lorraine et d'Autriche, pleine de bonté et de décence ». Marie-Antoinette, piquée, réplique : « Être comparée aux Pompadour, aux du Barry, couvertes des épithètes les plus affreuses, ne va pas à votre fille. » Cinq ans auparavant, à son arrivée à Versailles, elle avait écrit à sa mère au sujet de la maîtresse de Louis XV : « C'est la plus sotte et la plus impertinente créature qui soit imaginable. »

Et pourtant, si l'on en croit la presse satirique, on est en plein délire. La débauche de pamphlets, de caricatures, d'ordures même que l'on déverse sur la reine est sans précédent. L'un d'eux, intitulé « Les fureurs utérines de Marie-Antoinette, femme de Louis XVI », ne craint pas d'affirmer :

« La Cour ne tarda pas à se mettre à la mode, Chaque femme à la fois fut tribade et catin, On ne fit plus d'enfant, cela parut commode, le vit fut remplacé par un doigt libertin. » La princesse de Lamballe, surnommée la « Sapho de Trianon », ne quitte pas Marie-Antoinette qu'elle adore, et celle-ci, à cette époque, le lui rend bien puisqu'elle écrit au comte de Rosenberg : « J'ai demandé au roi de prendre Mme de Lamballe pour surinten-dante... Jugez de mon bonheur ! Je rendrai mon amie intime heureuse et j'en jouirai encore plus qu'elle ! »

Malheureusement, dans cette même lettre elle traite son époux de « pauvre homme », ce qui déclenchera les foudres de Marie-Thérèse. Dans une « Vie de Marie-Antoinette, reine de France, femme de Louis XVI, roi des Français », écrite sous forme de pamphlet, on trouve ces mots qui prouvent la malice des gazetiers : « La princesse de Lamballe, de la main droite fourrageait le buisson de Vénus, qui s'humectait souvent d'une douce sérosité. Sa main gauche frappait avec ménagement et cadence une des fesses royales. Puis la princesse Lamballe tira de ses poches une espèce de godemiché, qu'elle appliqua à cette partie qui fait nos délices. » Marie-Antoinette avait écrit à sa mère : « Si les hommes un jour nous abandonnaient, nous ne pourrions être à plaindre, puisque nous savons les remplacer. »

Les deux amies, enveloppées d'hermine, sans aucune suite, font des courses en traîneaux jusqu'aux Champs-Élysées, durant les semaines où la neige est tombée en abondance, pendant l'hiver 1776. Ensuite les princes en commandèrent aussi et très vite il y en eut un assez grand nombre. L'élégance et la blancheur du panache des chevaux, la variété des voitures rehaussées d'or attirèrent les spectateurs. On n'eut rien à redire tant que les courses se firent dans le parc, mais lorsqu'on vit la reine « courir les rues de Paris en traîneau », le visage dissimulé derrière un masque, la médisance reprit ses droits.

La princesse de Lamballe et Marie-Antoinette vont à la chasse, au spectacle, se promènent dans les jardins, bras dessus, bras dessous, s'éloignant au maximum des contraintes de la cour et de l'étiquette. Se voyant dans les cabinets privés de la reine où ne sont admis que les très proches comme le sera Fersen pendant de longues années.

Dès lors on fait un portrait outrancier de la reine considérée comme une Messaline, un monstre sexuel, tandis que le roi est brocardé, traité d'impuissant au sexe flasque puisque la reine n'enfante pas. Le roi peut-il ou bien ne peut-il pas ? se demande-t-on sans répit. « L'un dit qu'il ne peut ériger, L'autre qu'il ne peut s'y nicher, Qu'il est flûte traversière, Qu'il n'en vient que de l'eau claire. »

Marie-Antoinette reste philosophe, même si toutes ces calomnies reflètent, très lourdement, une réalité… qu'on ne connaîtra jamais. Le 15 décembre 1775, elle écrit à sa mère : « Nous sommes dans une épidémie de chansons satiriques. On en a fait sur toutes les personnes de la Cour, hommes et femmes, et la légèreté française

65

s'est même étendue sur le roi. La nécessité de l'opération a été le mot principal contre le roi. Pour moi, je n'ai pas été épargnée. On m'a très libéralement supposé les deux goûts, celui des femmes et des amants. »

Le comte de Tilly, dans ses *Mémoires*, en rajoute, lui prêtant une douzaine d'amants, dont le comte de Guînes, le comte de Vaudreuil et de Fersen, bien sûr, puisque le roi est « inactif ». La tenue légère qu'elle porte dans les allées du Petit Trianon lui est aussi reprochée comme un appel à la luxure. « Il y a dans tout cela beaucoup de phrases, de bassesse et de fausseté », écrit-elle à sa mère.

Mais elle a tissé la corde pour se faire pendre. Elle passe des nuits entières à l'Opéra, accompagnée d'une seule dame de sa suite, et y retrouve ses beaux-frères, Artois et Provence. Mme Campan raconte que, bien que masquée, la reine est reconnue dès l'instant où elle pénètre dans la salle. Un soir elle s'y rend avec la duchesse de Luynes mais, dès l'entrée à Paris, sa voiture casse. La duchesse la fait entrer dans une boutique pendant qu'un valet de pied fait avancer un fiacre. L'aventure n'aurait fait aucun bruit si la reine avait su tenir sa langue mais, émoustillée par la bizarrerie de la situation, elle déclare en arrivant à l'Opéra : « C'était moi en fiacre, n'est-ce pas bien plaisant ? » À l'instant tout Paris fut au courant de l'aventure. On ne vit que mystère et intrigue dans cette nuit. On supposa qu'elle avait donné un rendez-vous à un de ses amants dans une maison particulière. On parla du duc de Coigny. On en fit une affaire d'État. Les parties de traîneaux étaient une habitude venue de Vienne, disait-on, pour dénoncer l'« Autrichienne ». Pourtant, on avait retrouvé dans les écuries des traîneaux qui avaient servi au temps du dauphin, père de Louis XVI. Cette distraction avait donc déjà eu lieu à la cour de France.

Si, à la chasse ou au jeu, elle adressait la parole un peu plus souvent à l'un ou l'autre des seigneurs présents, on en déduisait immédiatement qu'il était son amant. Pourtant elle ne recevait dans ses appartements privés que des femmes, et seules les personnes de la famille royale y étaient admises. De jeunes fats éconduits se vexaient, ils prétendaient qu'ils avaient *cessé* de plaire. Ils se plaçaient près de sa loge grillagée au théâtre de Versailles et il suffisait que la reine s'enquière de la suite du programme pour que celui qui la renseignait se croie l'objet d'une faveur particulière.

Lorsqu'on lui demandait une audience privée, elle recevait le visiteur dans une pièce qui précédait ses cabinets. Ce fut le cas du duc de Lauzun, que la reine rencontrait dans les salons de la princesse de Guéménée et qui lui avait offert une magnifique plume de héron blanc. Comme elle avait eu l'imprudence de porter cette plume, le duc se crut en faveur et sollicita une audience. Il se mit à genoux et lui déclara sa flamme. La reine ouvrit la porte et dit d'une voix forte et courroucée : « Sortez, Monsieur. » Puis elle ajouta : « jamais plus cet homme ne rentrera chez moi. » Lorsque l'héritier du nom prétendit à un poste de colonel, la reine, qui n'avait pas oublié l'épisode de la plume de héron, en fit pourvoir le duc du Châtelet. Ainsi se forment les haines implacables. Le duc de Lauzun, évincé, s'attacha au duc d'Orléans et devint un des ennemis les plus acharnés de Marie-Antoinette.

Ajoutons à cela le scandale des boucles d'oreilles en diamants d'un montant de quatre cent mille livres, présenté par le joaillier Boehmer, qui fut un des responsables de l'affaire du collier. La marchande de modes, Mlle Bertin, qui poussait la reine à une débauche de robes et de toilettes incrustées de pierres précieuses, et l'aménagement des jardins de Trianon, il n'en fallait pas davantage pour que la reine soit taxée de dépravation et d'un luxe éhonté.

Comble de tout, la nouvelle favorite, la duchesse de Polignac, était l'objet de faveurs onéreuses, comme la pension de 600 000 francs qu'elle avait obtenue pour sa fille. Son salon faisait un grand tort à Marie-Antoinette. On y jouait à toutes sortes de jeux innocents mais prêtant aux critiques. Il y avait le jeu des questions, du colin-maillard, de la « guerre-panpan » et surtout celui nommé le « descampativos ». Ces deux derniers firent fureur dans toutes les maisons où se réunissait la jeunesse dorée de l'époque. On répandait des bruits cocasses sur le descampativos que l'on décrivait comme un jeu de poursuites un peu ridicule ou carrément léger. Après le souper on faisait illuminer un bosquet où l'on avait installé un trône de fougères. On élisait alors un roi qui était presque toujours le comte de Vaudreuil, sans doute pour sa malice. Celui-ci ordonnait aux participants d'approcher du trône et formait d'autorité des couples. Les couples formés, il s'écriait : « Descampativos ! » et l'on fuyait alors deux par deux dans le parc, avec défense par le roi de la fougère, aux couples qui se rencontraient, de se regarder, de se parler, de se taquiner et... de revenir avant deux heures. Et ce jeu, paraît-il, amusait fort le roi. Cela ne donnait-il pas l'occasion aux amourettes de se nouer ? Et aux bruits tendancieux de se répandre ?

L'impératrice s'inquiète beaucoup de la légèreté de sa fille. Elle écrit le 30 mai 1776 : « Depuis plus d'un an, il n'est plus question ni de lecture ni de musique, et je n'entends que des courses de chevaux, des chasses et des bals, de même et toujours sans le roi. »

8

DES VERGES POUR SE FAIRE BATTRE

Marie-Antoinette voulut faire acte de souveraineté indépendante dans son petit domaine. Pour se démarquer de l'étiquette en cours au palais de Versailles, elle édicta un règlement propre au Petit Trianon. Dans le pays de la loi salique où les femmes n'étaient pas reconnues aptes à exercer en leur nom l'autorité royale, cela fit scandale. Lorsqu'on lut en tête des consignes affichées dans le parc les mots *De par la Reine*, il y eut une vague de protestations.

À Versailles, tout le service portait les couleurs du roi : rouge, blanc, bleu. À Trianon, la domesticité eut la livrée de la reine : rouge et argent. Mique reçut une commission de contrôleur général des Bâtiments de la reine, Claude et Antoine Richard, de jardiniers de la reine, et le sieur Bonnefoy du Plan, de concierge garde-meuble de la reine. Ce titre, rival du sien, irritait le directeur général des Bâtiments du roi contre le contrôleur général des Bâtiments de la reine. D'autant que Mique était, en toute indépendance, premier architecte du roi. La situation, déjà tendue, se compliqua encore par l'insouciance de

Marie-Antoinette qui, en créant cette administration spéciale, négligea de lui assurer un budget. On demandait des fonds à la direction des Bâtiments sans lui avoir soumis les devis au préalable. La mort dans l'âme, d'Angiviller admettait : « Au reste, Monsieur, il faut que la reine soit servie ; mais comme avant tout il faut de l'ordre, s'il est besoin de fonds extraordinaires, je les solliciterai et la Reine n'en aura pas l'ennui. Mais il faut pour cela connaître les dépenses. » Puis voyant l'inanité de son espoir il écrivit à Mique : « Sa Majesté m'a fait l'honneur de me dire qu'il est dans ses intentions que tout ce qui concerne l'établissement de son jardin soit traité et suivi par vous. » Et il se résigna à ce que les travaux de Trianon soient divisés en deux parties : le jardin anglais pour lequel il se réduisait à n'être que le bailleur de fonds, et le château, le potager et le jardin français, qui rentreraient dans le département des Bâtiments du roi, tout en étant dirigés, comme le jardin anglais, par Mique.

La faiblesse du roi devant sa femme rendait toute résistance inutile. Louis XVI acquiesçait à toutes ses demandes. Car ce n'était pas tout. Il avait pris envie à la reine de jouer au pharaon des nuits entières. Jeu de cartes, s'apparentant au jeu de poker, où l'on engageait de grosses sommes d'argent. Elle demanda au roi que l'on fît venir des banquiers de Paris. Louis XVI argua bien qu'il avait défendu les jeux de hasard même chez les princes du sang et que c'était un mauvais exemple de les admettre à la cour, mais, avec sa douceur ordinaire, nous dit Mercy, « il ajouta que cela ne tirerait pas à conséquence, pourvu que l'on ne jouât qu'une seule soirée ».

Les banquiers arrivèrent le 30 octobre 1776 et jouèrent toute la nuit et la journée du 31 chez la princesse de Lamballe. La reine resta jusqu'à cinq heures du matin, perdant des sommes considérables. Puis elle poursuivit le soir même et bien avant dans la matinée du 1er novembre, fête de la Toussaint et veille de son anniversaire. Le scandale se répandit que la reine jouait aux jeux d'argent même aux fêtes religieuses. Le roi avait dit une soirée. Qu'à cela ne tienne ! La reine s'en tira par une pirouette en disant au roi qu'il n'avait pas précisé la longueur de cette soirée et qu'ainsi on était en droit de la prolonger pendant trente-six heures ! Le roi, bon enfant, se mit à rire de cette plaisanterie et répondit gaiement : « Allez, vous ne valez rien, tous tant que vous êtes ! » Provence et sa femme avaient assisté à cette séance mais ils avaient veillé moins tard. Quant à Artois, il était resté jusqu'à plus de sept heures du matin.

Pendant le jeu, de jeunes étourdis fascinés tournoient autour de la table de la reine qui ne cesse de s'entretenir avec eux, tandis que des personnes respectables de la cour se tiennent à l'écart sans que personne ne s'adresse à elles. Même folie aux courses de chevaux où les jeunes gens de la reine se rendent en bottes et chemises négligées dans son pavillon. Si bien que Mercy, qui y est convié, se fait fort de ne pas s'y rendre, simplement parce qu'il est en bottes et en habit de cheval et qu'il ne s'accoutumerait jamais « à croire que l'on pût paraître devant la reine dans un pareil équipage ».

À la seconde séance de courses, il arrive en habits de ville avec sa voiture et accepte l'invitation dans le pavillon de la reine. Le spectacle qui s'offre à lui est affligeant. Une foule de jeunes gens mal vêtus se livrent au pillage d'une grande table couverte de victuailles, dans une cohue indescriptible et un bruit de tous les diables. Au milieu de ce désordre, et y participant : les couples Provence et Artois, et Madame Elisabeth, âgée de treize ans, un peu gênée de se trouver là, mais préférant tout plutôt que de quitter sa chère Antoinette. Toute cette jeunesse n'a pas plus de vingt ans et Artois le premier, sans aucune retenue, hurle quand il perd et se livre à des pantomimes endiablées quand il gagne ; se lance de tous côtés pour encourager ses jockeys et ses postillons ; présente à grands cris à la reine celui qui lui a gagné une course. Mercy est accablé par cette familiarité qui se montre au public mais il reconnaît cependant qu'« au milieu de ce pêle-mêle la reine, se portant partout, parlant à tout le monde, conservait un air de grâce et de grandeur qui diminuait en partie l'inconvénient du moment ».

Les soirs où elle ne joue ni à Trianon ni chez la princesse de Lamballe, Marie-Antoinette se promène bras dessus, bras dessous avec sa nouvelle favorite, la duchesse de Polignac, dans les antichambres bondées de monde, avec pour seule suite un garçon de la chambre ou deux valets de pied. Elle en oublie de recevoir son mari dans ses appartements. Or il serait temps de donner un héritier à la Couronne.

La reine ne supporte ni observations ni un quelconque retard dans ses bâtiments. On ne peut qu'obéir sans délai. « Vous connaissez notre maîtresse, dit le contrôleur général du garde-meuble, elle aime à jouir promptement. » Mais il ajoute également : « Il s'agit de satisfaire la Reine : ce mot exprime tout pour moi. » Louis XVI paye généreusement les dettes de jeu sur sa cassette, mais l'argent du Trianon se trouve de moins en moins facilement. Les entrepreneurs ne sont pas suffisamment payés. On leur devra encore près de 500 000 livres en 1791. Il se met à courir sur les dépenses de Trianon des bruits extravagants. Les murs sont couverts de pierreries. On s'y livre à des orgies. C'est un gouffre financier sans fond. Bruits qui retentiront jusqu'au Tribunal révolutionnaire. Dès septembre 1776 la rumeur publique gronde. « On a vu d'abord avec plaisir que le Roi donnait Trianon à la Reine, écrit Mercy, mais on commence à s'alarmer des dépenses que Sa Majesté y fait. »

Toutes les prévisions sont dépassées. Bonnefoy du Plan, le concierge du Petit Trianon, tenait à faire confirmer par écrit les ordres qu'il avait reçus de la reine afin de pouvoir se défendre des sollicitations indiscrètes. Marie-Antoinette avait répondu de sa main par oui ou par non aux questions qui lui étaient posées. Puis elle avait apposé sa signature. On y voit fort bien comment cette reine de vingt ans entend être tout à fait chez elle dans sa « maison de campagne ».

Il est défendu par son ordre que son château et ses jardins soient publics. On n'y entre donc que par la grille d'entrée, conduit par le suisse de garde au jardin.

Les personnes attachées à son service ne peuvent faire entrer dans les jardins leurs parents ou amis lorsqu'elle vient y dîner seule ou avec la famille royale.

Les jours où la reine reçoit la cour et donne spectacle, le jardinier Belleville ne peut se dispenser de mettre le cadenas à la porte entre les deux grilles car il n'est pas le seul à user des clefs.

Les jours de spectacle, il n'y a de jetons d'entrée de jardin que pour les officiers de bouche, les acteurs et les musiciens. On fera sortir des jardins toutes les personnes qui y seront trouvées sans leur jeton.

Cette ébauche de règlement n'était pas seulement une lubie car, quatre ans plus tard, en 1780, la reine, ayant remarqué que ses ordres étaient loin d'être observés, résolut de faire un nouveau règlement signé de sa main qu'elle ordonna à son concierge de faire imprimer et afficher dans son château « partout où besoin sera afin que personne n'ignore de ses volontés et s'y conforme ».

Il diffère peu du premier règlement établi en 1776 si ce n'est par cet article qui donne une idée assez juste de l'activité artistique qui règne en ce château :

« Lorsque la reine donnera repas, spectacle, concert ou autres fêtes, Sa Majesté voulant que le Château et jardins ne soient ouverts qu'aux personnes dont elle aura donné la liste à son concierge, ordonne que le service de la Cuisine-Bouche n'aura dorénavant aucune communication par l'intérieur avec les tables qui seront servies dans le bâtiment accolé à la salle de spectacle. » Les tables auxquelles fait allusion cet article sont celles qui servaient aux acteurs, musiciens, gens de service du spectacle et qui se trouvaient dans les bâtiments voisins du théâtre.

Les caprices de la jeune reine de vingt ans prennent une dimension considérable. Elle demande à Mique de dessiner les plans de ses jardins. Elle veut qu'on y place le jeu de bague, un temple, une grotte, une orangerie, un réservoir, un belvédère, une maison de jardinier, une comédie, une ménagerie, un pavillon de jeu, un salon frais, des communs et une chapelle. Il y aurait encore un grand rocher avec une source, une rivière, une avenue bordée d'arbres de Judée et un bocage. Un ermitage, un cabinet de treillage couvert de roses grimpantes, un parc de moutons à la chinoise pour animer les pelouses, des bancs chinois et des canapés turcs en pierre « peints comme s'ils étaient d'étoffe ». Et pour permettre d'embrasser le tout, un belvédère sur un promoratoire. Il fallait en outre détruire la grande serre botanique qui devint l'orangerie du Petit Trianon.

Marie-Antoinette retint le temple et le belvédère. On fit des maquettes qu'on exposa devant la cour. Chaque courtisan avait son mot à dire. Mique se torturait pour donner le devis le plus bas possible de toutes ces constructions. Il avait parlé d'une somme de 70 000 livres. Mais le devis définitif atteignait 298 275 livres, 10 sous, 10 deniers. On avait obtenu une ordonnance de 100 000 livres, il manquait donc 200 000 livres. En avril 1776, le comte d'Angiviller, dansant d'un pied sur l'autre, adressa un mémoire à la reine pour lui exposer la situation. Il suggérait respectueusement que la reine s'adressât elle-même au roi, sinon, bien sûr, il se chargerait lui-même de la corvée auprès du ministre des Finances. Marie-Antoinette ne voulut pas s'exposer à demander les fonds au roi et le directeur des Bâtiments dut s'exécuter. Or Necker, le successeur de Turgot, visiblement, n'y mit pas un très grand empressement, puisqu'il n'avait toujours rien accordé le 10 juin. Il essaya d'étaler la remise des fonds aux artisans du jardin anglais, sur les années 1777 et 1778. Marie-Thérèse, inquiète des folies de sa fille que lui rapportait scrupuleusement son ambassadeur, Mercy, décida d'employer les grands moyens afin de remédier à tous ces désordres qui lui semblaient dangereux. Elle dépêcha donc auprès de sa fille chérie son grand fils, Joseph II, empereur d'Autriche, pour semoncer habilement la jeune délurée.

9

LA VISITE DU GRAND FRÈRE

Au moment où Marie-Antoinette se concentrait avec passion sur les maquettes des jardins à l'anglaise, Joseph II, sous le nom d'emprunt du comte de Falkenstein, arrivait chez sa sœur cadette. Il venait incognito visiter la France, c'est dire si sa venue n'avait rien d'officiellement politique, mais plutôt un caractère d'intimité. Ceci rejoignant cela. Marie-Antoinette saisit l'occasion pour donner des fêtes dans son cher Trianon. Le 13 mai 1777, elle donna un dîner. Mercy y était présent avec deux ou trois courtisans. Ils arrivèrent vers cinq heures et se promenèrent dans les jardins où furent donnés quelques petits spectacles de variétés. Les comtesses d'Artois et de Provence se trouvaient là aussi avec une suite rapprochée. Puis, dans les cabinets de la reine, on attendit l'arrivée du roi qui vint avec Monsieur et une suite assez nombreuse. Madame Elisabeth arriva en même temps avec Madame Sophie. Vers neuf heures il y eut un grand souper et, à dix heures et demie, un spectacle qui dura près de deux heures. Marie-Antoinette, en hôtesse avertie, déploya son charme auprès de chacun. Le roi était dans une grande gaieté et se montra prévenant pour son invité l'empereur. Sa Majesté impériale semblait enchantée de cet accueil. Par l'aisance de son maintien, il alliait son anonymat à une sorte de distance supérieure qui lui attirait tous les hommages. Son identité n'avait échappé à personne. Il semblait être l'aîné responsable de cette jeune famille royale insouciante. Le spectacle eut lieu dans l'orangerie : on put voir *Les Fausses Infidélités* jouées par les acteurs de la Comédie-Française, *L'Amoureux de quinze ans*, interprété par la troupe italienne et *Le Prétendu et la Rosière*, par les danseurs de l'Opéra. Le jardin anglais fut illuminé par des centaines de petits pots de feu dissimulés par des planchettes de bois peintes en vert, qui éclairaient les massifs d'arbustes et de fleurs. Une multitude de fagots allumés entretenaient, dans le fossé situé derrière le temple de l'Amour, une grande clarté qui faisait de ce lieu le point le plus brillant du jardin. Les personnes non conviées furent mécontentes et exagérèrent à outrance les frais de cette fête. On parla de prix si ridicules qu'on eût cru que les fagots brûlés avaient nécessité une forêt entière. La reine, prévenue de ces rumeurs, voulut connaître exactement ce qu'il y avait eu de bois consumé : on sut ainsi, nous dit Mme Campan, que quinze cents fagots avaient suffi (!) pour entretenir le feu jusqu'à quatre heures du matin…

Le 22 mai la reine reçut à nouveau son frère au Petit Trianon. Ils dînèrent sans autre suite que celle de la comtesse de Mailly, dame d'atours, et de la duchesse de Duras, qui était dame du palais. Après le dîner l'empereur et sa sœur se promenèrent seuls dans les jardins où ils eurent un long entretien privé. Il parlait en frère aîné de choses graves que leur mère lui avait demandé d'aborder avec la reine. Les sujets de remontrance ne manquaient pas. Il lui fit voir les écueils qui l'environnaient et la facilité avec laquelle elle s'y laissait entraîner. Il lui montra les dangers de la dissipation qui présidait à sa vie. Il lui en révéla les conséquences effrayantes pour l'avenir. Il lui parla de sa négligence envers le roi, de son rejet de toutes occupations sérieuses et de sa passion pour le jeu. Il lui montra qu'elle pouvait donner prise aux calomnies par son insolence envers les « siècles », comme elle nommait les vieilles personnes, et par son ignorance volontaire de l'étiquette antique qui avait réglé l'existence des reines précédentes. Ne se mettait-elle pas en avant partout en l'absence du roi, son époux ? Allant en cabriolet dans des toilettes extraordinaires aux chasses du bois de Boulogne, aux courses de chevaux, aux bals de l'Opéra avec son beau-frère Artois, accompagnée d'une troupe de jeunes gens turbulents et irrespectueux de son rang. Passant trop souvent ses soirées chez la princesse de Guéménée, « vrai tripot » où régnait « un air de licence et de mauvais ton ». Il faut dire que cette princesse allait finir par se ruiner au jeu, où on disait qu'elle trichait sans vergogne, et ne serait sauvée de l'opprobre que par l'intervention de Marie-Antoinette. Il lui reprochait encore d'instaurer elle-même à la cour, au mépris des ordonnances prononcées contre les jeux de hasard, et malgré le blâme du roi, une banque de pharaon où l'on n'hésitait pas à jouer trente-six heures de suite jusqu'au matin de la Toussaint… Oui, elle avait de l'esprit, du caractère et des grâces infinies, mais combien se montrait décevante la façon dont elle usait de ces qualités remarquables. La dissipation et l'amusement l'emportaient sur tout. Entraînant de lourdes dépenses. Marie-Thérèse, alarmée par les comptes rendus de Mercy, s'était écriée : « Ma fille court à grands pas à sa ruine, trop heureuse encore si, en se perdant, elle conserve les vertus dues à son rang. »

Marie-Antoinette, qui aurait dû être accablée de tant de reproches, les reçut avec sa légèreté coutumière. De plus elle aimait beaucoup ce frère qu'elle retrouvait comme un envoyé de la famille. Or elle avait quitté le lieu de son enfance avec beaucoup de chagrin, quatre ans auparavant. Elle confessa la vérité de tout ceci sans en prendre la mesure. Le ton d'affection et de maturité avec lequel lui parlait Joseph II lui fit accepter le sermon sans en prendre ombrage. Ne lui avait-il pas dit dès leurs retrouvailles que si elle n'eût été sa sœur, il la trouvait si charmante qu'il aurait eu le désir de l'épouser ?

Seulement la reine venait de perdre au jeu près de cinq cent mille livres que le roi s'était engagé à payer sur sa propre cassette et le scandale était repris par les gazetiers bien informés. Mercy inquiétait l'impératrice par de sombres prédictions : « Je sais que dans ce tourbillon pervers de la cour, écrivait-il juste auparavant, en avril 1777, il existe des misérables qui méditent sourdement le projet d'induire le roi au libertinage... Il faut que la reine y veille », ajoutait-il.

L'empereur demandait donc instamment à sa sœur de se rapprocher du roi, de partager sa couche et d'en avoir un héritier pour affermir sa situation. Les deux sujets du jeu et de l'intimité des souverains faisaient la matière principale de ses entretiens affectueux mais rudes avec sa sœur. Marie-Antoinette se rendit aux raisons de son frère, mais, incorrigible, elle répondit gaiement « qu'il viendrait un temps où elle suivrait de si bons avis ».

Enfin, la princesse de Lamballe avait fort déplu à l'empereur qui la trouvait niaise et disgracieuse. Marie-Antoinette convint que, par amitié, elle s'était trompée sur cette favorite. D'autant plus aisément qu'elle venait de se prendre de passion pour la jeune duchesse de Polignac dont l'influence n'était pas meilleure. Joseph II n'ignorait pas les couplets qui couraient sur sa sœur. On les lui avait obligeamment communiqués. Il avait pu lire :

... Reine de France en apparence
Vous l'êtes plus réellement
Des ministres de la toilette,
Des comédiens, des histrions,
Et, bravant en tout l'étiquette,
Des filles vous avez le ton.

Vienne frémissait. Les souverains devaient à tout prix se rapprocher contre la Prusse. La reine de France ne pouvait être un sujet de discorde entre les deux pays alliés. En revanche, Joseph avait une assez bonne opinion du duc de Coigny, maréchal de camp et premier écuyer du roi. Son épouse, née de Conflans d'Armentières, était à la cour une personne charmante et pleine d'esprit. Marie-Antoinette disait d'elle : « Je suis reine à Versailles, mais c'est Mme de Coigny qui est reine à Paris. » Celle-ci enviait pourtant la faveur grandissante de la duchesse de Polignac. Enfin Joseph II eut la surprise au cours d'un dîner chez Monsieur, comte de Provence, de voir le roi et ses deux frères se comporter comme des galopins, courant dans la chambre, se jetant sur les canapés, au point que la reine elle-même en fut embarrassée, bien que son auguste frère fît mine de ne rien voir et continuât la conversation comme si de rien n'était. Ce fut Madame qui tança vertement son mari pour l'induire à cesser ces espiègleries déplacées. Pour ceci ou pour cela Joseph II eut ensuite quelques mouvements d'humeur envers sa sœur qui prenait par trop ses observations à la légère. Mercy disait de lui qu'il avait « un long usage du monde, une manière d'être décidée et active, jointe à sa grande supériorité d'esprit ». L'ambassadeur, qui avait lui-même mis le feu aux poudres, montra alors à son souverain « le danger de pareils essais » envers la jeune reine indomptable. Le frère et la sœur se querellèrent sans gêne et Mercy tenta *in extremis* d'apaiser les esprits. Seule la séparation qui se profilait les ramena à de meilleurs sentiments.

Joseph II partit le 30 mai entre onze heures et

minuit. Ses adieux à sa sœur furent extrêmement émouvants. Surtout pour Marie-Antoinette qui se fit une extrême violence pour cacher la profondeur de son trouble. Ayant voulu trop prendre sur elle pour garder son calme devant ce frère qu'elle voyait repartir avec une sorte d'affolement, elle eut le soir même, après le départ de l'empereur, une crise de nerfs assez violente qui la laissa épuisée. Le lendemain elle désira passer la journée dans la solitude et se fit accompagner au Petit Trianon par la princesse de Lamballe, la duchesse de Polignac et une de ses dames du palais. Elle reçut le jour même un courrier de sa mère qui la calma définitivement. De son côté, Joseph écrivait à Marie-Thérèse : « J'ai quitté Versailles avec peine, vraiment attaché à ma sœur. J'ai trouvé auprès d'elle une espèce de douceur de vie à laquelle j'avais renoncé, mais dont je vois que le goût ne m'a pas quitté. J'ai passé des heures et des heures avec elle, sans savoir comment elles s'écoulaient. Il m'a fallu toute ma force pour trouver des jambes pour m'en aller. » Joseph avait rempli sa mission mais il adorait bel et bien la petite sœur intrépide qu'il aurait même épousée si elle ne lui était si proche.

Cependant, avisé et implacable, il avait avant son départ laissé un certain nombre de résolutions par écrit destinées à la jeune étourdie. Il lui disait au sujet de Louis XVI : « N'êtes-vous pas froide ou distraite quand il vous caresse ou vous parle ? Ne paraissez-vous pas ennuyée, dégoûtée, même ? Comment, si cela était, voulez-vous qu'un homme froid et qui n'a pas senti les plaisirs charnels s'approche, s'excite et enfin vous aime et parvienne à terminer la grande œuvre ou au moins goûter les plaisirs possibles à son état avec vous… Ne vous rebutez jamais et soutenez-lui l'espérance toute votre vie qu'il pourra encore avoir des enfants. » Ensuite il abordait le sujet de ses folies les plus inconvenantes selon sa position : sa passion du jeu, ses nuits aux bals de l'Opéra. « Qu'y cherchez-vous, écrit-il, pourquoi donc des aventures, des polissonneries, pourquoi vous mêler avec des tas de libertins, de filles, d'étrangers ? Quelle indécence ! Le roi, abandonné toute une nuit à Versailles et vous, confondue avec la canaille de Paris ! » Marie-Antoinette fut très en colère d'avoir été jouée à ce point. Car derrière l'émotion du départ, son frère n'avait rien adouci de ses reproches. Elle voulut répondre point par point mais y renonça pour ne pas se fâcher avec sa famille. Elle fit amende honorable devant sa mère et reconnut qu'elle garderait les conseils de son frère « à jamais gravés dans son cœur ».

Puis l'émotion reprit le dessus et elle écrivit deux jours plus tard à l'impératrice : « Ma séparation de mon frère m'a donné une cruelle secousse. J'ai souffert tout ce qui est possible, et ne puis me consoler qu'en pensant qu'il a partagé ma peine. » Elle ne songeait encore à rien changer de ses habitudes. Joseph II avait rappelé Louis XVI à ses devoirs de virilité, ce qui eut pour effet de ramener l'époux timoré à la couche de sa femme. En effet, en août 1777, Marie-Antoinette put enfin écrire à sa mère : « Je suis dans le bonheur le plus essentiel pour toute ma vie. Il y a déjà plus de huit jours que mon mariage est parfaitement consommé. L'épreuve a été réitérée et encore hier plus complètement que la première fois. » Au bout de sept ans de mariage il était temps. Le 18 août, vers dix heures du matin, le roi était allé chez la reine au moment où elle sortait du bain. Les deux époux restèrent ensemble près d'une heure et quart. Et le médecin Lassone, seul admis dans la confidence, put affirmer que le mariage était consommé. Le voyage de Joseph II n'avait pas été inutile au moins en cette matière délicate.

10

LA FÊTE CONTINUE

Le 18 juin 1777 la reine avait reçu toute la famille royale au Petit Trianon. On donna devant elle *Le Barbier de Séville* de Beaumarchais, joué par la Comédie-Française, et *La Fête du château*, de Favart, joué par les acteurs de la Comédie-Italienne. Suivit un divertissement tiré du *Barbier* pour lequel on fabriqua huit grandes mandolines qui s'ouvraient en laissant voir à l'intérieur des femmes déguisées en Espagnoles.

Marie-Antoinette passe le plus clair de son temps au Petit Trianon pour y préparer ses fêtes. Elle y va les après-midi, suivie seulement par deux ou trois de ses dames, dont la duchesse de Polignac, Madame Elisabeth qui fait partie de tous les divertissements, Mme Campan, première dame d'honneur, ou la princesse de Lamballe. Elle se rend aussi à la ménagerie bâtie sous Mme de Pompadour pour y prendre des laitages sans modération. Si bien qu'un jour elle est victime d'indigestion ayant, malgré les avertissements, mangé d'un « fromage à la glace » qui la laissa fort incommodée. Elle suit quotidiennement l'avancée des travaux dans le jardin anglais. On a, dans les derniers jours de l'hiver, planté les arbres du bocage, et l'on achève de creuser la rivière. Il reste encore à construire la montagne et à évider le lac. Le temple de l'Amour sort à peine de terre, mais le jardin est déjà plein d'agrément et la reine veut inaugurer son nouveau domaine par une grande fête prévue pour le 3 septembre. Cette fête qui fit grand bruit pour le prix qu'elle coûta fut diversement rapportée selon les chroniqueurs. Ils ne se montrèrent pas très unanimes sur la façon dont elle fut perçue. Mercy semble n'y avoir rien vu de très extraordinaire. « Il y eut, dit-il, différentes sortes de jeux dans les jardins, un grand souper, des illuminations et un spectacle. » Il est plus frappé par la présence inattendue du Premier ministre. « Les ministres du Roi, non plus que leurs épouses ne sont jamais appelés à ces parties. Mais dans cette occasion le comte et la comtesse de Maurepas ont été invités par la Reine et cette faveur exclusive a eu de quoi les flatter infiniment. » Voilà ce qu'il a retenu. Les gazettes ont cependant fait beaucoup de bruit autour de la fête du 3 septembre. Elles annoncent dès le 26 août que la reine prépare avec les gens chargés de ses fêtes une grande réjouissance pour le roi au Petit Trianon. C'était initialement pour le jour de la Saint-Louis. Il était question d'agréables surprises ménagées pour son époux. Malheureusement, ajoute l'échotier, le roi a été mis au courant, il a su que la dépense montait à 80 000 livres, il a trouvé cela trop cher. Surtout au moment où, par souci d'économie, il se prive du séjour de Fontainebleau. Et pour couper court à ces fantaisies dispendieuses, lorsque son épouse est venue l'inviter à se rendre au Petit Trianon, il a refusé impitoyablement, ce qui a sensiblement affligé la reine, lisait-on dans cette gazette. Et de conclure, « le motif d'économie est si beau dans un prince de cet âge, que la bouderie de Sa Majesté ne durera sûrement pas et qu'elle profitera de la leçon pour mettre plus d'épargne dans ses plaisirs ». Vœux pieux qui n'eurent rien à voir avec la réalité. Dans sa *Correspondance secrète*, dont le manuscrit se trouve à la bibliothèque de Saint-Pétersbourg, M. de Lescure dresse un tableau bien différent. Le 24 août, veille de la fête du roi, la reine surprit son époux par des divertissements auxquels il ne s'attendait pas. On a pu voir sur lui des mouvements de joie, puis des tendresses entre les deux époux et on prétend même que la fête s'est terminée par une scène passionnée dont la France verrait les effets d'ici à neuf mois ! Qui dit vrai ? Il semble que « le refus impitoyable » ne soit guère dans la façon de Louis XVI, très amoureux, qui accorde tout à sa femme. Mercy précise seulement que, les préparatifs de la fête n'étant pas terminés, les réjouissances ont donc été différées de quelques jours. Louis XVI l'a bel et bien agréée et, toujours disposé à se prêter aux caprices de son épouse, s'est rendu au Petit Trianon. Ce retard n'a servi qu'à rendre le divertissement encore un peu plus cher en y ajoutant toujours plus de détails coûteux.

La fête dura tout le jour. Le thème choisi était la foire. Les dames de la cour faisaient les marchandes. Marie-Antoinette tenait un café, costumée en limonadière. Il y avait des théâtres et des parades çà et là. Les mémoires des dépenses indiquent qu'on avait monté sur la pelouse, au moyen de planches et de châssis, une place publique avec des bornes et des fontaines placées dans des niches. Il y avait des boutiques de boulanger, charcutier, rôtisseur et pâtissier. Tout ceci tenu par des personnages de la cour. Une guinguette était entourée de vingt et un berceaux de treillage, chacun d'eux portant le nom d'une maison royale inscrite sur un écriteau. Plus loin se trouvait un théâtre en plein air dont la façade était ornée de motifs architecturaux. On dépensa près de 1 500 livres pour les seules guirlandes de fleurs. Le soir le jardin fut éclairé de 2 600 lanternes de couleurs. Les avenues du château étaient bordées par les boutiques des marchands de Paris qu'on avait fait venir en leur payant le déplacement.

Carlin, le célèbre Arlequin de la Comédie-Italienne, et Dugazon, de la Comédie-Française, cachés dans des carcasses d'osier en forme de pie et de dindon, exécutèrent une parade dans la boutique d'un oiseleur. Sur le théâtre on représenta des proverbes et des couplets, l'opéra-comique des *Sabots*, et un ballet grotesque, *Les Meuniers*, où l'on voyait un homme déguisé en femme, un président de cour, un commissaire, des meuniers, des Savoyards et des paysans allemands. Enfin, au jeu de bague, entouré pour la circonstance d'un amphithéâtre de gradins, sur lesquels étaient peints quarante vases de porcelaine garnis de fleurs, il y eut une fête chinoise, à laquelle les musiciens de la garde française travestis en Chinois offrirent leur concours.

En dépit de M. Necker, la fête coûta 400 000 livres, et on en dépensa autant à Choisy, où la cour alla le 9 et où la reine se proposa de donner plusieurs divertissements du même type. Si le voyage de Fontainebleau restait supprimé, la cour s'offrait des distractions qui dépassaient de beaucoup la dépense prétendue excessive du déplacement prévu à cette époque. On se familiarisait avec la prodigalité de Marie-Antoinette, et Mercy lui-même ne voit rien à signaler d'exceptionnel à l'impératrice dans l'inauguration du jardin anglais. Il ne fait pas de remarque non plus sur une autre nouveauté qui avait frappé Joseph II : jusque-là en France c'était le roi qui offrait des divertissements à la reine et qui présidait aux représentations de la cour. Ici les rôles sont intervertis, c'est la reine qui donne des fêtes pour le roi. Vainement le frère avait-il fait des remontrances sur l'inconvenance qu'il y avait à mettre ainsi le roi dans un état de dépendance, au second plan ; la reine persista à garder le sceptre des plaisirs, à Trianon surtout, puis plus tard à Versailles.

Après la fête mémorable du 3 septembre, les travaux reprirent activement dans le jardin. La reine avait, au mois de juillet, approuvé les maquettes. La montagne prévue se divisait en deux parties séparées par un golfe : à gauche, une butte pour le belvédère, à droite, une colline plantée d'arbres et un vignoble miniature sur le promontoire qui s'avance dans le lac. Les serres une fois démolies et les travaux de terrassement terminés, on garnit la montagne de peupliers d'Italie, de marronniers, de sapins et de marsaults. Il ne restait plus que le rocher pour que le projet adopté par Marie-Antoinette soit complet. La nouvelle serre fut livrée en 1778. Elle deviendra l'orangerie. On fit encore une chaumière en mousse, un pont sur la rivière, et on dissémina dans les bosquets et sur les pelouses de nombreux bancs de bois peints en vert réchampi de vermillon.

Marie-Antoinette se réjouissait cette année-là de recevoir son frère Ferdinand, gouverneur de Lombardie, mais la visite n'eut pas lieu bien qu'elle ait déjà tout envisagé pour cela : « Pour les logements il n'y aurait pas d'embarras, ils seraient fort bien dans ma maison de Trianon. » Il faut dire que le château de Versailles était plein à craquer des milliers de courtisans qui s'entredéchiraient pour y obtenir un logement. Elle se consola en demandant à sa mère deux tableaux qui représentaient des scènes de son enfance. L'un d'eux concernait un épisode des fêtes données, en 1765, à l'occasion du premier mariage de Joseph II avec la princesse de Bavière. Marie-Antoinette, âgée de dix ans, y danse avec ses frères et sœurs. Le 5 janvier, l'impératrice écrit : « Mercy m'a envoyé des mesures pour un tableau que vous souhaiteriez avoir pour Trianon. Mais il y en a deux : l'un se passe à l'Opéra, l'autre, le ballet où cette petite reine était avec ses deux frères. Je crois que vous voudriez avoir ce dernier. Ou peut-être les deux. Vous serez servie ; mais dans ce cas il me faut une mesure pour le second tableau, savoir de quel côté le jour vient, si cela doit être un cadre ou servir de tapisserie attachée à la muraille. » Marie-Thérèse se fait un peu tirer l'oreille car elle attend elle-même un portrait de sa fille qui lui est promis depuis huit ans. La reine assure que tous les artistes qui se sont essayés à la peindre ont échoué. Voilà la raison du retard. Puis elle conclut : « Je n'enverrai pas par ce courrier les mesures à ma chère maman, parce que le concierge de Trianon, où je compte placer les tableaux, est absent. » Enfin le 18 mars elle reçoit les toiles tant désirées et remercie aussitôt en disant : « La mesure est parfaite ; ils augmenteront bien le plaisir que j'ai quand je suis à Trianon. » Ils furent encadrés dans la boiserie de la grande salle à manger qui était demeurée vide.

Enfin Marie-Antoinette fut enceinte. Il fallut célébrer cet heureux événement par de nouveaux divertissements. Le 4 juin 1778, il y eut une fête champêtre à Trianon pour distraire la reine à son retour de Marly. Il y eut des chants et des danses qui célébraient la fécondité, le bonheur et la tendresse maternelle. Un spectacle de nuit après le souper. Le roi qui se lève tôt pour aller chasser ne manque aucune de ces réjouissances qui le font pourtant veiller tard. On retrouve dans son journal notés scrupuleusement tous les soupers et les spectacles auxquels il a participé à Trianon de 1774 à 1789. Il y allait volontiers et souvent, puis s'en retournait dormir à Versailles. Il y notait également ses chasses dont on retrouve les produits dans les soupers somptueux que donnait la reine. Selon les saisons on y servait, entre autres magnificences, des plats dont les intitulés font rêver. Papillotes de foie gras, boudins de gibier à la Périgueux, rougets de rivière, petits canetons en macédoine, poule de Caux à la Montmorency, hâtereaux de poulardes à l'armagnac, ailes de campines glacées aux laitues, filets de poulardes écarlates à la gelée, petits pigeons à la crapaudine, jambon de neige, le rôt de bif de chevreuil du Roi, les croquettes d'oreilles d'agneau en puits, les crépinettes de levreaux, la timbale de nouilles au filet de volaille. Tout ceci baigné de jus, de coulis, de consommés, de beurre, d'huile et de saindoux pour les fritures. On finissait par des dizaines de petits entremets à la crème, suivis de montagnes de fruits préparés. On servait également de délicieux repas à la table des gardes du corps, à celle des coiffeurs de la reine, des valets de garde-robe, des femmes attachées aux dames de la cour. Aux garçons et petits garçons du garde-meuble, aux frotteurs, aux porteurs de chaises, aux fontainiers, aux lingères, aux garçons de fourrière, aux charbonniers, aux garçons de vaisselle, aux garçons jardiniers, aux éplucheuses et aux porteurs d'eau. Aux gens des écuries et à ceux qui étaient à la glace. Enfin à tout un peuple de serviteurs qui tenaient à leur charge comme à la prunelle de leurs yeux et qui n'auraient pas cédé leur place pour un empire. Marie-Antoinette veillait à tout cela avec une générosité sans borne qui entamait la cassette du roi, acquis à toutes ses libéralités.

Dans son Journal il note la fête du 29 juin où l'on donna un grand opéra et des ballets. Le peintre Mazières créa un décor intitulé le palais du Soleil. Un autel en marbre blanc rehaussé d'or portait la statue d'Apollon, huit colonnes torses dorées étaient garnies de cabochons en verroteries imitant les diamants. Ce décor donnera naissance à une légende selon laquelle Marie-Antoinette couvrait les murs de son Trianon de pierres précieuses. On connaissait évidemment son goût pour les diamants, en pendants d'oreilles ou en bracelets, qui avaient déjà coûté à son époux des centaines de milliers de livres sur sa cassette.

La reine se proposait encore de donner une nouvelle fête le 15 juillet, dont on retrouve la trace dans le Journal de Louis XVI, mais elle apprit l'entrée du roi de Prusse en Bavière avec des troupes supérieures en nombre à celles de l'Autriche. Elle en fut très affectée et versa des larmes en déclarant qu'elle « ne pouvait supporter l'idée des amusements, tandis qu'elle partageait les peines et les inquiétudes de sa mère ».

Pendant ce temps, dans la grande île, s'élevait le temple de l'Amour. Au mois de juillet 1778, on retira les échafaudages et l'on put admirer douze colonnes corinthiennes supportant une coupole en pierres de Conflans. Le pavé en marbre blanc veiné, à compartiments bordés de rouge. Et dans les entre-colonnades des bandes de marbre de Flandre. Au centre de la coupole, un trophée composé de couronnes de roses, carquois, brandons, flèches liées de rubans et enlacées de roses et de feuilles d'olivier. Le sculpteur Deschamp soumit à la reine l'ébauche d'un amour en cire blanche, mais finalement elle se décida pour une statue de Bouchardon, réalisée en 1746, qui représente l'amour adolescent se taillant un arc dans la massue d'Hercule. On planta autour du temple des pommiers-paradis et des pelote-de-neige. Si bien que l'air qu'on y respirait était parfumé par une quantité prodigieuse de fleurs et d'arbustes odorants. De sa fenêtre, Marie-Antoinette donnait sur le temple de l'Amour.

11

LE THÉÂTRE DE LA REINE

La scène de l'orangerie, sur laquelle, depuis 1776, on donnait la comédie au Petit Trianon, n'était qu'un composé de planches, de toile et de carton, sans cintres ni machinerie de décors, sans loges pour l'usage des acteurs, dont le foyer se trouvait dans la ménagerie. Marie-Antoinette avait trop la passion des spectacles pour se contenter d'une installation si précaire. Elle voulut avoir un vrai théâtre muni de tout l'appareil nécessaire. Elle en rêvait depuis 1777, date à laquelle elle avait demandé à Mique de relever les plans de la petite salle de Choisy. Il lui proposa un projet qu'elle adopta et les travaux commencèrent en juin 1778. On imagine la perplexité du directeur général des Bâtiments à qui l'on imposait cette nouvelle charge imprévue, en cours d'exercice. Mais il avait l'habitude, il s'arrangea pour payer les 141 200 livres, 4 sous, 8 deniers que coûta le nouvel édifice. Les meubles et tentures exceptés, dont la dépense revint à l'intendance du garde-meuble. Déjà la maquette avait été ciselée, peinte, dorée, tendue de velours et de soie et éclairée par vingt-quatre lampions minuscules. Chacun des détails de l'ornementation modelé en terre ou en plâtre avant d'être exécuté.

Pendant que le théâtre prend forme avec tout le décor d'un conte de fées, Marie-Antoinette poursuit la grossesse qui doit lui permettre d'acquérir une nouvelle influence auprès du roi en tant que mère des héritiers du trône. C'est en tout cas ainsi que sa mère l'impératrice l'envisage. Ne demande-t-elle pas à la jeune reine de vingt-trois ans d'influencer Louis XVI dans son alliance avec l'Autriche au sujet de la guerre qui couve en Bavière ? La reine se démène auprès des ministres Maurepas et Vergennes pour qu'ils y envoient des troupes. Peine perdue, les ministres refusent en prétextant que la Bavière ne faisait pas partie des possessions de l'Autriche au moment du traité d'alliance. La reine se heurte au mur de la langue de bois qu'elle ne pratique pas. Elle écrit à sa mère au sujet des ministres : « Ils ont tant de mots et de phrases qui ne signifient rien qu'ils sont déjà étourdis avant que de dire une chose raisonnable. » Et elle ajoute à propos de Louis XVI : « C'est la faiblesse affreuse de ses ministres et la grande méfiance qu'il a en lui-même qui fait tout le mal, et je suis sûre que, si jamais il ne prend conseil que de lui-même, on verra son honnêteté, la justesse et le tact qu'il a. » Elle donne une aumône de 12 000 francs pour les personnes emprisonnées pour dettes envers leur nourrice ! Manière pour elle de faire la charité tout en laissant « constater (s)on état aux yeux de tout le peuple ».

Si l'impératrice est touchée en tant que future

grand-mère de la grossesse de sa fille, elle ne pense qu'à en tirer parti auprès de Louis XVI dont elle recherche l'alliance dans son différend avec le roi de Prusse. Car ses fils sont sur le champ de bataille et elle confie leur sort à cette sœur reine de France qui n'y peut pas grand-chose. Elle la harcèle de lettres pour qu'elle intervienne non seulement auprès du roi, mais aussi auprès des ministres. La pauvre jeune femme enceinte n'obtient bien sûr rien de son époux malgré les doléances et même les larmes. Elle se promène le matin et s'entoure de ses dames qui se prosternent devant la merveille.

Quant au souci de la reine, on dirait volontiers qu'il se tourne de façon plus aimable vers la construction, en cours, de son théâtre. Elle en suit toutes les péripéties, en indique la décoration. Un vestibule en hémicycle donne accès, d'une part, à deux salons, de l'autre, à la salle de spectacle, et par un escalier, à l'étage supérieur. La reine et sa suite entrent par la porte principale et d'autres ouvertures sont ménagées pour les invités de seconde catégorie. Des bas-reliefs représentant des Muses ornent le dessus des portes ; la salle n'a que deux rangs de loges avec un parterre en contrebas. Une balustrade limite le balcon du premier étage dont la courbe ne sera brisée que sous Louis-Philippe. Le rebord du second est plein. Des feuilles d'acanthe le décorent. Cette deuxième galerie repose sur des volutes chargées d'une dépouille de lion. C'est l'insigne de Louis XVI. Au sommet de la salle se trouve une frise ornée d'un rang de couronnes entrelacées. La voussure est percée de douze œils-de-bœuf, entre lesquels des enfants tiennent des guirlandes de fleurs et de fruits. Toutes ces sculptures sont en carton-pâte. À chaque angle, du côté de la scène, un panneau de bois, couvert de fines arabesques, est surmonté d'une loge grillagée.

Les figures et les ornements en saillie sont en or jaune et vert. On peint les balustres, piédestaux, boiseries de l'orchestre et du parterre en brèche violette et l'ébrasement de la scène, avec les panneaux d'angle, en marbre blanc veiné. Le reste de la salle est tendu de moire bleue. Les appuis du balcon et des loges, ainsi que les sièges, de velours de même couleur. Dans la partie centrale de la voûte, sur un fond de rayons dorés, deux Muses couchées tiennent le chiffre de la reine. Le rideau de scène est formé de pans de soie bleue, à franges d'or, relevés par des cordelières d'or qui tombent de la frise haute. De chaque côté de la scène, une femme dont le torse sort d'une gaine les soutient. Le rideau d'avant-scène est fait en gros de Tours bleu, orné de dorures en clinquants.

Il y eut une dispute entre le responsable du garde-meuble de la reine, Bonnefoy du Plan, et l'architecte Mique, pour savoir qui déciderait de la mise en place du rideau. Mique voulut démontrer que c'était au sculpteur à agencer les draperies qui se combinaient avec les figures mais Bonnefoy ne voulut rien entendre. Mique fut très affecté de cet échec. Il était pourtant au comble de la faveur auprès de la reine. Alors que les personnes pourvues des plus grandes charges de la maison de la reine n'avaient jamais pu obtenir

102

le plus modeste pied-à-terre au Petit Trianon, Marie-Antoinette lui avait donné un appartement, très petit à la vérité, mais très agréablement situé au-dessus des salons de la comédie. Il se croyait donc maître en ce domaine, lorsqu'il comprit comme les autres que tout dépendait du caprice de la souveraine.

On plaça deux grands candélabres aux extrémités de l'avant-scène pour éclairer la salle. On pensa d'abord à des cornes d'abondance d'où s'échappaient des fleurs et des fruits cachant des lumignons. On voulut ensuite placer un Apollon au moment où il se saisit de Daphné changée en laurier, les lumières sortant des feuilles de l'arbre. Enfin on retint deux groupes en plâtre représentant deux femmes qui portaient d'un geste gracieux une corne garnie de soleils, de roses, de lys, étagés en girandoles, parmi lesquelles brillaient quatre-vingt-onze flammes de bougies. L'orchestre fut éclairé par seize chandeliers et on disposa une rampe de vingt et un pieds de long, en cuivre argenté. Le machiniste, Boullet, inspecteur des théâtres du roi, élabora un mécanisme très savant pour l'évolution des décors. Le peintre Lagrenée peignit le plafond de la salle avec Apollon et nuages, Grâces et Muses, entourés d'amours voltigeant, tenant fleurs et flambeaux en mains. Ce fut en juillet 1779 que le théâtre fut livré à la reine et à ses acteurs.

Au printemps précédent Marie-Antoinette avait séjourné pour la première fois au Petit Trianon. Louis XVI a noté cet événement dans son Journal.

« Mois d'avril, lundi 12 : départ de la Reine pour Trianon. Mercredi 21 : retour de la Reine. »

Atteinte de la rougeole au mois de mars 1779, peu après avoir accouché de sa première fille, Madame Royale, le 20 décembre 1778, elle a décidé de s'éloigner du roi pendant sa convalescence. Elle prétendit qu'un éloignement de quelques jours était encore nécessaire pour écarter tout danger de contagion. C'était une occasion toute trouvée et depuis longtemps souhaitée de découcher de Versailles et de s'installer dans son château. Ainsi elle écrit à sa mère : « Je vais aujourd'hui m'établir à Trianon pour changer d'air jusqu'à la fin de mes trois semaines, époque où je pourrai voir le roi. Je l'ai empêché de s'enfermer avec moi. Il n'a jamais eu la rougeole et, surtout en ce moment où il y a tant d'affaires, il aurait été fâcheux qu'il la gagnât. »

Elle emmenait avec elle son inséparable Madame Elisabeth ; Madame et le comte d'Artois, qui se séquestraient avec elle depuis sa maladie, devaient y passer une partie de la journée. L'abbé de Vermont, son confesseur, frère de l'accoucheur, n'avait pas suivi sa souveraine, mais il se rendait à Trianon une ou deux fois la semaine. On avait logé la suite de la reine au Grand Trianon qu'on appelait à l'époque Trianon-sous-Bois. Et Marie-Antoinette, privée de la compagnie de la comtesse de Polignac, retenue en son hôtel par la même maladie, avait été prise de l'étrange fantaisie, à laquelle le roi eut bien sûr la faiblesse d'acquiescer, de se faire garder par quatre courtisans : le duc de Coigny, le duc de Guînes, le comte Esterhazy et le baron de

Besenval. À l'exclusion des dames du palais et de toutes les charges de sa maison. La dame d'atours et la dame d'honneur étant seules admises pendant quelques instants. Ces messieurs s'étaient établis à demeure dans la chambre de la reine, n'en sortant que pour prendre leurs repas. Ils avaient même prétendu y passer la nuit. Le comte Mercy eut beaucoup de peine à obtenir qu'ils se retirassent de onze heures du soir à sept heures du matin. Il faut dire que Madame, le comte d'Artois et la princesse de Lamballe restaient en même temps auprès de la reine. On imagine ce qu'une telle excentricité suscita de messes basses et de plaisanteries. On demandait l'air innocent « quelles seraient les quatre dames choisies pour garder le roi s'il venait à tomber malade lui aussi ». Grâce à Mercy, ces messieurs suivraient Marie-Antoinette à Trianon en qualité d'« externes », autorisés à y passer la journée sans y avoir de logement. L'ambassadeur de Marie-Thérèse craignait que dans un accès de familiarité ils ne s'autorisent quelque « démarche » compromettante pour leur royale hôtesse. Les femmes de chambre suggéraient dans leurs commérages toutes sortes d'idées nuisibles. Insinuations, intrigues, projets aberrants en tout genre.

Mais l'ambassadeur n'y était pas du tout, déjà le cœur de la reine, qui s'éloignait de son époux, était pris par un personnage qu'elle aimerait passionnément jusqu'au bout de sa vie.

Avant tout voyons qui étaient ces quatre privilégiés autorisés, au grand dam des exclus, à partager l'intimité quotidienne de la reine à Trianon.

12

LES SOUPIRANTS DE TRIANON

Le baron de Besenval était une créature du duc de Choiseul et du comte d'Artois, le beau-frère préféré de Marie-Antoinette. Lieutenant général, grand-croix de l'ordre de Saint-Louis, il opérait dans le régiment des gardes suisses qui avait appartenu au duc de Choiseul. Le comte d'Artois avait reçu la propriété de ce régiment avec la charge de lieutenant général des Suisses et Grisons. « Il avait une belle taille, une figure agréable, de l'esprit ; à cinquante ans révolus, des cheveux blanchis lui faisaient obtenir cette confiance que l'âge mûr inspire aux femmes. » La duchesse de Choiseul le trouvait fort aimable et écrivait à Mme du Deffand qu'il « mettait beaucoup d'esprit dans la société ». Cependant ses manières étaient trop libres, et sa galanterie de mauvais ton. Même entre hommes sa conversation était plus cynique que piquante et sa gaieté plus railleuse qu'enjouée. Les contemporains s'accordent à reconnaître en lui un intrigant, d'autant plus dangereux qu'il cachait son astuce sous les dehors de rondeur et de franchise d'un brave Suisse. Il parlait de ses montagnes avec enthousiasme ; il eût volontiers chanté les troupeaux de vaches avec les larmes aux yeux. C'est d'ailleurs ce qui lui concilia les bonnes grâces de la reine. Le duc de Lévis dit de lui qu'il donna à Marie-Antoinette de funestes conseils et l'accuse de l'avoir poussée à s'affranchir de toutes les astreintes de l'étiquette. Il lui reproche d'avoir développé en elle par ses encouragements un malheureux penchant pour la moquerie qui éloigna tout ce qu'il y avait à la cour de gens respectables. Mercy s'étonne que la reine ait pu s'enticher de ce personnage « avantageux, fat et léger ». Elle eut l'occasion de s'en repentir. Un jour il se précipita à ses genoux et lui adressa une déclaration enflammée. C'était en décembre 1775. Une telle inconduite la mécontenta si bien qu'elle lui retira de ce jour sa confiance. Cependant elle ne l'éloigna pas d'elle puisqu'il se trouve trois ans et demi plus tard parmi les quatre gardes-malades et qu'il sera jusqu'à la fin l'un des hôtes habituels de Trianon.

Valentin Esterhazy était hongrois. Il commandait un régiment de hussards. Mme du Deffand écrivait de lui à la duchesse de Choiseul dans une lettre du 20 septembre 1771 : « Je sais bien qu'il a du mérite. » Et Mercy lui-même lui reconnaît un caractère d'honnête homme. C'est sur lui que Marie-Antoinette reportera l'amitié que Besenval avait trompée par ses déclarations ridicules. Il ne paraît pas en avoir abusé comme ce dernier. L'impératrice Marie-Thérèse s'étonne cependant qu'un « jeune homme, sans rang distingué, ait le moyen de s'approcher de sa fille ». Il fréquentait en effet souvent les cabinets de la reine. Elle lui permettait de venir au spectacle, de lui faire sa cour dans sa loge. Elle entretenait avec lui une correspondance que sa mère attentive à tout voyait d'un très mauvais œil. « La correspondance avec ce freluquet d'Esterhazy, écrit-elle à Mercy, est bien humiliante. » La reine l'ayant choisi pour aller annoncer officiellement à Vienne la naissance de Madame Royale, sa mère n'en voulut pas. Elle ne le trouvait pas digne d'être chargé d'une telle mission du fait de sa nationalité, hongroise et non autrichienne. D'après le compte des dépenses particulières de Louis XVI, on sait que la reine lui donna 105 000 livres qui servirent à payer ses dettes.

Le troisième « soupirant » de Trianon, le duc de Guînes, était alors au comble de la faveur auprès de Marie-Antoinette sous le charme de cet homme séduisant. Le parti français et le parti autrichien, c'est-à-dire la coterie du duc de Choiseul et celle du duc d'Aiguillon, s'étaient livré bataille à l'occasion d'un procès assez scandaleux que ce seigneur, alors ambassadeur en Angleterre, avait soutenu contre son secrétaire. Il ne s'agissait pas moins que d'une « accusation de contrebande sous le couvert de l'ambassade, de jeu sur les fonds publics et de gains illicites par la divulgation de secrets d'État ». Un arrêt du Parlement qui, en acquittant l'ambassadeur, laissait à sa charge une partie des frais du procès, ne l'avait pas complètement innocenté aux yeux du public. La reine, qui s'était déclarée pour lui dès le premier jour, contre les ministres, l'opinion et contre le roi lui-même, l'emporta sur tous de haute lutte. On vit en même temps Turgot chassé, Guînes élevé à la dignité de duc, et le roi contraint d'annoncer cette grâce au favori par une lettre qu'elle lui fit recommencer trois fois sous sa dictée. Le personnage ne manquait ni d'esprit, ni surtout d'adresse. À Londres, on l'avait surnommé « le Magnifique ». Il passait pour un des hommes les plus aimables de la cour. On recherchait sa compagnie. Ses plaisanteries étaient fines et piquantes plutôt que blessantes. Il persiflait à froid, la mine imperturbable. Il avait rapporté de ses voyages des histoires d'un genre très leste dont il amusait les princes. Assez gros et engraissant tous les jours, il voulait paraître mince en dépit de sa nature. Ainsi il commandait pour chaque habit une culotte large et une autre plus étroite. Lorsqu'il s'habillait son valet de chambre lui demandait gravement : « Monsieur le duc s'assoit-il aujourd'hui ? » S'il devait rester debout, il montait sur deux chaises et descendait dans la culotte étroite tenue par deux de ses gens. Il jouait de la flûte à la perfection, et, à Berlin, où il avait été ambassadeur avant de l'être en Angleterre, ce talent l'avait fait admettre dans l'intimité du grand Frédéric qui pratiquait aussi cet instrument. Il plaisait par là à Marie-Antoinette dont on connaissait le goût pour la musique.

Le dernier courtisan appelé à ce séjour fantasque auprès de la reine était le duc de Coigny. Celui-ci manifesta une longue jalousie envers le duc de Guînes qui paraissait jouir d'un crédit et d'une confiance plus marqués. Il s'en offusqua et une brouille s'installa entre les deux courtisans.

Mercy rendit compte à l'impératrice de ce premier « voyage » de la reine à Trianon. Il reconnut que ses craintes ne s'étaient pas réalisées. « Le séjour à Trianon, dit-il, s'est passé plus tranquillement que ne le faisait présumer la quantité de monde qui s'y trouvait établie. La Reine commença par y prendre le lait d'ânesse et y observa le régime le plus strict. Sa Majesté ne s'y promenait qu'aux heures du jour les plus propres à faire de l'exercice et elle était régulièrement retirée à onze heures du soir. Quoiqu'il n'y eût pas d'étiquette dans la tenue de la cour, les différents temps de la journée s'y déroulaient dans l'ordre prévu. Tous se rassemblaient à un déjeuner qui tenait lieu de dîner. Ensuite il y avait des jeux, une conversation générale. Des promenades remplissaient une partie de l'après-midi et conduisaient au temps de la soirée et du souper qui toujours avaient lieu de bonne heure. La Reine y conviait quelques dames de Paris, comme la maréchale de Noailles-Mouchy, la duchesse de Cossé, nommée dame d'honneur après la comtesse de Noailles. Tout cela contribua à calmer les mouvements de jalousie et d'envie. La présence à demeure des quatre personnages occasionna encore des propos malveillants et des dégoûts, mais ne fut d'aucune conséquence sérieuse. La Reine fut purgée pour la seconde fois au bout des trois semaines de sa maladie. Elle revint à Versailles pour y faire ses pâques. »

Il est bon de citer encore au sujet de ce séjour

les Mémoires inédits du comte Esterhazy, cités par Feuillet de Conches : « Dès que la reine entra en convalescence, elle décida de s'établir au Petit Trianon. Sa suite y venait tous les jours et on nous donna des logements au Grand Trianon. La comtesse Jules [de Polignac] était tombée malade de la rougeole peu après la reine et était à Paris. La comtesse Diane resta avec Madame Elisabeth. Les trois semaines que nous passâmes à Trianon furent très agréables, uniquement occupés de la santé et de l'amusement de la reine : petites fêtes simples, lieux charmants, promenades en calèche ou sur l'eau. Point d'intrigues, point d'affaires, point de gros jeu. Il n'y avait que la magnificence qui régnait, qui pût faire croire qu'on était à la cour. »

Mais le petit personnage lumineux qui manque à ce tableau, le voici qui apparaît sous la plume de son éternelle amie d'enfance Mme de Bombelles, c'est celui, délicieux, de Madame Elisabeth, sœur de Louis XVI. « Madame Elisabeth est venue nous voir aujourd'hui, elle revenait hier de Trianon, écrit-elle. La reine en est enchantée. Elle dit à tout le monde qu'il n'y a rien de si aimable. Qu'elle ne la connaissait pas encore bien, mais qu'elle en a fait son amie et que ce sera pour toute sa vie. » Effectivement Madame Elisabeth sera présente dans toutes les heures sombres ou glorieuses de la reine, jusqu'à l'attaque des Tuileries, la fuite à Varennes ou la prison du Temple. Enfin, jusque sur l'échafaud à la veille de ses trente ans, baignée d'amour pour son frère, sa belle-sœur tant aimée et leurs enfants. Mais en 1779, elle montre déjà, âgée de seize ans, la beauté et la force de son caractère. Écuyère émérite, elle passe sa vie à cheval, auprès des pauvres ou de ceux qui souffrent, fraîche de teint, le nez bourbon, le front haut, les yeux malicieux, le sourire éclatant d'énergie, Mme Vigée-Lebrun dit d'elle qu'elle a « tout le charme d'une jolie bergère ». Mais elle est aussi cultivée, indulgente, modeste, lucide dans la tempête qui la balayera, droite et loyale envers ceux qu'elle aime. Une femme magnifique, si grande et si petite dans son destin obscur et flamboyant de courage.

Le danger que représente la conduite imprudente de sa belle-sœur la reine ne lui échappe pas. Elle tente déjà de le lui faire voir. L'attachement que Marie-Antoinette ressentit pour elle ne se démentira pas dans la suite et jamais plus nous ne la verrons séjourner au Petit Trianon sans que Madame Elisabeth soit avec elle. C'est à elle qu'elle écrira cette dernière lettre d'adieu la nuit précédant sa mort, dans sa cellule de la Conciergerie.

13

LE RETOUR DU BIEN-AIMÉ

Fersen, occupé par ses fonctions de capitaine des chevau-légers du roi de Suède, fut absent quatre ans de la cour de France. Il reparut à Versailles vers le milieu d'août 1778. La jeune princesse qui, sous un masque, l'avait séduit au bal de l'Opéra par sa grâce enfantine, était devenue reine de France, adorée de tous ceux qui la côtoyaient. Avait-il le secret souhait de n'être pas tout à fait oublié ? Il se fit néanmoins à nouveau présenter par son ambassadeur le comte de Creutz. L'accueil dépassa son espoir. La reine en le voyant dit avec un charmant sourire : « Ah, mais voici une ancienne connaissance ! », faisant secrètement allusion à leur première rencontre romanesque.

Marie-Antoinette est dans l'épanouissement d'une première grossesse de cinq mois. Ces retrouvailles ont lieu dans le vertige d'une fête donnée à Versailles. Les salles du palais, aux splendeurs féeriques, éclairées par les feux d'innombrables lustres, emplies d'une foule immense, donnent au jeune Suédois l'impression de marcher dans un rêve, jusqu'au trône où se tiennent le roi et la reine dans un halo de gloire. La souveraine la plus séduisante des princesses régnantes d'Europe scintille sous le baldaquin à franges d'or. Ses cheveux blonds mousseux nimbés d'un léger nuage de poudre brillent de joyaux d'un éclat éblouissant. Sa robe tissée de dentelles et brodée de lys d'argent est soutenue par des paniers qui ne laissent pas deviner, sous les plis gracieux, l'embonpoint de la taille due à la grossesse. Un flot de perles se perd dans la blancheur satinée de son cou. Fersen s'incline devant la vision radieuse.

Dans les mois qui suivirent son accouchement, Marie-Antoinette reprit le rythme de ses fêtes avec plus d'ardeur que jamais. Fersen revit maintes fois la reine au cours de ces rencontres plus ou moins intimes dont la plupart eurent lieu au Petit Trianon. Elle était comme enivrée de plaisirs. Se donnait comme une folle dans les rôles de théâtre qu'elle jouait pour sa cour rapprochée. Fersen fut admis près d'elle à une nouvelle intimité. Les deux jeunes gens se montrèrent beaucoup ensemble. Les regards de Marie-Antoinette s'arrêtaient sur lui avec une véritable adoration qu'elle ne cherchait en aucun cas à dissimuler comme si cela lui était tout à fait égal et, de toute façon, impossible à cacher. On les voyait chez la duchesse de Polignac, chez la princesse de Lamballe, chaque jour, inséparables, liant de longues conversations sur la politique, l'économie, l'Europe en effervescence. Fersen goûta le bonheur rare d'être traité ainsi par la plus brillante des souveraines d'Europe. Il n'eut plus de pensées et d'yeux que pour elle, qui le comblait de son charme, parmi tant de femmes cherchant désespérément à le séduire. Peu à peu le tout jeune homme qu'il était encore, bâillonné de respect pour la couronne de France, se prit d'une passion profonde pour la femme enjôleuse qu'il avait à ses côtés.

Voyant chaque jour la reine éblouissante de fraîcheur et d'inconscience, parlant sans cesse avec elle, souvent retiré dans ses cabinets privés, il conserva, semble-t-il, la loyauté qui lui interdisait de se déclarer. Marie-Antoinette, si totalement femme et séductrice, devina bien l'émoi qu'elle suscitait, troublée au fond d'elle-même comme elle l'était. Malheureusement pour leur liaison innocente, elle n'avait pas sur soi un tel empire et ne savait cacher ses émotions. À la vue de son amoureux ses yeux se troublaient visiblement, s'animaient de joie ou se voilaient de langueur. La malignité publique s'empara de ces indices et l'on mêlait son nom à des calomnies fort rudes contre la reine, dont le duc d'Orléans se fit le propagateur insidieux. Aussi Fersen se décida-t-il, la mort dans l'âme, à quitter la France et à s'engager dans la campagne pour la guerre d'Indépendance en Amérique, à la suite de La Fayette. Sa détermination se heurta à l'opposition de la reine. Elle le supplia de ne pas s'engager au loin mais il fut inébranlable, soutenu dans son héroïque résolution par le comte Stedingk qui lui montrait avec effroi les conséquences possibles de ses relations amoureuses avec la reine. Elle-même finit par se résigner et se soumit à son devoir de souveraine.

Elle le laissa partir, ils ne se virent plus qu'en public. Car il était inquiet de cette humeur trop étourdie, de ce goût des plaisirs peu conforme à la dignité royale, qu'il tentait de modérer par son influence. Parfois un regard sérieux et étonné la faisait rentrer en elle-même, et, au milieu des débordements d'une gaieté trop folle, elle deve- nait grave à son tour. Fersen confiait à son ami Stedingk qu'il aurait voulu la voir plus réservée, plus majestueuse. Cette bonhomie qui avait été un élément de popularité pour la grande Marie- Thérèse d'Autriche, chez ses fidèles Viennois, devenait dangereuse aux yeux de Fersen pour cette jeune reine entourée d'une cour et d'une société sceptiques, à la tête d'un peuple travaillé d'hostilité. Et pourtant l'ingénue coquetterie qu'il lui reprochait l'affolait sans doute d'autant plus d'amour. Il l'avait vue jouer éperdument la comédie « à en perdre la tête », comme le disaient les feuilles répandues dans le public avec une sinistre prémonition. Elle était apparue sous le costume rustique de Colette dans *Le Devin du village*, plus adorable encore qu'en ses atours de reine, applaudie à tout rompre par le roi sous le charme.

Marie-Antoinette ne savait qu'inventer pour rendre le séjour du jeune comte inoubliable. Les fêtes succédaient aux bals et les entretiens privés aux représentations de spectacles inédits. Ainsi elle fit venir à Trianon, sur les conseils du comte d'Artois, la troupe de Nicolet que le frère du roi avait été voir incognito le mois précédent. Nicolet, qui s'était rendu fameux à la cour en jouant pendant tout l'hiver, pour célébrer la naissance de Madame Royale, une pièce de circonstance, *La Fête des lys*, exhibait alors au public un danseur de corde étourdissant, Pol, surnommé « le Petit-Diable de Hollande ». On annonçait qu'il faisait « le saut du ruban sur la corde et sur le tremplin, le saut du tremplin par-dessus vingt hommes, le saut du lion, le saut du sac, de la baguette, du chapeau, la passe du cercle, la danse montante et descendante sans balancier, des sauts périlleux en avant et en arrière, l'équilibre du gobelet, de la planche, de la chaise et de la table. Il dansait les pieds enchaînés avec des paniers attachés aux pieds, avec des œufs fixés sans les casser. Sa renommée avait ramené chez Nicolet le beau Dupuis, jaloux de lutter avec lui de légèreté et d'audace ». Il y eut aussi un artiste qui joignait à ses talents d'équilibriste ceux de l'auteur, Alexandre-Placide Bussart, dit Placide. Il jouait une pantomime de sa composition qu'il avait importée d'Angleterre. Jamais le théâtre des « grands danseurs du roi » n'avait réuni une troupe si capable de justifier la prétention d'aller toujours « de plus fort en plus fort ». La représentation à Trianon remporta un succès fou. Ce n'était que cris d'effroi et hurlements de joie jaillis du public face aux prouesses des équilibristes. La reine fut particulièrement satisfaite du sieur Placide qui l'amusa beaucoup avec sa pièce *Arlequin, dogue d'Angleterre*. Elle lui fit donner une gratification de six cents livres.

Cette ivresse, cette folie induisaient Fersen à la prudence. Il devait s'éloigner. L'ambassadeur de

Suède écrivait à Gustave III, au lendemain de son départ : « Je dois confier à Votre Majesté que le jeune comte de Fersen a été si bien vu de la reine que cela a donné ombrage à plusieurs personnes. J'avoue que je ne puis m'empêcher de croire qu'elle avait du penchant pour lui. J'en ai vu des indices trop sûrs pour en douter. Le jeune comte de Fersen a eu dans cette occasion une conduite admirable par sa modestie et par sa réserve et surtout par le parti qu'il a pris d'aller en Amérique. En s'éloignant il écartait tous les dangers, mais il fallait évidemment une fermeté précoce et peu commune pour surmonter cette séduction. La reine ne pouvait pas le quitter des yeux les derniers jours. En le regardant, ils étaient remplis de larmes. Je supplie Votre Majesté d'en garder le secret pour elle. »

Lorsqu'on sut le départ du jeune officier suédois, tous les favoris jaloux furent enchantés, n'osant croire à leur bonheur. Pendant une semaine la cour ne s'occupa point d'autre chose. La duchesse de Fitz-James, avec une singulière effronterie, se permit une allusion directe et lui dit : « Quoi, monsieur, vous abandonnez ainsi votre conquête ? – Si j'en avais fait une, je ne l'abandonnerais pas, lui répondit-il, je pars libre et malheureusement sans laisser de regrets. » « Votre Majesté avouera que cette réponse était d'une sagesse et d'une prudence au-dessus de son âge », ajoute l'ambassadeur.

Les courtisans eux-mêmes, malgré leur malveillance, rendaient justice à sa discrétion. Dans son journal intime Fersen avoue quel empire la reine a sur lui. Il note : « La reine, qui est la plus jolie et la plus aimable princesse que je connaisse, a la bonté de s'informer souvent de moi. Elle a demandé à Creutz pourquoi je ne venais pas à son jeu le dimanche, et, ayant appris que j'y étais venu un jour qu'il n'avait pas eu lieu, elle m'en a fait une espèce d'excuse. »

Peu après il écrit à son père, toujours avec réserve et prudence, au cas où cette lettre tomberait dans des mains indiscrètes : « La reine me traite toujours avec bonté. Je vais souvent lui faire ma cour au jeu, et chaque fois elle m'adresse quelques paroles pleines de bienveillance. Comme on lui a parlé de mon uniforme suédois, elle a témoigné beaucoup d'envie de me voir dans ce costume. Je dois aller mardi ainsi habillé, non pas à la cour, mais chez la reine. C'est la princesse la plus aimable que je connaisse. »

Est-ce prudence, froideur, peur ? On ne saurait le dire devant ce ton poli et mesuré qu'il emploie dans ses écrits. Mais ce qui est certain c'est que des témoins ont vu de leurs yeux le trouble des deux amoureux au cour d'un épisode souvent rapporté, et en particulier sous la plume de sir Richard Barrington qui évoque cet incident dans ses *Souvenirs*. Il avait d'ailleurs exigé qu'ils ne soient publiés qu'au bout d'un siècle pour ne blesser personne.

« La Reine, écrit Barrington, se mit au clavecin et chanta la romance de Didon :
Ah ! que je fus bien inspirée
Quand je vous reçus à ma cour...

Elle avait les yeux pleins de larmes, sa voix un peu faible était pourtant d'un timbre si exquis qu'elle faisait vibrer irrésistiblement tous les cœurs. Son doux et charmant visage rougissait pendant qu'elle fixait des regards noyés de pleurs sur Fersen, lui aussi accablé par l'invincible émotion que lui causait l'adorable folie de cette action. Il se tenait les yeux baissés, écoutant la chanson dont chaque parole le faisait tressaillir au fond de l'âme. Ceux qui les voyaient à cet instant ne purent plus conserver de doutes sur la nature de leurs sentiments. »

Pauvre Fersen, était-il mort de honte de cet étalage public de ce qui ne pouvait rester que secret absolument ? Craignait-il l'incident diplomatique qui pouvait non seulement troubler les rapports franco-suédois, mais encore mettre sa carrière en péril ? Ou bien était-il mort d'amour ? En tout cas ce fut sans doute pour lui un instant torturant et délicieux à la fois – la reine ne montrait d'inclination à nul autre que lui et combien auraient aimé être à sa place ? – mais Fersen s'arrachait à tous les plaisirs de la vie et s'enfuyait dans le Nouveau Monde, pour préserver la jeune reine inconsciente, à l'époque, des atteintes de la calomnie qui pourraient se montrer cruelles.

Jamais la fidélité de Fersen à la reine ne se démentira. Il fera tout pour elle au moment de la fuite à Varennes, y consacrant des sommes considérables de ses propres deniers.

Est-il vrai, comme l'affirme dans ses *Souvenirs* le comte Alexandre de Tilly, page de la reine, que Mme Campan, première femme de chambre de Marie-Antoinette, se serait rendue complice d'une action coupable ? Selon lui, elle aurait fait échapper Fersen de la chambre de Marie-Antoinette, le matin du 6 octobre 1789. Quant à Mme Campan, dans ses *Mémoires*, elle ne le mentionne jamais. Fersen brille par son absence comme si elle voulait à tout prix le rayer de la carte.

14

RÉJOUISSANCES AU PETIT TRIANON

Maintenant, il s'agit de reconquérir le roi qui a pris quelque ombrage des bruits qui ont couru un peu partout sur les deux tourtereaux. Marie-Antoinette va l'enivrer de fêtes, de spectacles et de divertissements variés au sein de sa « maison ». L'année 1779, elle vient chaque jour passer la journée dans son Trianon mais sans s'y établir à demeure et sans y coucher. Car durant son absence on a cherché à décider le roi à prendre une maîtresse. N'était-ce pas le fait des rois de France d'avoir une favorite ? Les exemples ne manquaient pas, de François Ier à Louis XV, ce grand-père dont le roi gardait un souvenir mitigé, son libertinage l'ayant conduit à la mort. En apprenant ce que l'on suggérait à son époux, Marie-Antoinette fut très affectée. D'autant plus qu'on en profitait pour l'éloigner par ce biais des décisions politiques. Elle réagit selon son goût et son tempérament, poussée en cela par l'ambassadeur Mercy qui ne la quitte pas d'une semelle et avertit l'impératrice d'Autriche de chaque faux pas de sa fille.

Il faut à tout prix retrouver la confiance du roi. Le duc de Guînes est de très mauvais conseil auprès de la reine, il aime fronder ouvertement le ministre Maurepas au lieu de débusquer les « indignes personnages qui osent tenter de pervertir le roi ». Du coup, Maurepas, blessé, défend au marquis de La Fayette de parler à la reine de l'expédition en Amérique. Mais La Fayette passe outre et s'en confie à Marie-Antoinette. Celle-ci entre dans une grande colère contre le vieux ministre. Il lui faut redresser la situation au plus vite.

Marie-Antoinette se résolut donc à être constamment avec le roi, à lui marquer sa tendresse, à l'attirer dans sa société et à faire en sorte qu'il y trouve de l'amusement. Elle se joint même aux voyages de Saint-Hubert, maison de chasse à vingt kilomètres de Versailles, près de Rambouillet, où l'on passe seulement la journée et que l'on quitte le soir. Louis XVI se séparera de ce relais de chasse en achetant Rambouillet.

Un jour par semaine toute la famille royale se réunit à Trianon chez la reine pour y souper. On assiste à un spectacle et on s'adonne au jeu pour remplir la soirée. Le roi, dit-on, paraît se plaire beaucoup à ces petites parties de plaisir. Seuls les quelques courtisans les plus en faveur y sont admis. D'après le Journal de Louis XVI, ces réceptions furent au nombre de quatre durant le mois de juin. Ainsi que ce que l'on nomme pudiquement ses « habitudes matrimoniales ». Le roi a déclaré à sa femme « qu'il l'aimait de tout son cœur et qu'il pouvait lui jurer de n'avoir jamais éprouvé ni sensation, ni sentiment pour aucune femme, hors pour elle seule ». Voilà la jeune épouse rassurée.

Comme la salle de spectacle n'est pas encore prête, on joue la comédie dans les appartements, sur un de ces théâtres ambulants qu'on transportait un peu partout dans Versailles. Le roi conquis se montre plus doux et plus empressé que jamais. Lui-même offre à la reine un divertissement dans son Petit Trianon. La correspondance de Grimm nous en conte le détail fastueux. Les fossés qui entourent le jardin sont semés de fascines allumées. La lueur qu'elles produisent se mêle à celle des lampions habilement cachés dans le feuillage des bosquets. L'ensemble donne une impression douce de clair de lune ou d'aube naissante. Marie-Antoinette, enchantée par cette aurore extraordinaire, voulut descendre dans les jardins.

Là elle entendit les notes d'une musique délicieuse qui la guidèrent jusqu'à un bosquet d'où elles provenaient. Dans une niche un berger joue de la flûte ; c'est le duc de Guînes qui s'est déguisé. Plus loin deux musiciens habillés en faunes entament un duo de cor et de hautbois. Ils se réunissent alors, formant un trio pour la reine. D'autres artistes grimés en divinités champêtres chantent des couplets spécialement écrits pour le plaisir d'un soir.

Seuls quelques privilégiés sont invités à ces fêtes intimes. Les exclus tâchent d'entrer en fraude. Le concierge Bonnefoy à un mal fou à faire respecter les consignes. Il est obligé de réclamer à Mique des doubles serrures dont il possède seul les clefs. « Il en faudrait à toutes les portes, écrit-il, car quelque soin que je prenne, il y a toujours des tricheries. Vous en avez eu une preuve mardi dernier où il y avait peut-être six cents personnes, lorsque la liste de la reine en comptait à peine deux cents. »

Une certaine folie préside à ces soirées. Un jour la compagnie des « réjouis », ainsi qu'on nomme la société de Trianon, lisant l'histoire des amours des cerfs dans Buffon, ne trouva rien de mieux que de commander pour les hommes et pour les femmes des habits de peau imitant les cerfs et les biches. Toute la compagnie, après avoir erré dans le jardin ainsi costumée, trouva plaisant de singer leurs amours dans une scène digne des saturnales antiques. Quant au cardinal de Rohan, il est poursuivi comme un hibou et déclare que « les acclamations qui le harcèlent et autres épithètes mortifiantes [lui] firent voir qu'[il] avait été choisi pour servir de jouet à toute l'assemblée ».

En juin et juillet, on fit des dépenses considérables pour la réfection des décors transportés de Versailles, de Fontainebleau et de Choisy, à Trianon. On vit reparaître à cette occasion les fameux six grands châssis cousus de faux diamants par le tapissier Dècle, qui firent tant couler d'encre. On acheta pour dix mille livres de fleurs artificielles, d'étoffes de gaze lamées d'argent, de satins de diverses couleurs, de rubans, de velours de Hollande, de taffetas d'Italie et d'Angleterre.

On monta des opéras, et les décorateurs indiquent que tous ces travaux furent exécutés pour des spectacles que l'on devait monter à Trianon et dont certains n'eurent pas lieu. Le Journal de Louis XVI ne mentionne aucune comédie, il précise simplement à la date du 5 novembre : « Dîné à Trianon avec mes tantes. » Mais il y eut des concerts où le célèbre joueur de cor, Ponte, se fit entendre.

1780 ressemble en ce domaine à 1779. La reine passe les journées dans son château et souvent les soirées. On y donne des spectacles auxquels le roi assiste régulièrement. Une société restreinte est admise à ces petites fêtes. Elles commencent par des promenades dans les jardins jusqu'à l'heure du souper. Puis on se rend au théâtre, et, ajoute Mercy, « ce que cet arrangement a de plus utile, c'est qu'il fait diversion aux jeux de hasard ». Ces spectacles ne sont pas non plus consignés par le roi dans son Journal, mais d'après les comptes, au mois de mars, les ballets de *La Fée Urgèle* furent mis en répétition. Puis on joua des proverbes pendant le souper de la reine, dans les jardins, accompagnés de musiques pour lesquelles on transporta à trois reprises les instruments nécessaires, entre avril et juin.

Au printemps de 1780 la reine reçut dans sa maison de Trianon la famille princière de Hesse-Darmstadt car George de Darmstadt était venu en France pour y suivre un procès. Le baron de Breteuil, ambassadeur de France à Vienne, fut admis à cette réception à laquelle le roi ne participa pas. On entendit des proverbes et un concert, à cette occasion. On a conservé un billet de Marie-Antoinette à la princesse Louise : « J'accepte avec grand plaisir de vous accueillir, madame. Je vous prierai seulement de me faire dire de bouche, par l'homme que j'envoie, lequel des deux jours vous aimez mieux, de demain ou de vendredi, si vous voulez venir à mon jardin tout de suite. Il fait si beau que je serai charmée de vous le montrer ainsi qu'à MM. les princes héréditaires et à Frédéric. Pour la princesse Charlotte, j'espère qu'elle me connaît assez pour ne pas douter du plaisir que j'ai toutes les fois que je la vois, ainsi que vous, madame, que j'embrasse de tout mon cœur. Comme il fait plus beau le matin que le soir, si vous voulez venir à midi, je vous donnerai à déjeuner. Je serai toute seule, ainsi je vous demande en grâce de ne point venir parée, mais vous, comme on est à la campagne, et ces messieurs, en frac. »

Le 1er juin il y eut une grande fête à Trianon où l'on réunit une partie de la cour. Avec illuminations, souper, spectacle et promenade fort avant dans la nuit. Tout ceci en musique et avec un grand nombre de dames de Paris conviées à cette fête. Mercy se félicitait de ne pas retrouver à Trianon le « gros jeu » et les longues veillées de Versailles ou de Marly. Mais un train de vie si calme ne devait pas durer. En juillet 1780, il avoue avec regret que ces deux inconvénients se retrouvent maintenant dans les soirées passées à Trianon.

Au printemps de l'année précédente, la troupe de Nicolet avait été requise au jardin de la reine. Or voici que les « grands danseurs du roi » dont l'agilité avait mérité les applaudissements de la reine tentèrent le comte d'Artois qui ne ratait jamais une occasion de faire le pitre.

Il se rendait en grand secret tous les matins au Petit Trianon, ce qui ne manquait pas d'intriguer les intimes. On disait que par sa taille, son adresse et sa grâce naturelle, il était fait pour exceller dans tous les exercices du corps. On découvrit qu'il prenait depuis un certain temps, sans en parler à personne, des leçons du sieur Placide et du Petit-Diable, les acrobates les plus fameux de ce moment. Puis, quand il se vit prêt, il se produisit en petit comité devant la reine, et l'on s'accorda à dire qu'il possédait étonnamment le niveau qu'il avait prétendu acquérir. Mais « on ne dit pas si le roi l'avait vu voltiger » !

Peut-être le souverain aurait-il conçu quelque gêne à contempler son frère évoluer sur la corde raide. Mais rien n'est moins sûr car lui-même n'est pas en reste au chapitre des pitreries. Il s'est introduit à la cour des divertissements qui, par leur tournure puérile et bruyante, conviennent peu au recueillement du carême et encore moins à la dignité des personnages qui s'en amusent. Ce sont des jeux qui ressemblent à colin-maillard et qui aboutissent à donner des gages qu'il s'agit ensuite de racheter par des pénitences bizarres. On doit alors traverser les salons avec un pot sur la tête ou se baigner en petite tenue dans un des bassins des jardins. Cela occasionne de grandes agitations qui se prolongent souvent tard dans la nuit. Et Mercy de conclure : « On est surpris de voir que le roi y prend beaucoup de goût et qu'il se livre à de pareilles frivolités dans des conjonctures aussi sérieuses pour l'État qu'elles le sont à présent. »

La reine est sans cesse occupée de sa « maison de plaisance », elle s'y rend chaque jour avec la duchesse de Polignac et Madame Elisabeth. On travaille alors activement au rocher, au belvédère, au ravin et à la grotte non loin de l'orangerie, ainsi qu'à l'agrandissement des communs. Elle demande en même temps qu'on s'occupe de créer une bibliothèque. Mique propose de la placer à l'entresol, au-dessus du cabinet des glaces mouvantes, dans des armoires peintes en blanc cérusé, avec des panneaux grillagés en laiton doré. Ces panneaux seront garnis de rideaux en taffetas vert pomme. Dans le boudoir un ingénieux mécanisme permet à des miroirs de s'élever du sol pour masquer les fenêtres. C'est cette pièce que Mique appelle le cabinet des glaces mouvantes. Une autre petite bibliothèque fut connue sous le nom de « livres du boudoir ».

La bibliothèque se compose de 1 890 volumes relatifs à la religion, aux sciences et aux arts, aux belles-lettres et à l'Histoire. Dont 365 pièces de théâtre et 148 romans. Ils sont tous magnifiquement reliés en maroquin pleine peau, rouge ou vert, surtout rouge, quelques-uns en veau fauve ou marbré, avec les armes de la reine sur les plats. Les livres du boudoir forment un ensemble de 619 volumes et n'ont pour la plupart qu'une demi-reliure en papier bleu ou rose, également armoriée. Ce sont surtout des romans, on en compte 576 tomes, ou bien les nouveautés de l'époque. La bibliothèque du Petit Trianon est une bibliothèque de campagne où les sujets amusants dominent. On sait d'ailleurs par Mercy que Marie-Antoinette n'avait aucun goût pour les lectures sérieuses. « Hors quelques romans, dit le baron de Besenval, elle n'ouvrait jamais un livre. »

Elle n'a que faire de l'ouvrage que lui a composé l'historiographe Moreau, et lui fait notifier de remettre les clefs de sa bibliothèque à M. Campan, le beau-père de sa première femme de chambre. M. Campan est un homme de plaisir, lettré, aimable, complaisant surtout. La reine connaît bien sa légèreté. Il a toutes les qualités et les défauts nécessaires pour remplir ses fonctions au gré de sa maîtresse. Tandis que l'abbé de Vermont, son mentor officiel, tente vainement de fixer son attention sur des sujets de piété, d'histoire ou de morale, M. Campan meuble ses cabinets de productions plus frivoles avec lesquelles sa belle-fille sait la divertir en dépit du lecteur en titre.

Il y eut à ce sujet, entre l'abbé et les Campan, des querelles dont la première femme de chambre semble lui avoir gardé rancune, car elle le traite de la belle façon dans ses *Mémoires*. Mme Campan éveille aujourd'hui l'idée d'une respectable éducatrice, embéguinée dans un bonnet de grand-mère, mais elle n'était pas si grave au temps qui nous occupe. Son mari venait d'être nommé maître de la garde-robe de la comtesse d'Artois. C'était un de ces saints que personne n'invoque : sa femme en parle à peine. Quant à Mme Campan, elle avait les manières aisées et agréables qui plaisaient à Marie-Antoinette. Elle allait au-devant de ses désirs pour sa toilette qui ne fut jamais plus brillante que de son temps, et c'est alors, dit Mlle Rose, marchande de modes de la reine, « qu'il n'y eut plus de bornes dans les dépenses ».

Cette Mlle Rose Bertin, que les pamphlets surnommaient le « ministre femelle », servit la reine jusque dans sa prison du Temple, ce qui n'était pas sans risque. On lui reprochait de ruiner les fabriques de soieries lyonnaises au profit du linon de Bruxelles. À la magnificence des anciennes étoffes portées par les favorites comme la Pompadour ou la du Barry, Marie-Antoinette oppose un luxe frivole, léger et fantasque. Les nouvelles capelines de paille blanche ou noire qu'on lui livrait dans de grands cartons ronds à chapeaux, couverts de toile cirée, se portent mieux au sein de ses jardins fleuris. Marie-Antoinette raffole aussi des panaches de plumes et des grands chapeaux à l'anglaise qu'elle perche sur ses cheveux coiffés tout droit en l'air et poudrés de parfum. La comtesse de Boigne nous dit : « Être la jolie femme la plus à la mode paraissait à la reine le titre le plus désirable. »

D'après Mme Campan, les lectrices en charge ne remplissaient jamais leur fonction, les femmes de la reine les remplaçaient. Elle-même avait habituellement cet honneur. L'une d'entre elles, Mme de La Borde, femme du premier valet de chambre de Louis XV, fut privée de cet office et l'on créa pour elle une charge de dame de lit « dont les fonctions étaient d'ouvrir et fermer les rideaux de Sa Majesté ».

Il n'est entré qu'un très petit nombre d'ouvrages

dans la bibliothèque du Petit Trianon après 1780. Deux livres allemands seulement, traduits en français y figurent, le *Werther* de Goethe et *Sigevart, dédié aux âmes sensibles*. Mais Marie-Antoinette ne s'intéressait pas beaucoup à ces lectures. Elle ne s'entendait qu'à la musique. Elle protégea à la fois les compositeurs allemands, italiens et français, pensionnant les deux adversaires Gluck et Piccinni ainsi que le Français Grétry dont les mélodies ont conservé la grâce et l'élégance qu'on respirait dans cette société aimable et raffinée. Elle jouait de la harpe. Son luthier, Walster, lui fournit en 1775 une harpe à pédales de Salomon, bleue, ornée de fleurs peintes et de sculptures dorées. Elle jouait aussi de l'harmonica et du clavecin depuis son enfance à la cour de Vienne. Elle chantait, « quoique, dit Mme Vigée-Lebrun, sa portraitiste, sa voix ne fût pas d'une grande justesse », mais ce qu'elle aimait plus que tout d'une passion effrénée, c'était le théâtre. Et c'est à Trianon qu'elle put se livrer tout entière à cette passion dominante.

Elle serait avant tout, à cette époque, une reine actrice, comme pour fuir une réalité qui lui devenait chaque jour plus difficile à supporter.

15

LA FOLIE DU THÉÂTRE

En septembre 1780, Marie-Antoinette écrit à sa mère : « Je me suis établie à Trianon pour huit à dix jours, afin de faire les matins des promenades à pied qui sont essentielles pour ma santé. Cela n'était pas possible à Versailles. Trianon n'est qu'à dix minutes de chemin en voiture et on peut aisément y venir à pied. Le roi paraît s'y plaire beaucoup ; il y vient souper tous les jours, et vient me voir le matin, comme dans mon appartement à Versailles. J'ai choisi ce moment-ci pour mon séjour ici, parce que c'est le mois où le roi chasse presque tous les jours, et où il a le moins besoin de moi. Ma santé et celle de ma fille sont très bonnes. Pour de grossesse, je n'ose plus en parler, quoique la manière dont nous vivons me doive donner toute espérance. »

Presque un mois plus tard, elle est toujours à Trianon et écrit à sa mère : « Le roi est allé faire une course de chasse pour trois jours à Compiègne. Je passe ce temps-là à Trianon... Il y a bien long-temps que nous couchons séparés. Je croyais que ma chère maman ne l'ignorait pas. C'est un usage fort général ici entre mari et femme, et je n'ai pas cru devoir tourmenter le roi sur cet article qui contrarierait beaucoup sa manière d'être et son goût personnel. » Peut-on croire que « le goût personnel » de Louis XVI soit de préférer chasser plutôt que de rester auprès de la femme qu'il adore, et avec laquelle il essaye de donner un héritier mâle au trône de France ?

Pour l'instant, se rendant enfin aux adjurations qui lui furent faites par tous ceux-là qui tentaient de la dompter, elle renonce au jeu ruineux et aux interminables folies nocturnes, et, pour compenser, se lance à corps perdu dans le théâtre.

Toute petite, à la cour de Vienne, elle avait pris des cours de théâtre en français pour apprendre la langue. C'était une idée cocasse et très moderne de sa mère. Un couple d'acteurs français, les Fleury, donnait aux enfants princiers des cours d'art dramatique. L'impératrice a eu dix-huit enfants qu'elle nomme globalement « mon poulailler ». Gluck, Mozart, Haydn sont reçus à la cour de Vienne. En 1756, l'impératrice a signé une alliance avec la France contre la Prusse et l'Angleterre. Elle se servira de sa fille chérie comme agent de liaison avec la France. D'où le mariage arrangé avec le dauphin Louis. À cinq ans Marie-Antoinette tient le rôle principal d'un ballet, *Le Triomphe de l'amour*, donné pour le mariage de son frère, le futur Joseph II, avec Isabelle de Parme. Sa carnation éblouissante, ses grands yeux bleus, sa petite bouche dédaigneuse et ses cheveux blonds poudrés et relevés en boucles par des perles en font une charmante figure qui recueille tous les suffrages. Une première grossesse a apporté un charme nouveau à tout ce que l'enfance en elle gardait de capricieux. En 1780, Marie-Antoinette, âgée de vingt-cinq ans, est au sommet de sa beauté. Son parfumeur Jean-Louis Fargeon crée pour elle des eaux de rose, de violette, de jasmin, soutenues par le musc, l'ambre ou la lavande. Elle prend soin de son visage en se couvrant de pommades à la vanille, à l'œillet ou à la frangipane. Pour son bain elle emploie des savons à l'ambre ou à la bergamote. Ses appartements sont embaumés par des pots-pourris qui brûlent dans des cassolettes où domine l'essence de citron. Le parfumeur a imaginé une poudre et une pommade « à la reine », qui lui sont exclusivement réservées. Il lui adresse une légère pâte rouge pour les lèvres, et fabrique pour elle des gants de couleurs vives, parfumés. Sur les fresques du pavillon de musique, au Petit Trianon, on retrouve le motif des brûle-parfums qui sont dans toutes les pièces du château, répandant des senteurs de cannelle, de girofle, d'iris, de santal, de bois de rose. Léonard, son coiffeur, vient coiffer chaque matin la royale chevelure. Il se sert de la « pommade à la Fargeon » et emploie des huiles à la violette – fleur favorite de la reine –, à la jonquille et au jasmin pour masser le cuir chevelu de la jeune coquette. Ainsi parée, parfumée, coiffée, elle lance la mode des robes blanches en linon, retenues à la taille par un large ruban de soie. Une capeline de paille posée sur ses cheveux en liberté, et surmontée d'une aigrette de plumes. Les « siècles », comme elle nomme les vieilles personnes, s'offusquent de ces robes fines ou « robes de gaulle » qu'elles jugent éhontées. Louis XVI ébloui par sa femme ne saurait s'en plaindre. Il a bien dit que l'on devait exécuter tous ses ordres sans restriction. Marie-Antoinette est souveraine en son royaume de Trianon. Elle va y vivre le meilleur temps de sa vie avant la terreur révolutionnaire. Elle draine dans son sillage parfumé une cour rapprochée qui se damnerait pour elle. Un profond parfum d'iris, qui rappelle aussi la violette, crée autour d'elle un halo odorant qui envoûte ses nombreux soupirants. Elle a demandé à Fargeon de lui composer le « parfum de Trianon ». À partir de la fleur d'oranger qui prend au contact de la peau une troublante intensité, il met de l'esprit de fleur d'oranger, quelques notes apaisantes d'esprit de lavande, de l'huile essentielle de cédrat et de bergamote et achève par quelques larmes de galbanum, substance grasse qui lie l'ensemble et donne une tonalité verte qui rappelle la note puissante d'une tige rompue. Le bouquet final s'organise autour de l'iris qui apporte une chaleur rayonnante, dispensatrice de vertige enivrant. Il se méfiait de la vanille, du santal et du musc qui, joints à la tubéreuse, pouvaient évoquer un désir de corruption bien loin du rêve de fraîcheur de Marie-Antoinette. Pour son amoureux idéal, elle eut une essence composée de bergamote, de jasmin sur fond de cuir de Russie et de mousse de chêne. La « star » pouvait entrer en scène dans son jardin d'Éden paré de mille fleurs odorantes. Mais les scènes étaient partout.

En dehors de la grande salle d'opéra achevée en 1770, où l'on ne jouait guère que dans les circonstances solennelles, il y avait alors à Versailles un théâtre plus petit où se trouve aujourd'hui le vestibule de la cour des princes et, dans les appartements, le théâtre des Petits Cabinets du roi, le théâtre du dauphin, le théâtre de la dauphine, sans parler de plusieurs petites scènes qui se démontaient à volonté. Quand MarieAntoinette devint reine, il y eut des petits théâtres partout. On en fit venir un de la grande orangerie : c'était une rotonde que l'on avait construite à l'entrée avec des cloisons. Pour l'éclairage de cette salle, de son vestibule et des couloirs qui y menaient on avait placé 120 lanternes, 16 lustres, 292 bougies et 8 girandoles. Entre le château et l'orangerie, 128 terrines de suif étaient allumées le long du chemin. Lorsque la reine dut garder la chambre pour ses premières couches, on dressa en face de la porte de son appartement un théâtre qu'elle pouvait voir de son lit. Un autre était monté dans son salon de jeu. Elle avait aussi sa loge au théâtre Montansier, rue des Réservoirs, et elle allait aussi souvent que possible aux spectacles à Paris. À Choisy il y avait jusqu'à deux représentations par jour. À Marly où il n'y avait pas de théâtre, on en éleva un à la hâte dans le bosquet de Bacchus. À La Muette, on joua la comédie dans un bâtiment de simples planches. Quant à Trianon, on y dressa trois salles successives. Sans compter les scènes de Compiègne et de Fontainebleau. On multiplia les théâtres ambulants dans les appartements. On en compta jusqu'à neuf, avec leurs décors : forêts, places publiques, palais, hameaux, salons, chaumières. L'un d'eux représentait la galerie de François Ier à Fontainebleau. Ensuite, pour compléter ce matériel, la reine fera construire un théâtre portatif destiné aux spectacles donnés en plein air dans ses jardins.

À la mort de Louis XV, les jeunes princes royaux avaient repris les jeux scéniques brusquement interrompus à la fin de sa vie. Ils commencèrent par répéter quelques scènes de Molière. Le comte de Provence joua le rôle de Tartuffe. Le roi apprécia, disant : « Cela a été rendu à merveille ; les personnages y étaient dans leur naturel. » Était-ce une pique à l'adresse de son frère, vu le caractère hypocrite du personnage de la pièce ? Mais cette première tentative n'eut pas de suite. Le propos était trop sombre pour la troupe délurée des jeunes princes. Cependant le goût de la comédie intime gagna toute la France. À Paris, en province, en société, dans les châteaux, princes du sang, magistrats, militaires, noblesse et bourgeoisie, tout le monde apprenait des rôles et montait sur les planches pêle-mêle avec les acteurs itinérants qui donnaient des leçons de comédie à la France entière. À Versailles une compagnie de jeunes gens donnait des représentations privées chez la duchesse de Villequier. La reine en entendit parler et voulut absolument être de ces spectacles. Elle y vint un soir sans cérémonie, mais pour la taquiner on lui offrit seulement un beau concert « qui lui fit faire la moue » car elle s'attendait à un divertissement plus amusant. Mais ensuite on lui fit la surprise d'un petit théâtre où l'attendaient le roi, Monsieur, Madame, le comte et la comtesse d'Artois, le duc et la duchesse de Chartres et où elle vit une parodie de l'opéra-comique *Aucassin et Nicolette*, composée par le comte de Linières. L'idée se présenta alors à son esprit de jouer elle-même la comédie. Une scène était toute prête à Trianon. On avait relié le théâtre par un corridor de toile bise, monté sur une armature de bois vert, éclairé par des réverbères. Quant aux acteurs, la société de la reine pouvait lui en fournir de meilleurs et de plus appréciés dans les salons de la capitale. On mit des pièces à l'étude, on les répéta en secret pendant le mois de juillet, et, le 1er août, la troupe de Trianon fut en état de faire montre de ses talents au roi et à un cercle restreint de spectateurs. Mercy raconte : « Dans cette saison où tout le monde habite la campagne, joint à ce que la guerre tient presque tous les militaires absents, les objets d'amusements deviennent plus rares, et, pour cette raison la reine vient de penser à un moyen nouveau de distraction qui est d'exécuter des petits spectacles de société sur le Théâtre de Trianon. » Les acteurs en sont la reine, la comtesse Jules de Polignac, Madame Elisabeth, puis les comtes de Polignac, d'Adhémar et Esterhazy. La reine n'admet d'autres spectateurs que le roi, les princes et princesses du sang, sans personne de leur suite. Les dames du palais, même dans les grandes charges de la reine, en sont exclues. Il y aura au parterre les femmes de chambre, valets de chambre, huissiers qui se trouveront à Trianon

143

en raison de leur service. Ce qui compte aux yeux de l'ambassadeur Mercy, c'est que le public soit extrêmement confidentiel, que la reine oublie sa passion du jeu, que les représentations fassent obstacle aux longues promenades du soir qui prêtent aux calomnies, et que le roi, qui assiste aux répétitions avec enthousiasme, ait un motif de plus d'être avec la reine et construise ainsi une nouvelle complicité.

16

MAIS ENFIN QUE JOUAIT-ELLE ?

Voici ce que dit Grimm des premières représentations : « Les spectacles donnés ces jours passés, dans la jolie salle de Trianon, intéressent trop la gloire de M. Sedaine pour qu'on n'en conserve le souvenir dans nos fastes littéraires. On n'a jamais vu, on ne verra sans doute jamais plus, *Le Roi et le Fermier*, ni *La Gageure imprévue*, joués par de plus augustes acteurs, ni devant un auditoire plus imposant et mieux choisi. La reine, à qui aucune grâce n'est étrangère et qui sait les adopter toutes sans perdre jamais celle qui lui est propre, joua d'abord le rôle de Jenny, puis celui de la soubrette. »

Artois joue le rôle d'un garde-chasse, puis celui d'un valet. Le comte de Vaudreuil, considéré comme un très bon acteur, interprète le rôle de Richard. La petite duchesse de Guiche, fille de la duchesse de Polignac, fait Betzi. Diane de Polignac, sa sœur, joue le rôle de la mère, et le comte d'Adhémar, celui du roi. Ils ont répété avec deux acteurs professionnels, Caillot et Richer. Mme Campan raconte qu'un certain Dazincourt donna aussi à la reine des cours de comédie.

Caillot était un ancien acteur de l'opéra-comique. Richer, un professeur d'opéra. Mme de Bombelles nous le montre conduisant les répétitions au théâtre du prince de Condé. Dans *La Gageure imprévue*, la reine jouait le rôle de Gotte, la comtesse Diane, celui de Mme de Claimville, et le comte d'Artois, celui de Lafleur. Madame Elisabeth, celui de l'amie.

C'est l'histoire d'une marquise qui s'ennuie dans son château, un jour de pluie, et fait monter chez elle un officier qu'elle voit passer à cheval sur la route. Elle l'invite à dîner et, sur le point d'être surprise à table avec lui par le marquis rentré inopinément de la chasse, l'enferme dans un cabinet. Jouant alors avec la jalousie de son mari, elle l'amène à refuser lui-même la clef du cabinet qu'il réclamait impérieusement, et à se mettre à genoux pour lui demander pardon. Ce n'était pas ce rôle difficile que jouait la reine, nous dit Mme Campan, mais celui d'une soubrette au service de la marquise. Non pas de ces soubrettes éveillées qui ont de l'esprit comme quatre et qui tiennent les fils de tous les imbroglios, mais d'une petite suivante ingénue, très effrayée de l'audace de sa maîtresse et en admiration devant sa rouerie. Le spectateur devait éprouver quelque surprise en entendant la reine de France débuter par ces mots : « Nous nous plaignons, nous autres domestiques… », puis en la voyant quelques moments après brodant des manchettes pour le valet Lafleur, qui entre, une serviette sur le bras. Il est vrai que Lafleur était le comte d'Artois, laquais fourbe d'ailleurs « qui rapporte chez madame ce

146

qui se passe chez monsieur, et qu'on finit par mettre à la porte ».

Le Roi et le Fermier, sans grand intérêt, mais joué dans ce lieu et par des courtisans, offrait un spectacle piquant. Il s'agit d'un roi égaré à la chasse, recueilli par un fermier, qui, ne reconnaissant pas son hôte, dresse devant lui une satire de la cour.

— Qui peut vous en avoir tant appris ? demande le roi.

— Ma foi, répond Richard, j'ai un peu couru. J'ai vu. J'ai vu ce qu'un roi n'est pas toujours à portée de voir.

— Quoi ?

— Des hommes.

Jenny, amoureuse de Richard, est une petite bergère qu'un seigneur libertin a tenté d'enlever et qui s'est tirée de ses griffes. Quant à Rustaud, joué par Artois, c'est un garde-chasse qui prend les chasseurs pour des braconniers et les arrête.

Grimm nous raconte que les mêmes acteurs ont joué dans le même théâtre sans y avoir admis plus de spectateurs, *On ne s'avise jamais de tout* de Sedaine, où l'on découvre une ébauche du personnage de Bartholo que l'on retrouvera dans *Le Barbier de Séville*. Un vieux médecin ridicule, M. Tue, est amoureux de Lise dont il est le tuteur. Comme Bartholo, il la tient sous les verrous et la fait garder par une mégère. Un jeune soupirant rôde alentour cherchant par tous les moyens à approcher celle qu'il aime. Il verse par une fenêtre, au moment où passe Lise, une boîte d'ordures, et la fait entrer dans sa maison pendant que la suivante est allée quérir des vêtements de rechange.

Le roi, qui aimait les grosses plaisanteries, s'amusait beaucoup de voir la reine en personnage de Lise, couverte de déchets.

Les Fausses Infidélités, de M. Barthe, sont d'un autre goût. Dorimène, jeune veuve, et Angélique voudraient changer le caractère de leurs amants. Angélique, douce, tranquille, modeste, souffre de l'humeur de Dormilly qui éclate à tout propos en crises de jalousie. Le roi disait que le comte de Vaudreuil remplissait ce rôle « au naturel ». Dorimène, au contraire, trouve Valsain trop calme et trop lisse. Quelques stimulants ne lui déplairaient pas. Elle imagine de corriger l'un de sa vivacité, l'autre de sa froideur, en leur faisant croire à tous deux qu'elle et sa compagne se sont subitement engouées de Mondor, bellâtre sur le retour, d'une fatuité réjouissante. Mais Valsain, dont le sang-froid ne se démonte pas facilement, évente le complot. Et l'intrigue se dénoue par la sincérité et la tendresse d'Angélique qui ne peut tenir la feinte jusqu'au bout. Mondor, bafoué, espère une revanche après le désenchantement du mariage.

Marie-Antoinette est charmante dans le rôle d'Angélique. Sa manière de jouer est « noble et remplie de grâce », écrit Mercy à Vienne. « Le roi, ajoute-t-il, s'y est fort amusé et ne paraît nullement pressé de se retirer à son heure habituelle. »

Quelques mois avant de mourir, Marie-Thérèse d'Autriche écrivait à son ambassadeur-espion : « Je crois bien que malgré les soins que vous employez à faire mettre tout l'ordre et toute la décence possibles dans les spectacles de Trianon, vous ne les goûtez pas trop. Je suis de votre avis, sachant par plus d'un exemple que d'ordinaire ces représentations finissent ou par quelque intrigue d'amour, ou par quelque esclandre. »

La reine et sa troupe répètent à présent *L'Anglais à Bordeaux*, pièce écrite en 1763 pour célébrer la paix. En 1780, la France est de nouveau en guerre contre l'Angleterre. On peut voir des prisonniers dans les ports. Chacun attend le retour de cette paix, désirée certainement par la reine, qui professe une médiocre sympathie pour la cause des Anglais. Dans la comédie, l'amour se charge d'éteindre les haines nationales.

Un capitaine de vaisseau anglais, après avoir témoigné contre tout ce qui est français une farouche hostilité, se laisse séduire par les grâces d'une marquise, sœur de son vainqueur, et l'épouse en donnant sa fille Clarisse au frère. La reine ne jouait pas dans cette pièce. Clarisse, presque une enfant, était jouée par la petite duchesse de Guiche. Et la marquise était une grande coquette légère dont le rôle ne convenait pas à la reine.

En revanche, dans *Le Sorcier*, on la voit, sous le nom d'Agathe, occupée à repasser sur une table couverte de linge, avec derrière elle une corde où sèchent des mouchoirs et des serviettes et, auprès d'elle, à terre, un fourneau où chauffent des fers. Elle s'en servira pour se défendre au cours de la pièce contre un galant trop empressé du village. C'est qu'Agathe aime Julien et qu'elle ne veut pas de Blaise que sa mère lui destine. Heureusement l'amant revient à temps, déguisé en sorcier.

Depuis l'été la reine s'affaire et passe tout son temps concentrée sur le seul et unique projet des deux petits spectacles qui vont être joués sur la scène du théâtre de Trianon. Il faut le temps d'apprendre les rôles, celui des nombreuses répétitions, puis les essayages de costumes qui donnent lieu à des crises de rire interminables. Le roi assiste chaque jour à ces préparatifs. Il prend un goût très vif à ce divertissement. Il manifeste une satisfaction si enthousiaste qu'il applaudit sans cesse, en particulier lorsque la reine exécute les tirades de son rôle. Celle-ci a persisté dans sa résolution de n'admettre que des spectateurs royaux. Seuls les gens de service du Trianon ont une entrée au théâtre et participent avec bonheur à ces moments de gaieté.

Le spectacle dure jusqu'à neuf heures, puis est suivi d'un souper réservé à la famille royale et aux acteurs et actrices de la pièce. En sortant de table, la cour – c'est-à-dire le roi – se retire et il n'y a point de veillée, même si Marie-Antoinette ne se couche que très tard.

Cependant l'ardeur de « la troupe des seigneurs », comme on l'appelait, allait croissant, et, après avoir déjà joué six pièces, elle en mit à l'étude deux nouvelles : *Rose et Colas* de Sedaine et Monsigny, et *Le Devin du village* de Jean-Jacques Rousseau. On chantait au fond des provinces la chanson de Colas, *C'est ici que Rose respire,* et celle de Rose, *Il était un oiseau gris.*

L'intrigue du *Devin du village* est d'une grande simplicité : Colin trompe sa maîtresse Colette, qui du coup boude l'infidèle, et le devin les réconcilie.

Mercy se fait tirer l'oreille pour assister au spectacle qu'il réprouve en général, mais finalement il s'y rend sur invitation de la reine. Marie-Antoinette lui avait promis que personne ne le verrait, car il serait placé dans une loge grillagée et conduit au théâtre par un homme qui lui ferait éviter de rencontrer qui que ce soit. La reine jouait le rôle de Colette, le comte de Vaudreuil, celui du devin, et le comte d'Adhémar, celui de Colin. On loua le jeu et le chant de la reine tant chez Mme Campan que chez l'ambassadeur.

Aux répétitions comme sur scène, Marie-Antoinette rit beaucoup de la voix de M. d'Adhémar qui était belle autrefois, mais qui, soit trac, soit vieillesse, est devenue fort chevrotante. L'habit de berger dans le rôle de Colin, du fait de son âge, le rend très ridicule, mais la reine se plaît à dire qu'« il serait difficile que la malveillance pût trouver à redire dans le choix d'un pareil amoureux ». Il avait en effet été convenu qu'aucun jeune premier ne serait admis dans la troupe. Le comte de Polignac, le duc de Guiche, le comte de Vaudreuil et le comte Esterhazy étaient seuls tolérés parmi les interprètes.

Dans la salle presque vide, Monsieur et Madame, la comtesse d'Artois, Madame Elisabeth applaudissent à tout rompre, leurs bravos sont repris par les gens de service, aux loges et aux balcons.

Quant au roi, il est ravi comme un enfant, il se trémousse d'aise sur son siège, s'esclaffe et rit de tout cœur. À l'entracte, emporté par l'enthousiasme, il monte sur la scène et va rejoindre Marie-Antoinette en sueur, à sa toilette. Il est fou d'amour comme un fan avant l'heure. Tout ceci est fort bien pensé, chacun y trouve son compte et un jour peut-être un dauphin naîtra de cet amour.

Ce furent les dernières représentations à Trianon avant l'hiver à cause du froid et de l'humidité auxquels le théâtre est exposé. Et puis la saison des chasses arrivait pour le roi qui partit à Compiègne. Ensuite ce fut un séjour à Marly.

L'empereur d'Autriche manifesta clairement sa désapprobation au sujet de ces spectacles, mais il semble que la reine se moquait éperdument de l'avis de son frère sur ses activités d'actrice. On pensait que cette passion ne pouvait être que passagère et donc ne durerait pas. Quant à l'impératrice, elle considère les amusements de Trianon sans s'en inquiéter « tant qu'il n'y aura pas quelque inconvénient majeur ». Mais peu avant sa mort, elle répète : « Je ne saurais qu'approuver l'empressement de ma fille à vous faire assister, incognito, aux représentations de Trianon. Même si des inconvénients ne s'y sont pas mêlés jusqu'à présent, je n'en serais pas moins bien aise de les voir finir. »

Et pourtant si l'ambassadeur l'avait plus complètement renseignée, elle se fût montrée moins tranquille.

17

LES INCONVÉNIENTS

Mercy ne parle pas de la brouille qui survint à ce sujet entre Marie-Antoinette et sa belle-sœur, la comtesse de Provence. La reine aurait bien aimé, pour légitimer sa passion du théâtre, que Madame joue la comédie avec elle. Elle se rendit chez elle avec le comte d'Artois pour la convaincre de les rejoindre dans cette activité qui faisait tant couler d'encre. Mais Madame, qui avait volontiers consenti à réciter des rôles dans un cabinet du château de Versailles où elle se sentait en sécurité, en famille, ne put se résoudre à passer pour une actrice sur les planches d'un vrai théâtre, devant des spectateurs inconnus d'elle. Elle rejeta avec force la proposition comme indigne de son rang. L'état d'actrice était souvent apparenté, il faut le préciser, à celui de grande cocotte, ou pire, à celui de prostituée.

— Mais dès que moi, reine de France, je la joue, vous ne devriez pas avoir de scrupules, lui opposa Marie-Antoinette.

— Si je ne suis pas reine, je suis du bois dont on les fait, repartit Madame.

— Sachez, Madame, que je regarde la maison

de Savoie comme fort au-dessous de la maison d'Autriche, qui ne le cède pas même à celle de Bourbon, cingla Marie-Antoinette, trouvant très déplacée la réponse de mauvais aloi qui venait de lui être faite.

Le comte d'Artois, qui n'avait rien dit jusque-là, intervint vivement pour éviter l'orage qui menaçait. Il dit en riant à la reine :

— Je craignais, Madame, de me mêler à la conversation, vous croyant fâchée, mais pour le coup, je vois bien que vous plaisantez !

D'autres maladresses apparurent. L'emploi de répétiteur, souffleur et régisseur pour tous les détails du fonctionnement du théâtre fut confié au beau-père de Mme Campan, qui s'en montra flattée. Le premier gentilhomme de la chambre, le duc de Fronsac, en fut très blessé. Il fit de grands embarras à ce sujet. Il écrivit des lettres scandalisées à la reine qui le renvoya à ses chères études en lui disant : « Vous ne pouvez remplir votre charge de premier gentilhomme quand nous sommes des acteurs. D'ailleurs je vous ai déjà fait connaître mes volontés sur Trianon. Je n'y tiens pas de cour. J'y vis en personne particulière et monsieur Campan y sera toujours chargé des ordres relatifs aux fêtes intérieures que je veux y donner. » Il y avait la reine et, avec la même détermination, la femme libre, n'admettant aucune ingérence de la part des courtisans dans ses plaisirs. Les récriminations du duc se poursuivant, le roi fut obligé de s'en mêler. Le duc s'obstina pourtant et soutint que ses droits de premier gentilhomme de la chambre n'admettaient aucun

remplaçant, qu'il devait se mêler des plaisirs intérieurs comme de ceux qui étaient publics. Il fut
vertement écarté par le roi de cette revendica-
tion. Aussi ne manquait-il jamais, à la toilette de
la reine, lorsqu'il venait lui faire sa cour, d'amener
le sujet sur Trianon, pour placer avec ironie un
mot sur M. Campan qu'il appelait depuis « mon
collègue Campan ». La reine haussait les épaules
et lorsqu'il était parti disait avec condescen-
dance : « Il est affligeant de trouver un si petit
homme dans le fils du maréchal de Richelieu. »

On dut reconnaître que ce système d'exclusion
présentait de graves inconvénients. Cela devenait
un indice de faveurs très marqué pour ceux qui y
étaient admis et un motif de jalousie pour ceux
qui en étaient exclus. Même la princesse de
Lamballe, maintenant supplantée dans le cœur de
Marie-Antoinette par la duchesse de Polignac, n'a
pu obtenir d'y être conviée. Les grandes charges
et les dames du palais ont rappelé que, d'après
les usages, rien ne doit les priver de remplir leur
service auprès de la reine. Elles doivent se trouver
auprès d'elle à chaque instant et non pas seulement à sa toilette et aux offices des dimanches et
fêtes. Se voyant refusées, elles en ont conçu de
l'amertume : des propos désagréables ont couru
de Versailles à Paris. Il n'est cependant pas moins
périlleux d'étendre le cercle des spectateurs. Tant
qu'on n'admit que très peu de monde à ces représentations, elles furent peu critiquées, mais l'indulgence des personnes proches de la reine qui y
assistaient et exagéraient leurs compliments fit
croire aux acteurs qu'ils avaient du talent et leur

inspira le désir d'accroître le nombre de spectateurs. La reine permit aux officiers des gardes du
corps et aux écuyers du roi et de ses frères d'assister aux représentations. On donna des loges à
des gens de la cour. On invita quelques dames de
plus. De toutes parts des demandes affluèrent
pour obtenir la faveur d'être admis. La reine
refusa un grand nombre de candidats, comme les
cent Suisses du roi, ainsi que beaucoup d'autres
personnes qui en furent profondément mortifiées.
Le 6 septembre 1780 on dut refuser l'entrée à de
nombreux courtisans qui avaient été admis à
d'autres représentations. Le marquis de Crussol,
capitaine des gardes du comte d'Artois, bien qu'il
fût de service ce jour-là, fut refoulé, car il s'était
permis de critiquer les acteurs sans épargner les
premiers rôles. Marie-Antoinette, lasse de jouer
devant des banquettes vides, avait fait entrer les
gardes du corps de service, en exigeant que les
Suisses prissent leur place au milieu d'eux. Mais
il y eut des sifflets à la fin du spectacle et la reine,
s'adressant à l'auditoire, dit : « Messieurs, j'ai fait
ce que j'ai pu pour vous amuser. J'aurais voulu
mieux jouer afin de vous donner plus de plaisir. »
Les gardes du corps étaient des gentilshommes
appartenant aux meilleures maisons de France.
Mais il y avait parmi eux des gens de la domesticité, et n'était-il pas impudique que la reine se
donne en spectacle devant eux ? Elle avait cru
pouvoir se passer de leur jugement. Cependant la
plupart des bruits qui circulèrent dans le peuple
prirent naissance dans leurs avis sur le spectacle,

de même que bon nombre de pamphlétaires y puisèrent leurs sources.

Devant la troupe de Trianon on applaudissait à tout rompre, mais en sortant on critiquait tout haut et certains ne se gênaient pas pour dire que « c'était royalement mal joué ». Sans parler du souvenir de Mme de Pompadour et de ses succès d'actrice qui prêtaient à des rapprochements peu flatteurs pour la reine.

À Paris, il y avait deux troupes de théâtre amateur qui faisaient beaucoup parler d'elles et avec lesquelles la reine de France avait tout à perdre à entrer en rivalité. La comtesse de Montesson, épouse morganatique du duc d'Orléans, jouait avec un talent consommé les rôles les plus difficiles du répertoire français. Sa supériorité sur Marie-Antoinette était reconnue de ceux qui avaient vu les deux actrices. Mais la comparaison pouvait devenir autrement blessante et dangereuse avec la danseuse Guimard. Celle-ci avait dans son hôtel, à la chaussée d'Antin, une délicieuse salle tendue de taffetas rose galonné d'argent, décorée par Fragonard, éclairée par des bougies parfumées. À côté était un jardin d'hiver empli de fleurs rares. Elle avait en outre un second théâtre dans sa maison de campagne, à Pantin. Là, elle recevait des gentilshommes hautement titrés, qui venaient applaudir des acteurs de la Comédie-Française, du Théâtre-Italien ou de l'Opéra venus représenter les scènes les plus licencieuses devant un parterre de grands seigneurs, de princes du sang et de filles entretenues.

En revanche, au Trianon, on ne joua jamais rien de trop leste, mais il était déjà très imprudent de vouloir se comparer à de tels divertissements. L'impression fut désastreuse. On supposa du moins que le roi mettrait bon ordre à ces amusements de la reine. Les *Mémoires secrets* disent que « le roi, très complaisant, mais peu satisfait de ce genre d'occupation de son auguste épouse, se trouvant à un de ces spectacles, avait sifflé la reine. C'était sans doute une plaisanterie. Cela n'a pas empêché Sa Majesté de continuer ». Un peu plus loin, l'auteur se contredit en reconnaissant que les talents de la reine étaient la plupart du temps très appréciés de son époux, mais qu'il était soucieux du tort que ce rôle d'actrice faisait, dans l'opinion, à Marie-Antoinette.

La reine, qui n'était pas à un paradoxe près, ne craignait pas de monter sur les planches, tout en interdisant à l'un de ses pages de faire jouer une comédie qu'il avait écrite « parce qu'il ne convenait pas qu'un gentilhomme se donnât en spectacle ». Elle continuait de bâtir l'édifice qui s'écroulerait sur elle un peu plus tard.

En juillet-août 1780, la reine était à Trianon pour les répétitions et les représentations de son théâtre. Après le spectacle du 6 septembre, elle prit prétexte de l'effervescence que la jalousie contre les spectateurs privilégiés avait déclenchée à la cour pour rester à son château et échapper ainsi aux plaintes et aux réclamations dont elle était assaillie à Versailles. Elle s'installa avec Madame Elisabeth, la duchesse de Polignac, la duchesse de Guise, la fille de celle-ci et leur cousine, la comtesse de Chalons. L'impératrice ne voyait pas d'un bon œil les retraites de sa fille loin de la cour. « Je ne saurais approuver, dit-elle, que la Reine y couche sans le Roi. »

Le mardi 12, la reine revint le matin à Versailles, pour que les ambassadeurs et les ministres étrangers puissent lui faire leur cour. Puis elle retourna à Trianon. Le 17 Madame Royale fut prise d'une rage de dents. La douleur fut si violente qu'elle en eut des convulsions. Lorsque la reine l'apprit, elle se rendit auprès de sa fille pour passer quelques heures avec elle. Lorsqu'il n'y eut plus qu'une petite fièvre sans gravité, elle repartit vers Trianon, mais elle avertit que, si l'état de son enfant avait donné la plus légère inquiétude, elle était décidée à rester à Versailles et à décommander le spectacle du surlendemain. Le roi fut le premier à souhaiter que l'on ne change rien de ce qui était prévu. Il y avait à nouveau réception d'ambassadeurs le 19, jour de la représensation, mais la reine fit demander à Mercy par l'abbé de Vermont si elle pourrait en être dispensée. Son mentor s'empressa de lui écrire qu'ayant accepté de revenir le mardi précédent, pour recevoir l'hommage du corps diplomatique, elle « pouvait ne pas répéter cette marque de bonté, et que s'il en résultait quelques réflexions, il était sûr qu'elles ne seraient pas faites par les ministres étrangers qui avaient lieu d'être très contents de la manière dont la reine les traitait dans ces occasions ».

Pendant ce séjour, elle fit visiter son château à un officier de la garde-noble hongroise pour qu'il puisse le décrire *de visu à* sa mère.

Le roi se rendait à Trianon tous les matins, seul et à pied ou dans une voiture légère qu'il conduisait lui-même. Trianon présentait l'aspect d'une maison de campagne habitée par des particuliers. Il n'y avait des gens de service qu'en nombre strictement nécessaire et aucune des charges de la cour. Les après-midi prenaient une tout autre allure : la famille royale, Mesdames tantes, les personnes distinguées de leur suite, les dames en charge du palais et quelques externes favorisés se rendaient à Trianon et y passaient le reste de la journée. Le chevalier Bertin qui visita les jardins de Trianon cette même année fut surtout frappé par la beauté des arbres exotiques, il nous en laisse le souvenir dans un style versifié un peu indigeste qui commence ainsi :

Quel art a rassemblé tous ces hôtes divers
Nourrissons transplantés des bouts de l'univers ?...

On y trouve le tulipier de Virginie, le catalpa des Indes, l'érable, le mélèze, le cèdre, l'arbre de Judée, le cytise et le chêne, les saules parasols plantés dans une allée qui mène au temple de l'Amour.

Mercy, à qui rien n'échappe, remarque : « La retraite que la reine a faite à Trianon est une idée de la duchesse de Polignac. »

18

LA DUCHESSE DE POLIGNAC

Depuis longtemps le rêve de Marie-Antoinette était de s'entourer d'une société exclusive, choisie selon son goût. Sans les dames du palais et sans les gens de cour. Elle disait : « À Trianon, je jouirai des douceurs de la vie privée qui n'existent pas pour nous si nous n'avons le bon esprit de nous les assurer. » Et pourtant Mme Campan remarquait : « Le bonheur qu'elle cherchait ne devait lui procurer que des chagrins. Les nombreux courtisans non admis dans cette intimité devinrent autant d'ennemis jaloux et vindicatifs. »

Ils avaient bien des raisons de l'être face à cette nouvelle amitié passionnée de la reine pour celle qui n'était au début que comtesse Jules de Polignac.

Marie-Antoinette attise le scandale par des choix qui enflamment la calomnie. En particulier, elle a fait installer le fameux cabinet des glaces mouvantes qui masquent les fenêtres de son boudoir. Bien qu'une chambre de principe soit aménagée pour le roi, il ne couche jamais au Petit Trianon. Seules Madame Elisabeth et la Polignac restent y dormir. Toute contrainte est hors de propos. La reine séjourne parfois un mois de suite au Petit Trianon. Elle entre dans son salon sans que le pianoforte s'interrompe ni que les dames quittent leur tapisserie. Quant aux hommes ils continuent imperturbablement leurs parties de billard ou de trictrac. Elle porte des robes appelées « robes à l'enfant » ou « robes de gaulle », en percale blanche, et ses coiffures qui s'inspirent de celles des femmes du peuple, comme le « bonnet à la laitière », déclenchent les remarques acerbes chez les échotiers. Mais surtout la nouvelle faveur dont jouit la comtesse excite la jalousie.

Yolande Martine Gabrielle de Polastron, à peine âgée de dix-huit ans, a épousé en 1767 le comte Jules de Polignac qui sera fait duc en 1780 par Louis XVI. Le duc de Lévis dit d'elle « Elle avait la plus céleste figure que l'on pût voir ; son regard, son sourire, tous ses traits étaient angéliques... on ne se lassait point de la regarder. Elle était sereine, raisonnable mais enjouée. Elle menait une véritable vie de château. » Une douzaine de personnes formaient sa société habituelle. Il régnait chez elle une aimable liberté. On y jouait au billard, aux jeux de cartes, à colin-maillard, on faisait de la musique tout en causant de façon informelle « comme si l'on eût été à deux cents lieues de la cour ». Son salon respire l'insolence de la jeunesse, l'insouciance d'une société gâtée et capricieuse qui allume les derniers feux d'un monde finissant. Marie-Antoinette, lassée du sérieux de la princesse de Lamballe qui ne lui parle que charité, don de soi et discrétion, se prend de folie pour la jolie comtesse qu'elle ne quitte plus. Les Goncourt, qui ne lésinent pas à broder sur les souvenirs du prince de Ligne, affirment à propos des deux jeunes femmes âgées chacune de vingt-sept ans au plus : « Elles se lutinaient, se battaient, se décoiffaient presque, avec mille grâces animées, se disputant entre elles à qui serait la plus forte. » Ligne avait écrit : « Dans le temps de la grande jeunesse de la Reine et de la comtesse Jules, un jour que je leur faisais la chouette au billard, elles se disputèrent et se battirent pour savoir qui des deux serait la plus forte. La Reine prétendait que c'était elle. – C'est que vous faites la Reine, disait son amie. »

Les langues vont bon train. On les traite déjà de « lubriques » et de « saphiques ». La reine exerce un fascinant pouvoir de séduction sur cette femme qui semble bien rester maîtresse d'elle-même malgré tout. Le prince de Ligne, dans ses *Mémoires*, relate comment la reine, ayant rencontré Mme de Polignac dans une soirée chez la princesse de Lamballe, avait été séduite par son air « enchanteur » – mot employé par les contemporains – et s'était prise pour elle d'une affection subite qui allait toujours grandissant. En vain les intimes de Marie-Antoinette, en particulier la princesse de Lamballe, Lauzun, Coigny, Mercy, l'empereur Joseph II lui-même avaient tenté de lui montrer que la comtesse Jules faisait tout pour se l'accaparer, la reine restait sous l'emprise d'« un inconcevable prestige ». Devant cette cabbale montée contre elle et alarmée par les calomnies des échotiers elle écrit : « Nous ne nous aimons pas encore assez pour être malheureuses si nous nous séparons. Je sens que cela arrive déjà et que bientôt je ne pourrai plus vous quitter. Prévenez ce temps-là. Laissez-moi partir, je ne suis pas faite pour la cour. Tout le monde en sait trop ici sur moi. » « Ses chevaux étaient prêts, raconte le prince de Ligne, la reine l'embrasse, lui prend les mains, la conjure, la presse, se jette à son cou. Madame de Polignac consent à rester. » Et les libelles de s'enflammer en apprenant que la reine suppliait son amie de ne pas s'éloigner, avec force baisers et larmes pour la retenir. En même temps, ils prétendaient qu'elles avaient chacune des amants. Parmi eux, pour la reine, le comte d'Artois, son beau-frère, et pour la comtesse Jules, le très beau comte de Vaudreuil, qui ne la quittait pas d'une semelle.

Au cours du premier séjour que fit Marie-Antoinette au Petit Trianon, la comtesse de Polignac étant souffrante ne parut pas. Mais, dès qu'elle fut remise, elle lui écrivit qu'elle aurait l'honneur de lui faire prochainement sa cour. « Sans doute, répondit la reine, la plus empressée de vous embrasser c'est moi, et pour vous le prouver j'irai dès demain dîner avec vous à Paris. » Elle se rendit en effet à une heure, rue de Bourbon, chez son amie, et dîna en tête à tête avec elle. Elles demeurèrent enfermées ensemble jusqu'à cinq heures, sans que la princesse de Chimay, dame d'honneur qui avait accompagné la reine, fût admise à l'entrevue. Pendant ce temps la suite des courtisans étaient splendidement servie à trois tables dressées à cet effet.

Au mois de mai 1780, la comtesse venant d'accoucher, la cour se transporta tout entière à La Muette, afin que Marie-Antoinette pût voir plus facilement son amie. Le public parisien n'applaudit pas du tout à ce motif et considéra le déplacement de la cour comme une faveur trop exagérée. On peut lire dans la correspondance de Grimm : « Quoique l'histoire de France soit en ce domaine aussi riche qu'une autre, il ne semble pas qu'elle ait encore offert l'exemple d'une faveur à la fois plus intime et plus éclatante. » Pourtant les favorites puissantes ne manquaient pas dans l'histoire de France proche ou lointaine.

Marie-Antoinette, pour l'attacher à sa personne, avait pensé à la faire nommer dame d'atours ou même dame d'honneur. Mais Mme de Polignac trouva le moyen de refuser, trouvant que ces charges ne lui convenaient pas, et prétextant que sa fortune n'était pas suffisante pour assumer les dépenses qu'entraînait la représentation à la cour. La reine se décida alors à l'établir auprès d'elle en tant qu'« amie ». Elle lui donna un appartement de fonction au château de Versailles, à proximité du sien. Mais elles se voyaient le plus souvent aux soirées de la princesse de Guéménée. Alors la comtesse Jules ouvrit un salon pour des réunions plus intimes que fréquenta assidûment la reine. Cette compagnie était composée principalement des parentes de Mme de Polignac. Les femmes y vinrent accompagnées des hommes qui leur étaient attachés. La reine y conviait Esterhazy, Coigny, Besenval. Il se forma donc sous les yeux du roi et contre son gré – bien qu'il fréquentât parfois le salon lui-même – une société dont les membres cherchèrent à s'accaparer les charges et les pensions, puis finirent par se mêler des affaires d'État.

C'est de ce cercle rapproché que s'entoura exclusivement Marie-Antoinette au Petit Trianon.

Il faut dire que de l'avis de tous les contemporains, Mme de Polignac était une figure mêlant mystérieusement la grâce d'un ange à celle d'un petit monstre. « Je n'essaierai pas de peindre sa figure, dit Mme Vigée-Lebrun, cette figure était céleste. » « Son visage était ravissant », répète à l'envi Mme de Genlis. Le duc de Lévis, comme nous l'avons vu, affirme : « Son regard, son sourire, tous ses traits étaient angéliques. » Le comte de Tilly n'oublia jamais l'impression qu'elle lui fit, tandis qu'il était page, un matin qu'elle lui apparut, venant de se lever dans un déshabillé blanc comme neige, une rose dans les cheveux. « Sa démarche, dit-il, portait l'empreinte d'un abandon séduisant. » Seule Mme d'Oberkich est d'accord avec Mme de Genlis pour reconnaître que son front était brun et assez bas, mais que ce défaut disparut quand la mode permit de porter les cheveux rabattus. Le chœur de louanges reprend avec le comte de Ségur qui s'extasiait : « On ne saurait trouver une personne, dit-il, qui réunît plus d'agréments dans la figure, plus de douceur dans les regards, plus de charme dans la voix, plus d'aimables qualités de cœur et d'esprit. » Quant à Mme Campan, acquise à toutes les prédilections de sa reine, elle écrit à propos de la jeune favorite : « Plus sensée que spirituelle, sans prétention, un peu nonchalante, d'une humeur bienveillante et égale, elle avait dans tous ses mouvements je ne sais quelle grâce négligée qui la faisait remarquer au milieu des plus belles. On préférait la naïveté de sa conversation à toutes les recherches du bel esprit. »

Mme Vigée-Lebrun a peint un portrait d'elle qui la représente vêtue d'une robe blanche et d'une écharpe de soie noire, portant un chapeau de paille orné d'un bouquet d'épis, de marguerites, de coquelicots et d'une plume noire ; à la main, une rose.

Mais à part ces gracieusetés, il y avait plus grave. Car Mercy, l'agent de l'impératrice Marie-Thérèse, la soupçonne de n'être ni sincère, ni sûre, il ne la trouve pas digne de « jouir de la confiance d'une grande princesse ».

Il veillait comme un vieux renard embusqué et rapportait les moindres gestes de Marie-Antoinette à sa mère. Celle-ci, ne pouvant s'en défendre, rend compte à sa jeune reine de fille des bruits qui courent jusque par-delà les frontières : « On dit que la Polignac, écrit-elle le 1er février 1780, sous le seul titre de la faveur auprès de vous, a demandé que l'on érige le comté de Bitche en duché. Le public était surpris d'une demande qui annonce plus d'avidité que d'attachement. On dit à cette heure que vous voulez lui faire donner encore des millions. »

Entre deux bals et deux soirées de théâtre, Marie-Antoinette, qui ne s'émeut pas outre mesure, répond à sa mère : « Je suis trop accoutumée aux inventions et aux exagérations de ce pays-ci pour être surprise de ce qu'on a débité sur Mme de Polignac. » Puis elle se livre à une véritable plaidoirie très adroite pour défendre les intérêts de son amie. Il est habituel que le roi contribue à la dot des personnes de naissance qui ne sont pas riches. Il est donc naturel qu'il donne pour le mariage de « la petite Polignac » avec le comte de Gramont une somme d'argent et un titre approprié. Il semblerait même que la comtesse ait voulu renoncer au titre de duchesse et que ce soit « une pure invention ». Comme d'habitude on dira sans doute « plus de louis d'or qu'il n'y aura d'écus ». De plus en ce qui la concerne, elle n'a rien demandé pour son amie, le roi lui-même est « charmé de lui faire du bien pour elle-même ». La lettre se termine assez sèchement sans formule de tendresse comme d'habitude.

Pourtant, sous l'influence de Necker, Louis XVI était en train de supprimer bon nombre de charges inutiles et très coûteuses de la maison du roi et de celle de la reine. Était-ce le moment d'attribuer de nouvelles dots et pensions ?

Pendant deux mois le sujet est écarté de leur correspondance, mais le 1er avril 1780, l'impératrice revient à la charge. « Vous n'avez rien répondu, écrit-elle, sur les grandes générosités rapportées par la presse, le roi ayant donné à la comtesse Jules de Polignac en dot pour sa fille plus de 800 000 livres, outre cela une terre de deux millions, mis à part le paiement de ses dettes. On dit même qu'un certain comte de Vaudreuil, que l'on prétend trop intimement lié avec cette comtesse, a obtenu par son moyen 30 000 livres de pension et un domaine du comte d'Artois et cela, par votre intervention. Je dois vous avertir que cela fait une très grande sensation... »

Mais Marie-Antoinette a réponse à tout. Le comte de Vaudreuil est un ami du comte d'Artois, il a bien servi le roi et n'a jamais rien demandé. Elle n'a pris aucune part à ce don ni à celui octroyé à Mme de Polignac. Le roi l'aime et il n'est pas nécessaire de le solliciter à son sujet. Les gaze-tiers sont donc mieux informés qu'elle. Elle n'a jamais entendu parler d'une terre de deux millions ni d'aucune autre.

Le comte Mercy continue à mettre de l'huile sur le feu. Peu après il écrit à impératrice : « Le roi a été voir la comtesse de Polignac. C'est la seule maison particulière de Paris où le monarque soit entré depuis qu'il règne, et une distinction si marquée a presque fait plus de sensation dans le public que toutes les grâces utiles accordées à la favorite. »

Marie-Thérèse, à quelques mois de sa mort, n'a plus qu'une requête auprès de sa fille : « Il nous faut un dauphin », écrit-elle, abandonnant la bataille sur la favorite, qu'elle voit perdue d'avance.

À Trianon la fête bat son plein. « Depuis un mois, toutes les occupations de la reine et tous ses amusements se sont concentrés dans le seul et unique objet de deux petits spectacles repré-sentés sur le théâtre de Trianon », écrit Mercy le 16 septembre 1780. Il considérait d'ailleurs l'en-tourage de la Polignac comme beaucoup plus dangereux qu'elle. Ne se mêlait-il pas de la nomi-nation des ministres ?

19

L'ENTOURAGE DE MARIE-ANTOINETTE

Celui qui régnait sur la société de la comtesse Jules était le comte Rigaud de Vaudreuil, réputé l'homme le plus séduisant de la cour. Il avait montré sur les champs de bataille une bravoure pleine de fougue. Il était maître de camp des dragons du dauphin. Grand, bien fait, élégant, il était charmeur, vif, aimable, avait de l'allure et de belles manières. Il se montrait chevaleresque, loyal, franc et sa probité, dit Besenval, était poussée jusqu'à « une sorte de férocité ». Il se conciliait l'estime et l'admiration de tous. Il avait toujours le mot juste, contait toutes sortes d'anecdotes mais savait écouter. Il n'y avait que deux hommes qui sussent parler aux femmes, disait la princesse d'Hénin : le comédien Le Kain, sur un théâtre, et le comte de Vaudreuil, dans un salon. Il était aussi sujet à des emportements violents, la moindre contrariété le mettait hors de lui. Il aimait à entendre parler de lui-même et c'est ainsi que son ami le comte d'Adhémar s'insinua dans sa confiance sans qu'il s'en doutât.

Vaudreuil fut plus tard le protecteur de Beaumarchais. Sa maison était richement meublée. Il possédait une galerie de toiles des plus grands maîtres des écoles de Flandre, de Hollande et d'Italie dont certains sont au Louvre aujourd'hui. Il avait dessiné autour du château de Gennevilliers, qu'il devait au comte d'Artois, un parc somptueux. « Il donnait fréquemment, dit Mme Vigée-Lebrun qui eut pour lui un tendre sentiment, des fêtes magnifiques tenant de la féerie », au point qu'on le surnommait « l'enchanteur ».

Nous avons vu le comte d'Adhémar jouer sur la scène du théâtre de Trianon le rôle de Colin dans *Le Devin du village*. À en croire Mme Campan, c'était un vieil homme, et Marie-Antoinette l'avait, à cause de cela, choisi pour le rôle d'amoureux, afin de ne donner aucune prise à la médisance. Elle l'aurait même trouvé si ennuyeux que, pour s'en débarrasser, elle l'aurait envoyé en 1783 représenter la France à Londres. En réalité il n'était ni si chevrotant ni si ridicule que veut bien le dire la première femme de chambre de la reine pour les besoins de la cause. « De toute la société Polignac, écrit le comte de La Marck, le comte d'Adhémar avait le plus d'esprit, avec non moins d'adresse que le baron de Besenval pour arriver à ses fins. Il joignait le talent à une jolie figure. Louis XV l'avait nommé ambassadeur à Bruxelles, il se trouvait donc déjà, par état, si c'était nécessaire, éloigné de la cour, et n'avait pas besoin d'être nommé à Londres pour en être écarté. Ni dans la *Gazette,* ni dans le *Mercure de France,* on ne trouve son nom dans la liste des ambassadeurs venus faire leur révérence à la reine. »

172

Besenval était aussi un homme de culture et de goût. Lorsqu'il réalisa les jardins du maréchal de Ségur à Romainville, il sut allier l'élégance de discrètes constructions au charme des plantations. Il s'était fait peindre dans son cabinet, entouré de tableaux précieux et d'objets rares.

Le comte de Polastron, frère de la comtesse, jouait du violon de façon remarquable et était demandé pour cela.

Le duc de Coigny était un fin lettré. Il était souvent en compagnie de ses deux frères. L'un avait construit, à Mareuil-en-Champagne, une résidence dont le chevalier de l'Isle a vanté la beauté. L'autre, chevalier de Coigny, qui faisait aussi partie de la société du Petit Trianon, était un homme à la mode, très séduisant de figure, qui aimait à faire de l'esprit. Quand il venait faire sa cour, il lançait au moment opportun un bon mot. Puis il ne parlait plus et prenait un air distrait. Mme de Genlis lui trouvait de la fatuité, un air moqueur et une fausse gaieté.

Il y avait aussi à Trianon l'architecte de la reine qui y occupait un appartement et était un esprit cultivé, au courant des mouvements intellectuels de son temps.

Toutefois Marie-Antoinette ne partageait pas les goûts de l'entourage constitué par sa favorite. À Trianon, elle était là pour se distraire. Dès que le sujet abordé prenait un tour sérieux, l'ennui se montrait sur son visage et glaçait l'entretien. Elle ne voulait pas d'un salon littéraire, encore moins politique. Toute tentative dans ce sens échouait lamentablement. « Sa conversation, dit Besenval, était décousue, sautillante et voltigeait d'objet en objet. Sans aucun fond de gaieté personnelle, elle s'amusait de l'historiette du jour, de petites libertés lancées avec adresse, et surtout des médisances comme on en répand à la cour : voilà ce qui lui plaisait. » Et Mme Campan, de renchérir : « La chanson nouvelle, le bon mot du jour, les petites anecdotes scandaleuses formaient les seuls sujets d'entretien du cercle intime de la reine. Le bel esprit en était banni. »

Ainsi Marie-Antoinette, aveuglée par son amitié fervente pour la Polignac qui semble l'avoir ensorcelée, acceptait de jouer un rôle effacé devant les fariboles débitées par les sbires de la comtesse. Au mot de « sollicitations » dans les salons de Versailles, qu'elle fréquentait de moins en moins, elle se levait d'un bond, au bras de ses dames, et fuyait l'importun venu implorer une charge, une pension, une prébende ou une faveur quelconque. Elle en était abreuvée et tentait de garder à Trianon un ton léger qui éloignait les suppliques, les avis politiques ou sociétaux.

Le prince de Ligne affirme : « Il n'y a jamais rien eu de plus vertueux ni de plus désintéressé que les Jules. » Il avait donc les idées larges en la matière. Mercy est beaucoup plus sévère et bien des témoignages de l'époque s'accordent avec lui sur ce point. La réputation de conduite de Mme de Polignac était cependant assez douteuse. Une de ses tantes fut chassée de la cour par Louis XV, pour avoir procuré à Madame Adélaïde, jeune encore, un livre d'une certaine obscénité. La reine lui fit toutefois accorder une pension comme veuve d'un lieutenant général, que feu le roi lui avait refusée. Cette pension est portée au Livre rouge sous le titre de « pension secrète ». Or la tante dont il s'agit avait élevé Mme de Polignac, rapporte Grimm. « On a vu cette jeune personne, dit Mercy, afficher un amant, ou pour le moins en soutenir l'apparence sans égard aux remarques publiques. Sa conduite en matière de dogme n'était pas moins équivoque, et le premier médecin, Lassone, qui la connaissait bien, avait dit un jour à l'abbé de Vermont qu'il craignait que la liaison dont il s'agissait ne portât à la longue ombrage à la morale de la reine. » L'amant en question était le comte de Vaudreuil. Quant à Diane de Polignac, elle avait une conduite « libre jusqu'au scandale », dit le comte de La Marck. Mme de Chalons était courtisée par le duc de Coigny et par le comte de Vaudreuil, et Mme de Polastron deviendra la maîtresse attitrée du comte d'Artois.

L'abbé de Vermont dit enfin à Marie-Antoinette : « Vous êtes devenue fort indulgente sur les mœurs et la réputation de vos amis et amies. Je pourrais vous prouver qu'à votre âge, surtout pour les femmes, cette indulgence fait un mauvais effet. Je passe que vous ne preniez garde ni aux mœurs ni à la réputation de celle dont vous faites votre amie, uniquement parce qu'elle est aimable, mais que l'inconduite en tout genre soit un titre pour être admis dans votre société, voilà ce qui vous fait un tort infini. »

L'abbé de Vermont semble entraîné par son zèle car il n'y avait dans la société de Trianon aucun homme qui fût à ce point perdu de réputation, ni aucune des femmes à qui, si elles eurent tort d'afficher un amant, on ne pût reprocher une attitude licencieuse. Depuis l'avènement de Louis XVI, les mœurs s'étaient améliorées par rapport aux débordements de grandes dames qui avaient acquis une si fâcheuse célébrité sous le règne de Louis XV. On s'avancerait un peu en assurant qu'elles étaient devenues rigides mais elles avaient du moins gagné en décence.

D'autres témoignages rendent raison à l'attitude de Marie-Antoinette. La Marck affirme qu'elle était bien supérieure en moralité et en délicatesse de sentiment à tout son entourage. Son frère Joseph II la traitait d'« aimable et honnête femme, un peu jeune, peu réfléchie, mais qui a un fond de vertu vraiment respectable ». Il dit ailleurs : « Sa vertu est intacte. Elle est même austère par caractère plus que par raisonnement. » Mais dans le monde les langues courent vite et les apparences ont plus de poids que la réalité. Il aurait fallu être naïf pour s'étonner qu'en voyant Marie-Antoinette s'enfermer sans le roi, dans une retraite interdite à la cour, avec des femmes dont chacune passait pour traîner un amant à sa suite, on ne crût pas qu'elle y avait aussi le sien.

La reine ne l'ignorait pas, elle en prenait assez gaiement son parti. Trop gaiement peut-être au goût de certains. Elle disait un de ces soirs, raconte Mercy, alors qu'elle était en conversation particulière avec les princesses de Lamballe et de Chimay et Mme de Polignac, au sujet de quelques ragots lancés méchamment contre elle : « Il faut avouer que je suis bien malheureuse d'être traitée si durement. » Pourtant son œil brillait et elle ajoutait aussitôt : « S'il est méchant de la part des autres de me supposer des amants, il est bien plus singulier de la mienne que j'en aie tant à ma charge et que je me passe de tous. »

20

LA DANGEREUSE SOCIÉTÉ

On commença par combler tous ses membres de grâces et d'emplois. On a vu les faveurs accordées au duc de Coigny et au comte Esterhazy. Mme de Chalons fut placée parmi les dames de la comtesse d'Artois. Mme de Polastron, à peine présentée, fut nommée à une charge de dame du palais. Vaudreuil reçut une pension provisoire de 30 000 livres, remplacée bientôt par un domaine que lui donna le comte d'Artois. Le comte de Coigny fut fait chevalier d'honneur de Madame Elisabeth, et le comte d'Adhémar, son premier écuyer. Moins scrupuleuse que ·Louis XV qui avait composé sa maison des femmes les plus irréprochables et les plus respectées, comme Mme de Noailles, Marie-Antoinette ne craignit pas de mettre à la tête de celle de la jeune Madame Elisabeth la comtesse Diane de Polignac, malgré sa réputation de joueuse invétérée. L'indulgent mari de la favorite avait été fait premier écuyer de la reine en survivance d'une charge supprimée, avec une pension provisionnelle de 12 000 livres et l'usage de ses chevaux, équipages et livrées.

Ce qui augmentait la dépense de sa maison de 80 000 livres.

Bien qu'appartenant à une des plus vieilles et plus puissantes maisons du Languedoc, la situation de fortune des Polignac avait singulièrement décliné. Avant le succès de la comtesse Jules à la cour, le jeune ménage était obligé, par économie, de se fixer la plus grande partie de l'année dans sa terre de Clayes-en-Brie, ne venant à Versailles que rarement. Marie-Antoinette se fit un honneur de réparer cette injustice du sort envers son amie. On dit que la comtesse n'eût pas été d'elle-même aussi cupide, mais qu'elle y fut poussée par sa belle-sœur, Diane, qui avait formé le plan de profiter de l'occasion pour relever le train de vie de sa famille.

À sa requête, on donna au beau-père, le vicomte de Polignac, qu'on disait totalement dépourvu d'esprit et d'une conduite sans dignité, la charge très lucrative d'ambassadeur auprès des cantons helvétiques, ce qui avait en outre l'avantage de l'éloigner de Versailles où on le trouvait gênant.

On donna à l'oncle, le marquis de Polignac, la charge de premier écuyer du comte d'Artois. Un abbé de Polignac fut pourvu de l'évêché de Meaux.

Cette famille, dit Mercy, sans aucun mérite envers l'État et par pure faveur, s'est déjà procuré, tant en grandes charges qu'en autres bienfaits, pour près de 55 000 livres de revenus annuels. Ce n'était qu'un début. La favorite obtint 400 000 livres en janvier 1780, afin de payer ses dettes, et au mois de juillet, quand elle maria sa fille, âgée de onze ans, avec le comte de Gramont, une dot de 800 000 livres pour la fiancée, avec le brevet de duc de Guiche pour le futur, ainsi que la survivance de la charge de capitaine des gardes du corps qui appartenait au duc de Villeroy. Le 20 septembre, le comte de Polignac fut créé duc héréditaire et la nouvelle duchesse prit le tabouret à la cour, le 24.

On n'oublia pas Vaudreuil, qui reçut une grasse sinécure, la charge de grand fauconnier de France. La fonction n'avait plus d'objet, puisque depuis longtemps la chasse à l'oiseau était tombée en désuétude. On entretenait toujours cependant un équipage de vol, et le titulaire de l'emploi, qui comptait parmi les grands officiers de la Couronne, continuait à recevoir avec solennité les gerfauts d'Islande envoyés au roi de France par le roi de Danemark, et les faucons de Malte, hommage du grand maître des chevaliers de Saint-Jean de Jérusalem. La cérémonie était chaque fois officiellement annoncée dans la *Gazette*.

Un des acteurs connus de la troupe de Trianon voulut avoir une part dans le ministère de la guerre qu'il était alors question d'enlever au prince de Montbarey. On le chansonna sur l'air de *La Belle Bourbonnaise* :

Pour vaincre l'Angleterre
Il est question de faire
Ministre et secrétaire
Un marquis de hasard
Chevalier d'industrie
Major d'infanterie

181

Colin de comédie
C'est monsieur d'Adhémar.

Le couplet fut envoyé à la reine, et les *Mémoires secrets* rapportent qu'Adhémar dut fournir des explications. Il convint que, quoique issu d'une illustre famille, il n'était qu'un pauvre gentilhomme sans fortune, et qu'il s'était vu obligé, en effet, de « se soutenir par des moyens de complaisance, de dévouement, d'adresse, mais toujours honnêtes ». On lui faisait beaucoup d'honneur en le qualifiant de major, car il n'avait jamais été qu'aide-major. Quant au titre de Colin qu'on lui donnait c'était celui dont il se glorifiait le plus puisqu'il prouvait qu'il « avait contribué aux amusements de Sa Majesté en jouant la comédie avec elle ». Qu'en termes galants ces choses-là étaient dites.

D'ailleurs ce n'était pas ministre de la Guerre que voulait être M. d'Adhémar, mais adjoint au ministre, ce qui lui laissait le temps de la distraction. Il avait habilement préparé sa candidature, à Trianon, entre deux comédies. Sachant que tout passait par la favorite, il s'en était emparé, « ne la quittait pas d'un pas, était sans cesse à son oreille. Si elle changeait de place, il la suivait à table, à la promenade, dans sa chambre : il ne l'abandonnait pas plus que son ombre », raconte Besenval. Il ne réussit point cependant. Car, après toutes ces péripéties, ce fut le maréchal de Ségur qui fut nommé à cette charge. Si bien que pour ce motif la duchesse Jules faillit se brouiller à mort avec la reine. Ce qui donna lieu à une scène mémorable où l'on vit Marie-Antoinette, les larmes aux yeux, se jeter aux genoux de Mme de Polignac pour la conjurer de lui pardonner quelques paroles amères qui lui avaient échappé, lui disant tout son regret de l'avoir offensée et tout ce que l'amitié la plus tendre pouvait lui inspirer. Ceci afin de la retenir auprès d'elle, oubliant, dans son émotion, toute dignité. L'ambassadeur de Marie-Thérèse s'agitait vainement en tout sens pour essayer d'arracher la reine à cette soumission aveugle envers sa favorite.

En effet les pamphlets s'en donnèrent à cœur joie.

Pour détendre l'atmosphère, Marie-Antoinette a promis de se rendre à Marly le 20 septembre avec une cour plus nombreuse qui désamorce la jalousie des courtisans évincés. Mais il semble qu'elle n'appela un peu plus d'invités pour ce bref déplacement que dans le but de grossir le nombre des témoins de sa préférence pour les Polignac.

En effet le matin elle tint une longue séance chez la duchesse, où un choix très restreint des personnes les plus favorisées fut seul admis. Ceux qui se morfondaient au-dehors de ce cercle de privilégiés passèrent leur temps en médisances et récriminations. On raconta que tout le monde avait été très content du voyage à Marly, mais il y eut beaucoup de froissements et de murmures de scandale.

On était d'autant moins disposé à l'indulgence envers les favoris qu'ils faisaient preuve d'une morgue et d'une insolence de mauvais aloi. Angélique de Bombelles, la grande amie de

Madame Elisabeth, qui portait le titre de dame pour accompagner et la côtoyait depuis son enfance, écrit à son mari, ministre plénipotentiaire à Ratisbonne : « Cette fameuse société est composée de personnes bien méchantes et montées sur un ton de morgue et de médisances incroyables. Ils se croient faits pour juger le reste de la terre. Ils ont si peur que quelqu'un puisse s'insinuer dans la faveur, qu'ils ne font l'éloge de personne, mais déchirent bien à leur aise. Il faut cependant voir tout cela et ne rien dire : c'est impatientant. »

Ceux qui approchent la reine sont toujours animés d'ambition, ou d'intérêts quelconques, soit pour eux-mêmes, soit pour les leurs. Du fait du nombre restreint de gens qui jouissent de cet accès exclusif, les intrigues et les sollicitations prennent un tour d'insistance, plus secret, plus intime, et donc beaucoup plus dangereux. Chacun aimerait que le prestige de la cour soit accessible au plus grand nombre. Sans quoi les haines et les jalousies envahissent les têtes et font naître une kyrielle de plaintes, de rancœur et de folies en tout genre. Angélique, parlant du comte de Coigny, dit qu'il est « méchant comme la gale ».

Marie-Antoinette se constituait au Petit Trianon une cour d'intrigants qui seraient une bombe à retardement activée par les libellistes. Elle s'était prise au piège de son rêve et le paierait de sa vie.

À la fin de 1780, les divertissements de la reine furent brusquement interrompus par une nouvelle qui la saisit profondément. Le 29 novembre 1780, sa mère, l'impératrice Marie-Thérèse, était morte après cinq jours d'une brève maladie. L'événement n'avait été connu à Versailles que huit jours après.

Louis XVI, qui réserve exclusivement les pages de son Journal à ses déplacements, ses chasses et les cérémonies auxquelles il prend part, a noté le fait dans son style laconique : « 7 décembre : nouvelle de la mort de l'impératrice. » La cour prend le deuil pour six mois à partir du 20 décembre. Marie-Antoinette reste prostrée de chagrin. Le 10 décembre, elle écrivit à son frère Joseph II, nouvel empereur d'Autriche : « Accablée du plus profond malheur, ce n'est qu'en fondant en larmes que je vous écris. Oh ! mon frère, oh mon ami !... » Mais l'heure de la liberté a sonné. Il n'y aura plus de lettres de reproches, plus de messes basses avec l'ambassadeur-espion, Mercy-Argenteau. Plus de frein non plus aux goûts des amusements, pour la reine de France. Du moins le croit-elle. Car une nouvelle maturité va peu à peu s'installer et lui permettre de prendre à son compte les conseils de sérieux et de raison que lui donnèrent sa mère, son frère et même celui qu'elle garde au cœur, le comte Fersen.

21

« L'AUTRICHIENNE EN GOGUETTE »

C'est le titre d'une farce populaire qui met en scène Junon, c'est-à-dire la reine, et Hébé, c'est-à-dire Yolande de Polignac, comme étant lesbiennes. On entend dans les tavernes et dans les clubs privés « L'Autrichienne en goguette » ou « Le Branle des Capucins ». Des petites pièces avec chansons où la reine est traînée dans la boue. Déjà en 1774, dans *Le Lever de l'aurore*, on accusait Marie-Antoinette de se livrer à des promenades amoureuses avec son beau-frère, Artois pendant que le roi est absent. En 1781, Louis XVI, excédé, demande que l'on rachète l'intégralité d'un pamphlet qui insulte la couronne de France, *Les Amours de Charlot et Toinette*. Peine perdue, il paraît quand même. En visant le couple royal les auteurs veulent attaquer le régime monarchique et prouver son déclin. Ils s'emparent des mœurs supposées ou réelles des gens de cour pour les disqualifier tel un ramassis de gros viveurs. Ils ne craignent ni la Bastille, ni les amendes, ni que leurs textes soient envoyés au pilon, car nombre d'entre eux passent par l'Angleterre ou la Suisse. *La Reine dévoilée* sera réimprimé jusqu'à dix-sept fois. On l'y accuse de coucher avec Artois, avec la Polignac et d'avoir conspiré à l'assassinat du ministre Maurepas qui aurait découvert sa liaison. Maurepas venu chez la reine sans se faire annoncer aurait découvert la souveraine et Artois en galante compagnie sur un canapé, « la reine de France dans les bras incestueux de son frère ».

On lui reproche de vouloir détruire la France en étant l'agent des espions de Vienne. Cette débauchée ne peut être autre chose. Tout ceci fait beaucoup rire Marie-Antoinette, jusqu'au jour fatal où son rire finira dans le sang et les larmes. Le pamphlet ne pourra être saisi qu'en 1792, ayant accompli son forfait de calomnie. Une fois brûlés les papiers seront accusés d'avoir été en réalité des documents secrets prêts à être envoyés à la cour de Vienne par le « comité autrichien » qui sévit à la cour. À sa tête, Marie-Antoinette ; celle qu'on affuble de surnoms injurieux tels que « Mégère royale », « Messaline » ou « Lilith », la femme maléfique de la Bible. On la dit impudique, lascive, scélérate, diabolique. Les pamphlets tels que *Les Amusements de la reine* ou *Les Passe-temps d'Antoinette* pleuvent à une allure croissante. Le roi s'épuise à tenter d'intercepter les textes ravageurs écrits contre son épouse. Il en est le premier profondément blessé et mesure par là l'ampleur de la catastrophe qui se prépare. Déjà il est dans son rôle de martyr. Toute la France est inondée, malgré ses efforts sans cesse réitérés pour l'endiguer, de cette marée d'ordures. La femme légère va devenir putain, la traîtresse, une bête sauvage assoiffée du sang des Français.

L'accumulation des accusations attise un peuple qui conquiert sa liberté en détruisant l'Ancien Régime vacillant. L'image accompagne le texte. On voit la reine dans les bras de la Polignac disant : « Je ne respire plus que pour toi, donne-moi un baiser mon cher ange. » La rumeur triomphe, portée par les confidences d'une soubrette de cour ou par les insinuations d'un courtisan évincé. Dans *La Vie privée de Marie-Antoinette*, on lit que l'appétit sexuel de la reine la porte autant vers les femmes que vers les hommes, son mari excepté. Mais il y a pire aux yeux de l'opinion : cette Messaline est l'Autrichienne. Elle est fausse, dépravée, capable de tous les forfaits, puisqu'elle donne dans sa vie sexuelle débridée l'exemple de son déséquilibre et de sa turpitude. La reine caricaturée sur le papier n'a plus grand-chose à voir avec celle qui savoure sans retenue les plaisirs de la vie au Petit Trianon. Toutes ses passions sont saccagées dans la presse à scandale comme autant de crimes impardonnables. Ses débordements amoureux rapportés dès que nés, déformés avec jubilation par la presse jacobine, font d'elle une catin sans vergogne, une tribade en liberté. La vie de la reine apparaît comme un grand lupanar où hommes et femmes passent leur temps en luxure, pratiques sexuelles en tout genre, mais surtout en mépris affiché pour la souffrance du peuple. Le vif attachement de la reine pour Yolande de Polastron, mariée à Jules de Polignac, déchaîne les langues de vipère. On en fait sans hésiter une liaison homosexuelle dans *Portefeuille d'un talon rouge* qui paraît en juin

1779. L'auteur donne à cette liaison une dimension inquiétante en affirmant qu'elle est le point de départ d'une nouvelle secte de tribades décidées à renverser le pouvoir masculin. Ainsi la reine attire les hommes pour mieux les perdre, mais en réalité elle aime les femmes. Elle prépare un monde d'où les hommes seraient exclus. On lui prête toutes sortes d'amantes. On lui reproche d'accabler de faveurs la Polignac, de s'enfermer avec elle des nuits entières, de la couvrir de dons en argent et de titres prestigieux pour elle et sa famille. On prétend même qu'elle a écrit un testament dans lequel elle lègue sa fortune aux femmes qu'elle a aimées. La disgrâce de la princesse de Lamballe, plus discrète que celle qui lui succède dans le cœur de la reine, annonce un déchaînement de calomnies. Yolande de Polastron, surnommée la comtesse Jules, évoque tant d'insolence et de séduction que le scandale s'enflamme. Les courtisans évincés et, dit-on, le comte de Provence lui-même, qui enrage de ne pas être sur le trône à la place de son frère, font courir des bruits scandaleux sur les deux femmes. Ils résonnent en écho jusqu'aux appartements de la reine. On la dit en proie à des fureurs sexuelles sans fin. On va jusqu'à soupçonner le roi « dont le vit bande pour un cul » d'être également tenté par l'homosexualité. Voici ce que dit Junon à Hébé :

« Admirable partie d'un con trop méprisé / Soutien officieux d'un poil noir et frisé / Motte autrefois charmante aux yeux de mon parjure / Hélas soyez sensible à ma dernière injure / Le

bougre porte ailleurs un encens qui m'est dû /
Son vit est mou pour moi et bande pour un cul. »

Quant à la reine, si son amante se sert d'un
godemiché pour lui prodiguer du plaisir, c'est que
celle-ci est pourvoyeuse de ces voluptés à la place
de celui qui n'est pas capable de lui en procurer.
La compagnie des hommes assidus à sa cour
d'intimes, les Coigny, Besenval, Vaudreuil et les
autres, lui organise des parties fines où « hommes
et femmes alternativement s'adonnent aux
deux espèces de jouissance qui se partagent
son existence ». Ainsi la rumeur lui prête une
« Compagnie des réjouissances » qui fait écho à la
réelle « Société de la reine ». On dresse des listes
d'amants et d'amantes interminables où se bous-
culent hommes, femmes, saltimbanques, putains,
valets, soldats. Elle en sort débauchée, tribade,
criminelle, dépensière, séductrice. L'abbé Mulot
la compare dans son Journal intime à la princesse
d'Hénin disant de cette dernière : « Comme elle,
tribade et putain, on la prit pour la reine. » Il cite
les paroles de cette chanson qui court en précisant qu'elle viendrait d'un des intimes de la reine.
On soupçonne même, sans preuve, le comte de
Provence qui fait, semble-t-il, parvenir à sa belle-
sœur des brochures obscènes par l'œil-de-bœuf
de la chambre de la jeune femme. Celui-ci, jaloux
des faveurs accordées à son frère Artois, s'est
souvent montré insolent et cynique.

Mais plus fort, voici qu'elle se mêle de politique,
veut choisir les ministres, renvoyer les uns,
appeler les autres, se voulant à la fois homme
et femme, plus dominatrice que soumise. Elle a

outrepassé son rôle de souveraine du royaume de France en s'octroyant une liberté de ton, de mœurs et de mode de vie que l'opinion publique lui conteste en l'insultant. Sa propre mère, l'impératrice Marie-Thérèse, lui a montré le chemin du gouvernement car, tandis que son époux, François de Lorraine, père de ses dix-huit enfants, s'était détourné du pouvoir, elle avait pris en main les rênes de l'empire avec une certaine virilité.

22

NOUVEAUX TRAVAUX AU PETIT TRIANON

L'architecte Mique proposa de supprimer une partie du potager qui se situait près du salon frais où l'on dégustait des sorbets, et d'y construire de nouvelles dépendances. D'après son plan, les communs se divisaient en trois parties : la chapelle, la sacristie, le corps de garde des ouvriers pompiers et le logement du suisse. Ensuite les cuisines et offices avec le garde-meuble et l'appartement du concierge. Puis un peu plus loin, les écuries et leurs remises pour les chevaux de la reine. Mais le plus impressionnant fut l'importance donnée aux cuisines. Il y en avait une pour les viandes froides, une pour les potages et les entremets, avec une cheminée, un four et seize réchauds. Une autre, très vaste, pour les grandes et moyennes entrées, avec un four, une cheminée et vingt-huit réchauds. Une plus petite, pour la pâtisserie des entremets avec four et cheminée également. Une pour la rôtisserie avec four, cheminée et seize réchauds. Suivaient un garde-manger, un office pour le gobelet-vin avec quatre réchauds, la paneterie, une pièce pour la distribution du vin, une autre pour l'argenterie, puis le lavoir pour toute la batterie de cuisine, et enfin une salle à manger pour tous les officiers de la bouche. Le nombre total des cheminées s'élevait à sept, celui des fours à six et celui des réchauds à soixante-quatre.

Quand on voit l'importance du service ordinaire du roi et de la reine, on comprend l'usage que l'on faisait d'une telle installation. Le dîner se composait de deux potages et vingt plats différents, répartis en trois services, entrées, rôts et salades, et entremets. Pour le souper, deux potages et dix plats avec rôts et entremets. Pour les repas maigres, on supprimait les viandes grasses. En général il y avait potage au lait ou coulis à la reine, selle de mouton au bouillon de racines, ailes de faisan panées, carré de veau à la broche, attelettes de foie de lapereaux, tourte à la cerise, œufs au jus, truite à la rémoulade, écrevisses, épinards à l'anglaise.

La reine ne goûtait pas à tous ces plats. Elle choisissait un blanc de volaille, une cuillerée de bouillon, un fruit préparé. Mme Campan nous dit : « Elle ne mangeait habituellement que de la volaille rôtie ou bouillie et ne buvait que de l'eau. Elle n'avait de goût que pour son café du matin, et une sorte de pain auquel elle était accoutumée depuis son enfance à Vienne. »

Lorsqu'il y avait réception, le nombre des potages et des mets était doublé comme lorsque l'on donna un grand dîner pour Mesdames, à Trianon.

Une pièce fut disposée du côté de l'avenue, à usage d'atelier pour les ouvriers du garde-meuble de la reine. Il était dirigé par le concierge Bonnefoy du Plan, qui avait la charge du mobilier de Trianon, de Versailles, des Tuileries, de Compiègne et de Fontainebleau en ce qui concernait les intérieurs de Marie-Antoinette. Tous les meubles et objets étaient marqués au fer chaud de l'inscription *GARDE-MEUBLE DE LA REINE* avec un grand M et un grand A au centre. Bonnefoy avait fait dessiner un cabinet pour garder les bijoux. Au fond, sur une plaque de cuivre étaient inscrits le nom de Marie-Antoinette et l'année de fabrication du meuble. Boulard, célèbre tapissier de Paris, était garçon du garde-meuble sous les ordres de Bonnefoy. Le concierge était ce qu'on nommerait aujourd'hui régisseur. Il avait son appartement au-dessus des cuisines. Ses magasins étaient situés dans les combles de la chapelle. Le suisse n'était que portier. Cette charge de la maison de la reine se distinguait de celle de la maison du roi. C'est-à-dire que Bonnefoy exécutait, directement et sans contrôle, les travaux commandés par la reine, et qu'il puisait l'argent et les matières premières dans le mobilier du roi, mettant le même trouble que Mique dans les réserves de M. d'Angiviller.

Une partie de la dépense du garde-meuble fait état d'une somme de 81 440 livres, 10 sous, 9 deniers, en huit années. C'est sans compter les fournitures d'étoffes, de galons, de tapisseries, de broderies, etc. Mais on n'a plus aujourd'hui l'inventaire complet du mobilier du château, ni des effets ayant appartenu personnellement à la reine. Ils paraissent avoir disparu en 1793.

Du temps de Louis XV, il y avait, sous les entresols, un billard ; sous le salon de compagnie, un réchauffoir ; sous les salles à manger, le mécanisme des tables volantes ; sous l'antichambre, une salle des gardes. Une table volante était encore en état de fonctionner si besoin était, sous Louis XVI.

Marie-Antoinette fit supprimer le réchauffoir à cause de l'odeur de charbon qui montait dans les appartements. Les officiers municipaux venus poser les scellés en août 1792 mentionnent la salle des gardes, l'ancien billard de Louis XV, une salle pour les femmes de la reine, une pièce pour la machinerie et un boudoir du côté du jeu de bague. On s'y rendait par une porte située sur le premier palier du grand escalier. Sur ce palier, trois de ces banquettes qu'on appelle des formes, recouvertes en tapisseries de la Savonnerie des Gobelins. Au plafond, un cordon garni d'un gland de soie cramoisie où est suspendue une gracieuse lanterne, dont les montants sont des faisceaux de flèches, avec à l'intérieur des petits satyres assis portant un bouquet de douze lumignons.

Le mobilier du salon de compagnie est en soie cramoisie galonnée d'or. La chambre de la reine est tendue de mousseline ornée de broderies où « la vivacité des couleurs défie le pinceau le plus exercé », rapporte le comte d'Hézecques. La reine y a fait placer des tableaux représentant ses frères et sœurs costumés en religieux et creusant leurs tombeaux. On trouve à l'entresol et au second étage les appartements de Madame Elisabeth et des dames qui faisaient partie de la société intime de la reine. Les pièces y sont tendues de fleuret cramoisi et blanc et de toile de Jouy.

Marie-Antoinette aimait conserver des souvenirs d'Autriche, comme cet *Atlas élémentaire de l'empire d'Allemagne* que lui avait adressé un abbé Courtelon et qui défilait sous un verre au moyen d'un mécanisme intérieur et d'une petite manivelle. Quant à Mme Campan, pour contrer le reproche de prodigalité fait à la reine, elle soutient qu'« aucun changement n'avait été apporté dans le mobilier devenu très mesquin, et qui existait encore en 1789, tel qu'il était sous Louis XV. Tout était conservé, dit-elle, sans exception, et la reine y couchait dans un lit très fané qui avait même servi à la comtesse du Barry ». On ne pense pas que Louis XV ait rien laissé de mesquin au Petit Trianon, tout y était magnifique et du meilleur goût. Le lit dont parle Mme Campan est peut-être le lit du roi et s'il paraissait fané c'est sans doute que Marie-Antoinette se servait de quelque courtepointe envoyée d'Autriche, comme souvenir, par sa mère. Il y avait des ateliers à Trianon même, pour la confection et la réparation de son ameublement. On trouve dans les dépenses des sommes considérables : 2 433 226 livres en 1775, 2 011 278 livres en 1778. 279 430 livres de broderies payées à Trémeau et 163 417 livres à Riesener, ébéniste. Mme Campan précise que Marie-Antoinette n'avait aucun goût pour les ouvrages de peinture, en revanche elle possédait une collection de bibelots chinois et japonais, avec quelques objets en cristal de roche et en pierres dures. Notamment un bassin de la maison d'Autriche, en argent émaillé, orné de 145 camées et un petit tombeau de jaspe vert sur une monture de bronze doré, représentant des amours posés sur des coqs, et décoré de feuilles de myrte, dentelles, thyrses et chaînettes en or.

Dans les combles des communs du château on réserva des chambres à coucher pour les femmes de la reine, ses coiffeurs, cochers, postillons, piqueurs et officiers divers ; une lingerie près de l'appartement du concierge, et, à proximité du palais, une vaste salle d'attente à l'usage des seigneurs et dames admis aux fêtes sans être invités aux repas. Un détail de ménage donnera une idée de la quantité de personnes présentes au Petit Trianon : d'après Bonnefoy, le nombre de pièces de linge sale s'élevait à 1 100 par jour et, quand il y avait spectacle, à 2 200.

Pour arriver à loger tout le monde on imagina un certain nombre de maisons en bois qu'on dressait entre les glacières et qu'on démolissait après le départ de la reine. Les premières apparurent en 1781. On en trouve dans le budget sous la rubrique « Tentes et maisons de bois du Roi ». Cela parut si commode qu'on en généralisa l'emploi. Partout où la cour se transportait, elle était suivie dans ses pérégrinations par un équipage de chariots portant la charpente de ces maisons mobiles, avec les glaces, les tentures, les tapis et le mobilier nécessaire. On voyait s'élever ainsi, comme par enchantement, autour des palais, de véritables villages qui s'évanouissaient d'un coup de baguette magique. Dans les dernières années d'immenses baraquements entourent la demeure du roi, pour une saison, et disparaissent sans laisser d'autre trace que la cruelle saignée faite au Trésor royal.

Tout en surveillant les travaux entrepris pour augmenter les communs du château, Mique met la dernière main à la décoration du jardin anglais. La construction du rocher est très laborieuse. Elle n'a pas demandé moins de quatorze maquettes pour satisfaire la reine. On y passe toute l'année de 1781. La fameuse grotte exigera sept modèles différents. Après l'orangerie se trouve un chemin de grosses roches couvertes de mousse qui conduit à un ravin caché sous le bois. Il aboutit à une source tombant en cascade et formant un petit ruisseau qui se jette dans le lac. Là se trouve la grotte sombre et tapissée de mousse, rafraîchie par le cours d'eau qui la traverse. Une banquette, couverte de mousseline, invite au repos. Et à la tête de ce lit, une ouverture qui laisse apercevoir le paysage et, surtout, permet de découvrir ceux qui tenteraient de s'approcher de ce réduit mysté- rieux. Deux portes, l'une garnie de barreaux du côté de l'escalier qui conduit au sommet de la roche, l'autre en treillage, ferment cette grotte. Quelle mouche avait donc piqué la reine pour qu'elle imagine un tel réduit ? Et pour quel usage ? Des siècles passèrent sans que jamais il ne soit apporté de réponses à ces étranges questions. Rendez-vous amoureux ? Cache pour documents secrets ? Cachette pour échapper aux fâcheux ? Aux meurtriers éventuels ?

On travaillait au belvédère depuis 1778. Il fut terminé pendant l'été 1781. C'est un élégant pavillon octogonal élevé sur un socle en pierre. Quatre portes et quatre fenêtres alternent sur les huit pans de murs. Au-dessus de chaque fenêtre, un bas-relief, et sur les portes, un fronton. Le toit est en forme de dôme. Les murs intérieurs revêtus de stuc sont peints d'instruments de musique, d'outils de jardinage ou de pêche, de flambeaux, de thyrses, de caducées, de carquois, de cages à oiseaux, de corbeilles et de chapeaux à rubans. On trouve encore dans les motifs des poignards croisés, des cœurs percés de flèches, des colombes qui se becquètent, des couronnes. L'aigle d'Autriche remplace le lys de France. Au plafond, Lagrenée a peint en fresque un ciel bleu sur lequel des amours jouent avec des fleurs parmi de légers nuages. Le sol est pavé d'une mosaïque de marbre bleu turquin, vert, blanc veiné, rouge. Le devis initial était de 26 000 livres. Le belvédère coûta 65 000 livres. Les alentours sont, comme au temple de l'Amour, plantés de rosiers pelote-de-neige, de pommiers-paradis et d'arbustes parfumés. Des fenêtres du belvédère, la reine embrasse tout son domaine. « On se croit à cent lieues de la cour, écrit le prince de Ligne. La divinité, dont je ne dirai pas le nom, règne sur une grande étendue de terrain qui ne lui appartient pas comme elle règne sur ceux qui ne sont pas nés sous ses lois. » Le prince, qui se dit autrichien en France et français à Vienne, est un de ces étrangers que Marie-Antoinette traite avec une faveur qui excite la jalousie des courtisans. Marie-Thérèse le trouvait léger et compromettant et s'efforçait de l'écarter de Versailles. Il a laissé des Mémoires dans lesquelles il parle de la reine avec une affection sincère, tempérée d'un profond respect. Quand il séjourne en France il est l'hôte assidu du salon des Polignac et Marie-Antoinette le reçoit à Trianon. Il avait d'abord trouvé que la rivière coulait avec « une trop paresseuse lenteur... Si l'on n'y eût employé la force, il semblait qu'elle n'aurait pu se résoudre à quitter ce jardin enchanteur ». Mais il se corrige ensuite : « Je viens de Trianon. Pour mon malheur l'eau y arrive en abondance. Son murmure, auquel je ne m'attendais pas, vient donc de ne pouvoir s'arrêter dans cet asile heureux qu'on ne peut abandonner sans regret. » De fait, l'eau dort et le lit de la rivière s'emplit de vase, tandis que la surface se couvre d'une sorte de boue blanchâtre qu'on enlevait, du temps de Marie-Antoinette, avec des écumoires en toile et en futaine. On a rempli la rivière de carpes, de tanches, de perches et de barbillons, afin de se livrer au plaisir de la pêche. Le lac et les bassins sont animés par des bateaux et d'élégantes gondoles où flotte le pavillon de la reine rayé de bleu et blanc. Le prince de Ligne, emporté par son ardeur, se risque même à versifier :

Semblable à son auguste et jeune déité,
Trianon joint la grâce avec la majesté
Pour elle il s'embellit et s'embellit par elle.

Ainsi la mode du jardin anglo-chinois recueillait les suffrages des princes, des grands seigneurs, des financiers, des bourgeois, de tous ceux qui possédaient palais ou modeste maison, et les transformait en jardiniers selon la grande passion du jour. Le comte d'Artois, à Bagatelle, le prince de Condé, à Chantilly, Madame Elisabeth, à Montreuil, le duc de Chartres, à Monceau, le duc d'Orléans, au Raincy suivront cette mode. L'abbé Delille, quant à lui, était surnommé « le nouveau dieu des jardins ».

23

THÉÂTRE ET FÊTES NOCTURNES
AU PETIT TRIANON

Il y a tant de jalousie parmi les courtisans qui rêvent d'être invités par la reine au Petit Trianon que Madame Elisabeth elle-même doit se battre pour obtenir d'avoir son amie Angélique de Bombelles auprès d'elle : la très chère amie d'enfance est un peu heurtée d'être privée de sa princesse. Surtout que le bruit a couru que l'empereur Joseph II songe à épouser Elisabeth. Il semble que ce soit une idée de Marie-Antoinette. On l'attend d'un instant à l'autre à Versailles. Le 23 juin 1781, Mme de Bombelles écrit à son mari : « La Reine a dit à Madame Elisabeth qu'il fallait que je l'allasse voir tous les matins, qu'elle était désolée de ne pouvoir m'offrir à dîner et à souper, mais que, comme elle n'avait pas de dames du palais avec elle, et qu'il n'y aurait que la duchesse de Polignac, elle craignait que cela ne causât trop de jalousie. J'aurais trouvé fort simple, poursuit-elle, que la Reine ne pensât pas à moi, ainsi je ne suis pas choquée qu'elle ne veuille pas me donner à dîner, mais très sensible à la permission qu'elle veut bien me donner d'aller le matin à Trianon, permission que personne n'a. J'ai prié Madame Elisabeth de lui en faire ce soir, mes remerciements. »

On voit que le ton est un peu amer. Le Journal de Louis XVI s'accorde avec la lettre de Mme de Bombelles. Il note un séjour à Trianon du 25 au 30 juin en précisant le temps qu'il fait ces jours-là : « Pluie, le 25 ; assez beau, le 26 ; couvert le 27 ; très beau jusqu'au 30. » Désenchantement ou négligence, le roi n'ajoute aucun commentaire.

L'empereur d'Autriche avait annoncé son intention de faire une seconde visite à sa sœur. On l'attendait d'un jour à l'autre. Le 27 juin, Mme de Bombelles, toute jeune marquise de dix-neuf ans, écrit fidèlement les péripéties de la petite cour de la reine : « J'ai été à Trianon ce matin voir Madame Elisabeth avec quelque curiosité, parce que tout Paris disait que l'empereur y était et qu'il allait l'épouser. Il n'en est rien. Il est toujours à Bruxelles et il n'est pas même certain qu'il vienne ici. Ainsi ma tête a trotté bien inutilement. » Le voyage de l'empereur ne devait avoir lieu qu'au mois de juillet. La pauvre Bombelles s'est torturée en pensant que sa princesse allait la quitter pour toujours si elle partait à la cour de Vienne pour devenir impératrice d'Autriche. Mais c'était mal connaître son amie. Elisabeth refusera tous les partis, aussi brillants soient-ils, pour ne pas s'éloigner du trône de France où son frère vacille.

Pendant ce séjour à Trianon le roi vint tous les jours voir la reine et prendre au moins un repas. Quand il allait à la chasse, il venait y déjeuner tôt le matin, ou y soupait le soir en rentrant, éche-velé, ayant chevauché de longues heures et tué des cerfs et des sangliers dans les forêts de Fontai-nebleau ou de Marly.

En revanche il y a passé la journée entière le 25 et le 29, et la reine lui a donné un spectacle le 27. Il y eut des proverbes joués par les acteurs de la Comédie-Française, un opéra-comique, *La Faute d'amour,* par la troupe de la Comédie-Italienne, puis un ballet. Le 29, on joua *Jérôme et Fanchon-nette,* mais le roi n'en parle pas, bien que la date inscrite sur le mémoire des pièces jouées en fasse état. Pour les deux opéras-comiques, l'orchestre était composé de sept violons, quatre violon-celles, deux quintes, deux contrebasses, deux hautbois, une flûte, deux bassons et deux cors. Ils étaient fournis par la musique du roi. Le tout était placé sous la direction d'un surintendant qui avait sous ses ordres un maître de chapelle et un maître de musique de chambre. Le maître de ballet avait douze danseurs et danseuses sous ses ordres. Ils étaient tous rémunérés, nourris et costumés.

L'ensemble de ce qu'on appelait la musique coûtait 259 600 livres par an.

Marie-Antoinette vint encore s'établir à Trianon du 15 au 30 juillet. « C'est demain soir que la Reine et Madame Elisabeth partent pour Trianon », écrit, le 14, Mme de Bombelles, qui vit au rythme de ces déplacements avec anxiété. Craignant en permanence que sa charge ne devienne caduque. L'incroyable Louis XVI note à nouveau dans son Journal que dans cet intervalle il ne tomba pas une seule goutte de pluie, qu'en revanche le ciel fut couvert le 22 juillet et le 1ᵉʳ août et que le vent du nord souffla presque tout le temps. Enfin si, il note que le 16, il y a eu souper et grande comédie à Trianon. Les acteurs italiens représentèrent *L'Aveugle de Palmyre* et *La Veillée villageoise,* et la troupe de l'Opéra, un ballet. Ce soir-là l'orchestre fut encore augmenté de deux clarinettes. Le 18, il y eut concert dans le jardin français, éclairé par des centaines de petites lanternes. Le 20, on représenta des proverbes et une parodie *d'Iphigénie* et des chœurs *d'Athalie*. Ce qui dut recueillir un franc succès, car l'auteur, un certain Gaillard, fut gratifié d'une somme de 600 livres pour ces deux fantaisies. Le 24, ce furent à nouveau des proverbes. Après les six mois de privation de spectacles due à la mort de l'impératrice d'Autriche, la reine mettait les bouchées doubles.

Elle rendit à Monsieur, comte de Provence, la fête qu'il avait donnée en l'honneur du roi et de la reine, en son château de Brunoy, à la fin de l'année précédente. Le 26, la Comédie-Française et la Comédie-Italienne concoururent : la première joua un proverbe et, pour la seconde, on monta avec un grand luxe de moyens *Les Deux Porteurs de chaise*. On imprima deux cents exemplaires de la pièce pour les distribuer aux spectateurs.

En sortant du théâtre, on se promena dans les jardins où une surprise attendait les invités. Le rocher avait été illuminé et enveloppé de papiers de couleurs transparents figurant un feuillage. Tous les points saillants du belvédère étaient accusés par des cordons de lumière et des lanternes dissimulées dans des bottes de roseaux factices. L'ensemble jetait des reflets mouvants dans le lac. La grotte adroitement illuminée offrait un aspect féerique. On répéta les quatre jours suivants le même dispositif tant il avait de succès. Mais tout ceci n'était qu'un prélude à une fête bien plus brillante qui devait avoir lieu bientôt.

L'empereur tant attendu arriva enfin le 29 juillet. Sa sœur le conduisit de Versailles à Trianon pour passer la journée, tandis que le roi chassait à Saint-Hubert. Ils allèrent dans une berline coupée, traînée par quatre chevaux, sans pages, sans gardes et sans suite. La reine portait une légère robe de mousseline avec une ceinture bleue, ses cheveux relevés par un simple ruban de soie, sans rouge aux joues et sans diamants.

Le 1er août, la reine donna un somptueux souper à son frère et à toute la famille royale. Les *Mémoires secrets* disent : « C'est hier que les fêtes pour la venue du comte de Falkestein ont eu lieu au Petit Trianon. La reine arrête elle-même la liste des courtisans admis au spectacle. Elle reçoit à la porte du théâtre et les fait placer. » Après le souper la troupe de l'Opéra donna *Iphigénie en Tauride* de Gluck, devant une assemblée de 263 personnes à qui on distribua le livret. Il y avait de magnifiques décors peints par Sageret : un ciel d'horizon chargé de nuages blancs, sur une mer calme. Pour l'orage, un rideau chargé de papiers transparents, lumineux comme des éclairs, et un ensemble de nuées destiné à l'apparition de Diane. Le temple de Minerve, un palais avec des colonnes cannelées, et une porte de bronze, rehaussée d'or donnant accès à un souterrain mystérieux, composaient le décor.

Comme le 26, les invités trouvèrent après le spectacle un grand concert, dans les jardins qui resplendissaient de tous leurs feux. Mais cette fois l'illumination du belvédère n'avait pas suffi, en face, le temple de l'Amour se détachait avec force sur les flammes d'un incendie allumé par-derrière, dans les fossés. Terrines et fagots de bois, par milliers, entretenaient une grande clarté qui donnait un aspect enchanteur aux lieux. On ne manqua pas de dire qu'une forêt entière y était passée. On entreposa tout ce matériel de décors dans les caves du théâtre pour un prochain spectacle.

La reine vint souvent les jours suivants à Trianon avec son frère. On en trouve la trace dans une lettre de Joseph II à sa sœur. L'empereur avait déjà, en 1781, tenté d'ouvrir les yeux de la reine sur les inconvénients de sa société intime, sans réussir à la convaincre. Plus tard, désabusée, elle lui avait fait part de sa déception. Le 5 novembre 1787, il répondit : « Vous souvenez-vous, ma chère sœur, de ce que, la dernière fois que j'eus le plaisir de vous voir, assise sur une pierre, dans une allée de Trianon, j'osai vous faire observer au sujet de cette soi-disant société de Trianon. Je ne pus m'empêcher de vous dire que, si vous vouliez vous assurer si ces bonnes gens vous étaient attachés vraiment ou s'ils n'aimaient qu'eux-mêmes, vous n'aviez qu'à leur refuser parfois leurs désirs, et vous verriez d'abord la valeur de leur attachement. Vous distingueriez ceux qui vraiment aimaient votre honneur et votre réputation ou seulement leur avantage, en mettant toutes les voiles dehors, incertains et même peu soigneux qu'ils étaient de savoir combien cela durerait, pourvu qu'ils accrochent pour eux-mêmes, leurs parents, amis et protégés, tout ce qu'ils pouvaient. Pardonnez-moi d'y revenir, mais rendez justice au sentiment bien pur qui me le fit dire alors et qui, toujours étant, me fait désirer votre bonheur et qu'on vous aime autant que vous êtes aimable et honnête. »

Toutefois Marie-Antoinette s'était trop engouée de son amie et de sa société pour entendre de si sages conseils. Il semble même que l'opposition qu'elle trouva contre ce penchant qu'elle avait pour ceux qui lui semblaient les plus dévoués n'ait eu d'autre résultat que de l'accroître. Le départ de son frère, qui la quitta le 5 août, ne lui causa pas moins de chagrin que la première fois.

« Madame Elisabeth, écrit la marquise de Bombelles, avait soupé la veille avec lui et toute la famille royale. La Reine se cachait sous son chapeau pour pleurer. »

Au moment où l'empereur est en France, la reine est dans le septième mois d'une seconde grossesse. Les visites du roi n'étaient donc pas inutiles. Elle accouche, le 22 octobre, d'un fils, cette fois. L'heureux événement, tant attendu par l'impératrice disparue, assure enfin à Marie-Antoinette la situation dans l'État dont Mercy rêvait pour elle depuis les premiers jours du règne. Des chants de joie s'élèvent de toutes parts pour célébrer la naissance du dauphin. L'abbé Delille, qui

met la dernière main au poème *des Jardins,* s'in-
terrompt pour faire chorus :

… Enfin la destinée
Joint au deuil du trépas les fruits de l'hyménée,
Et mêlant dans tes yeux les larmes et les ris
Quand tu perds une mère, elle te donne un fils.

L'abbé venait de se faire remarquer en faisant
connaître un usage, en Laponie, qui consistait à
planter un arbre en l'honneur d'un fils, d'un père
ou d'un ami, afin d'y attacher son souvenir. Aussi
poursuit-il :

J'irai dans Trianon : là pour unique hommage
Je consacre à ton fils des arbres de son âge
Un bosquet de son nom. Ce simple monument
Ces tiges, de tes bois le plus doux ornement,
Tes yeux les verront croître, et, croissant avec
elles,
Ton fils viendra chercher leurs ombres fraternelles.

Et pourtant l'enfant ne verrait jamais grandir
les arbres consacrés au souvenir de sa naissance.
Son deuil d'abord, sa grossesse ensuite avaient
obligé Marie-Antoinette à renoncer aux comédies
de société. Mais une fois délivrée, elle revint à
son goût pour le théâtre, dès l'hiver suivant.
La troupe de Trianon répéta pendant le carême
une pièce de Puis et Barré, *La Veillée villageoise*
ou le sabot perdu. Le chevalier de l'Isle, dans
une lettre au prince de Ligne, nous en donne la

distribution. « C'est la Reine qui joue Babet, elle joue d'ailleurs le personnage à ravir. Mme la comtesse Diane : la mère Thomas. Mmes de Guiche, de Polignac et Polastron : les jeunes filles. Le comte Esterhazy : le magister. Et toutes les vieilles sont jouées par le baron de Besenval, le comte de Coigny, etc. Le comte d'Artois serait un Colin aussi parfait qu'il est joli, si la voix était toujours l'organe fidèle de l'âme, car vous savez que l'âme du jeune comte n'est pas fausse. » Si bien que peu après il écrivait : « Je vous en prie mon prince, mon bon prince, n'allez pas "subrenauder" mon couplet en lui faisant l'honneur de le chanter vous-même. » On suppose donc qu'Artois, ainsi que sa sœur, Madame Elisabeth, chantaient faux. C'est ce que dit Angélique qui pourtant l'adore.

Le spectacle dut être retardé à cause d'une indisposition passagère de la reine. Mais, vite remise, elle joua ce rôle qui mettait le roi dans une position délicate, puisqu'il se trouvait spectateur des ébats amoureux de la jeune première jouée par Marie-Antoinette.

En voici l'argument : la mère Thomas, paysanne soupçonneuse, pour empêcher sa fille de courir le guilledou, met tous les soirs ses sabots en lieu sûr. Colin, dès le point du jour, vient rôder autour de la maison de son amoureuse, l'appelle, monte à un arbre et fait des efforts comiques pour embrasser sa belle, qui se prête complaisamment au manège. Une idée vient à Babet : mettre les sabots de sa mère pour pouvoir sortir. Elle ouvre la porte et les deux amants tombent dans les bras l'un de l'autre.

COLIN
Mais j'crois que j'l'aperçois
Embrassons-la vite en tapinois.

BABET
Dans l'plaisir ou qu'ton cœur s'épanche
C'n'est pas agi' d'eun' manière franche
Comment te pardonnai
De m'prendre ainsi c'que j't'allions donnai ?

Le magister, qui soupire aussi pour Babet, les fait fuir, et celle-ci, en courant, laisse échapper le sabot trop grand pour elle. L'amoureux éconduit remarque des traces de pas dans la neige qui blanchit le sol et découvre un sabot. Le soir le village est réuni chez le père Thomas pour la veillée. On joue à la main chaude, à colin-maillard. Soudain apparaît le magister avec le sabot à la main. Toutes les filles l'essayent. Il ne va à aucune. Babet, pour sauver sa mère à qui appartient le sabot, raconte son équipée du matin. On marie les amoureux à la barbe du magister.

La scène du baiser au début de la pièce, où la reine se faisait courtiser de tout près, ne laissait pas que d'être délicate, et la dignité du roi ne se trouvait épargnée que par le choix de son propre frère pour jouer le rôle de Colin.

Le roi hurlant de rire devant sa femme au parler paysan et aux pieds chaussés de sabots ne prenait ombrage de rien, lui, ce qui n'était pas le cas de tout le monde, loin de là. On ramenait la fiction à la réalité et déjà on divulguait partout que la reine était la maîtresse de son beau-frère.

212

24

VISITE DU TSARÉVITCH, FUTUR PAUL Ier

Le tsarévitch Paul Ier et son épouse Sophie Dorothée de Wurtemberg, qui veulent voyager incognito en France, se font appeler le comte et la comtesse du Nord. Le fils de Catherine II de Russie vient pour solliciter la neutralité bienveillante de Louis XVI dans le partage de l'Empire ottoman que projettent la Russie et l'Autriche. Joseph II a demandé à sa sœur de les recevoir avec attention, ce qui semble avoir le don de l'agacer. Elle écrit à Mercy en juin 1782 : « Vous savez d'abord que l'on donne demain *Castor* [l'opéra *Castor et Pollux* de Rameau], et le désir incroyable que ces Nord ont que j'aille au spectacle avec eux. Je me destine donc à y aller demain, mais comme je veux leur plaire, contenter leur petit orgueil sur cela et pourtant ne rien faire qui ne soit convenable pour moi, je ne sais où aller. Comme ils ne vont jamais dans notre loge, faut-il aller dans la leur ou les prier de passer dans la nôtre ? Je ne sais ce qui sera mieux… Je me remets absolument à votre décision et vous pourrez parler en mon nom à ces Russes. »

C'est toujours l'enfant gâtée qui parle. Pour se

consoler, elle décide de leur offrir à Trianon, le 6 juin, une fête semblable à celle qu'elle avait donnée, le 1er août de l'année précédente, au comte de Falkenstein. Elle fit jouer un opéra-comique, *Zémire et Azor*, et un ballet, *La Jeune Française au sérail*. On peignit un décor luxueux avec des lambris vert pâle et or, comme ceux des salons de Trianon, sur lesquels se détachaient des panneaux blancs ornés de fleurs et des pilastres de style composite, surmontés de chapiteaux et laqués de rouge. Marie-Antoinette fit distribuer aux invités les livrets de l'opéra et du ballet. On en fit douze exemplaires reliés en maroquin vert et bordés de grandes dentelles en or, aux armes de la reine et du comte et de la comtesse du Nord.

L'illumination des jardins qui suivit le spectacle fut plus brillante encore que les précédentes : on plaça des réverbères, soixante-dix éventails chargés de lampions, cent cinquante « transparents » figurant des buissons factices et des massifs de fleurs multicolores étaient disséminés et éclairés dans les bosquets. Des centaines de bouquets en pots avaient été ajoutés à la décoration du belvédère. Les salaires pour l'entretien des feux s'élevèrent à eux seuls à 1 294 livres, 9 sous, 9 deniers. On brûla à nouveau derrière le temple de l'Amour 4 925 fagots. Pour le concert donné dans le jardin, on adjoignit à l'orchestre du régiment des gardes françaises trente-quatre musiciens des gardes suisses qu'on fit venir de Courbevoie où ils avaient leur garnison.

La baronne d'Oberkirch, qui accompagnait la comtesse du Nord, a laissé sur cette fête quelques détails qui ne sont pas sans intérêt. La réputation de Mlle Bertin faisait des ravages au plus haut niveau. La comtesse du Nord n'avait pas manqué de se rendre dans son atelier dès son arrivée à Paris. La baronne parut à la soirée en grand habit avec une coiffure extravagante, chef-d'œuvre de la fameuse mademoiselle. « J'essayai, dit la baronne, pour la première fois, une chose fort à la mode mais assez gênante : des petites bouteilles plates et courbées selon la forme de la tête, conte-nant un peu d'eau pour y tremper la queue des fleurs naturelles et les conserver fraîches dans les cheveux. Cela ne réussissait pas toujours mais quand on en venait à bout, c'était charmant. Un printemps sur la tête au milieu de la neige poudrée produisait un effet sans pareil. La cour était radieuse. Mme la comtesse du Nord avait sur la tête un petit oiseau de pierreries qu'on ne pouvait fixer du regard tant il était brillant. Il se balançait grâce à un ressort, en battant des ailes au-dessus d'une rose, au moindre de ses mouvements. La reine le trouva si joli qu'elle en voulut un pareil. »

Il y eut ensuite un souper de trois tables de cent couverts. Les archives de Seine-et-Oise attestent même qu'il y eut cinq tables, dans un état qui est fait des « grands traitements, festins et spectacles » offerts au comte et à la comtesse du Nord. La table de la reine et de sa cour, quatre tables d'honneur, dont une dédiée aux « seigneurs russiens » ; plus quelques petites tables parti-culières. Mme de Polignac avait la sienne pour sa compagnie. On n'a pas idée du faste de ces festins royaux qui se renouvelèrent en particulier à l'occasion de la réception du comte de Haga, nom sous lequel voyageait le roi de Suède, deux ans plus tard. « J'eus l'honneur, continue la baronne, d'être placée près de Madame Elisabeth et je pus regarder tout à mon aise cette belle princesse. Elle était dans tout l'éclat de sa jeunesse et de sa beauté, et refusait cependant tous les partis les plus prestigieux pour demeurer au sein de sa famille. La reine me fit l'honneur de me parler plusieurs fois, en prenant part à ma conversation avec la princesse, dont elle saisissait des bribes au milieu de toutes les autres. »

Mais que devenait le roi dans tout cela ? Éclipsé complètement par la petite archiduchesse devenue reine de France, dont il n'était qu'un des invités à Trianon, le successeur de Louis XIV faisait si pauvre figure au royaume de son épouse que la baronne ne semble pas l'avoir aperçu : elle ne lui fait pas même l'aumône de le nommer. Il était là, sans doute, comme il était à la fête que les gardes du corps offrirent à la famille royale, le 30 janvier précédent, dans la salle de l'Opéra de Versailles. Mais on le voyait, emprunté et sans grâce, ne sachant que faire de sa personne, l'air ennuyé et triste, à côté de la reine dans tout l'éclat de sa beauté, à la démarche imposante et au port de tête majestueux, distribuant autour d'elle les sourires et les paroles affables.

La reine se mettait en danger par cette attitude impérieuse, mais elle ne s'en rendait pas suffisamment compte malgré les nombreux avertissements qu'elle avait reçus. Un premier incident fâcheux va être, au cours de cette fête, un préambule à la tragique affaire du collier qui déconsidérera la reine définitivement. Mme Campan le raconte ainsi dans ses Mémoires :

« Le cardinal de Rohan se permit très indiscrètement de s'introduire dans les jardins de Trianon à l'insu de la reine. Toujours traité par elle avec la plus grande froideur depuis son retour de Vienne – où il s'était conduit avec une scandaleuse légèreté et où Marie-Antoinette le soupçonnait d'avoir rapporté sur son compte des propos défavorables –, il n'avait pas osé s'adresser à la reine pour lui demander la permission de voir l'illumination des jardins. Mais il avait obtenu du concierge de Trianon, sans doute moyennant finances, la promesse de l'y faire entrer aussitôt que la reine serait repartie pour Versailles. Son Éminence s'était engagée à rester dans le logement de ce concierge jusqu'à ce que toutes les voitures fussent sorties du château. Il ne tint pas la parole qu'il avait donnée, et, tandis que le concierge était occupé aux fonctions de sa charge, à l'intérieur, le cardinal, qui avait gardé ses bas rouges, et seulement passé une redingote par-dessus son habit, descendit dans le jardin et se rangea, avec un air mystérieux, dans deux endroits successifs, pour voir défiler la famille royale et sa suite.

« Sa Majesté fut vivement offensée de cette hardiesse, et ordonna, le lendemain, le renvoi de son concierge. »

Chacun se scandalisa de la déloyauté du cardinal, qui avait déjà très mauvaise réputation, et s'affligea du sort du malheureux homme qui

217

perdait sa place. Les courtisans, bien ou mal intentionnés, obtinrent finalement son retour en grâce. Ce ne fut pas forcément une bonne chose car, une fois le concierge congédié avec éclat, l'humiliation qui en serait rejaillie sur le cardinal eût fait connaître publiquement les préventions de la reine contre lui. Cela aurait probablement empêché la honteuse et trop célèbre affaire du collier.

Imperturbable, Louis XVI continuait à consigner fidèlement dans son Journal le temps qu'il faisait : « Pendant ce séjour, écrit-il, il ne tomba pas une goutte d'eau. Du 8 au 10, temps couvert ; les 11 et 12, il y eut des nuages ; temps magnifique les 13, 14, 15 ; des nuages, les 16, 17, 18 ; temps serein, les 19 et 20. » Parlait-il de l'atmosphère de Trianon ou de l'état des cieux ? On ne saurait le dire. Mais son souci semble plus météorologique que politique ou amoureux.

Après le départ du comte et de la comtesse du Nord, Marie-Antoinette reprit ses habitudes à Trianon pendant le mois de juillet. Elle avait fait installer ses enfants et leur suite, dès le 21 juin, dans cinq maisons de bois amovibles, afin de les avoir auprès d'elle. Ils étaient accompagnés d'une suite nombreuse qui justifiait cette installation. Il y avait les gouvernantes, la princesse de Guéménée et la baronne de Mackau, la vicomtesse d'Aumale, la comtesse de Soucy ; les instituteurs, médecins, chirurgiens, nourrice. Et même la gouvernante de la nourrice et celle qu'on appelait la « remueuse » de la nourriture des enfants. Pour le dauphin, femmes de chambre, valets de chambre, garçons de chambre, portefaix. Pour Madame Royale, la même suite.

La présence de ses enfants transforma les habitudes de la reine. Tout entière absorbée par les plaisirs et les soins de la maternité, elle oublia ses divertissements favoris : de tout le reste de l'année, elle ne joua plus la comédie. Le boute-en-train des parties de la cour de Trianon, le comte d'Artois, était d'ailleurs absent, il était allé en Espagne assister au siège de Gibraltar, avec le comte de Vaudreuil. La reine passa presque tout l'été dans son château. Le Journal du roi ne mentionne ni fête ni spectacle. Il écrit : « Du 15 au 24, il fit beau ; un peu de pluie seulement le 18. Les journées du 16, du 20, du 21 et du 24 surtout furent magnifiques. » Sont-ce les jours où la reine l'accueillait auprès d'elle ?

Marie-Antoinette ne donna plus que des concerts : quatre grands et plusieurs petits. Un acteur de la Comédie-Française, Dazincourt, vint seulement jouer des proverbes et, après la représentation, on éclaira le temple de l'Amour, mais l'illumination fut brève : on ne brûla que deux cents fagots. Il y avait quelque chose de changé à Trianon. La reine avait une nouvelle passion : ses enfants.

25

QUELLE GOUVERNANTE
POUR LES ENFANTS DE FRANCE ?

La cour alla s'établir à La Muette le 9 septembre.
On y emmena Madame Royale pour la faire
vacciner. À l'époque on disait « inoculer ». On
laissa le dauphin à Trianon jusque dans les
premiers jours d'octobre. À ce moment survint
un scandale qui obligea la princesse de Guéménée
à se démettre de sa charge de gouvernante des
enfants de France. Son mari, qui menait une existence très dissipée, avait imaginé, pour satisfaire
ses créanciers, de leur donner, au lieu d'argent,
des contrats de revenus viagers. La princesse
exploita ce procédé ingénieux : gardant pour elle
les sommes d'argent que lui versait le Trésor de
l'État afin de faire face aux dépenses des enfants
royaux, elle payait les fournisseurs avec le fruit
de ces rentes. Les dettes des deux époux prirent
de telles proportions qu'ils furent déclarés en
faillite. Le total des sommes dues s'élevait à un
montant fabuleux : trente-trois millions de livres.
Le cardinal fanfaronna à un moment où il aurait
dû se taire : « Il n'y a qu'un roi ou un Rohan, dit-il

avec orgueil, qui puissent faire une pareille banqueroute ! »

On ne pouvait plus garder la princesse de Guéménée. Qui allait la remplacer dans ses fonctions de gouvernante des enfants royaux ? Évidemment, on parla tout de suite, à la cour comme dans l'opinion publique qui suivait toutes les péripéties de la famille royale au jour le jour, de Mme de Polignac. Celle-ci continuait, ainsi que tous ses proches, à être l'objet des faveurs les plus insignes. Les *Mémoires secrets* disent, à la date du 14 octobre : « La tendre amitié dont la reine honore Mme la duchesse de Polignac se porte jusque sur la fille de celle-ci, la duchesse de Guiche. Comme la jeune fille, âgée de quatorze ans et un mois, vient d'accoucher, Sa Majesté est restée chez elle jusque bien avant dans la nuit pour attendre que la jeune mère fût absolument délivrée, et, depuis ce temps, il n'est pas de jour que la Reine ne se donne la peine de venir voir l'accouchée. »

Dès 1780, Marie-Antoinette avait eu l'intention de donner la survivance de la charge de gouvernante à son amie. Mais la duchesse de Polignac avait persuadé la reine de l'horreur qu'elle nourrissait pour toute sorte de distinctions. Nous dirions plutôt pour une charge qu'elle jugeait trop envahissante par rapport à la vie mondaine qu'elle menait. Aussi Marie-Antoinette n'osait plus montrer qu'elle songeait à elle pour la succession de Mme de Guéménée. Ou du moins elle comprit qu'il lui fallait prouver à son amie que cette fonction ne pourrait que les rapprocher l'une de l'autre, sans pour autant lui être à charge.

De son côté, la duchesse continuait de jouer son rôle de modestie, et proclamait partout une répugnance invincible pour cette place. Obligée de soutenir le désintéressement dont elle se faisait une gloire, elle laissa ses amis la mettre en avant. Ce fut à Besenval qu'elle confia être « choquée de ce qu'il n'était pas venu dans la tête de la reine de la lui offrir spontanément ». Merveilleuse hypocrisie des courtisans ! Plus tard la duchesse de Polignac sera une des premières à s'exiler et à abandonner sa reine dans la tourmente révolutionnaire.

Le brave Besenval qui connaissait son monde et auquel les intrigues ne déplaisaient pas, feignant de croire aux sentiments de la duchesse, prit en main la négociation délicate entre les deux femmes et obtint le succès escompté.

Sur le même mode, quelques jours plus tard, Mme de Polignac écrivit à son sauveur : « La Reine m'a proposé d'accepter la charge de gouvernante des enfants de France, et elle y a mis tant de grâce, tant de marques d'amitié et de sensibilité que, quoique je pense toujours de même sur la chaîne que cela va me donner, je n'ai pas pu refuser. » On plaint la duchesse de se charger ainsi.

Jusque-là les enfants royaux avaient été logés, avec leur gouvernante, dans des hôtels parti- culiers éloignés de l'agitation de la cour. Par moments chez Mme de Marsan, au 18, rue du Grand-Montreuil, ou chez la princesse de Guéménée, au n° 25. C'est-à-dire tout près du

Trianon, quand ils n'y étaient pas à demeure dans les bâtiments de bois. Mais Marie-Antoinette avait confié cette charge à son amie pour la rapprocher d'elle et pour que tout ce qu'elle avait de plus cher au monde se rejoigne. Aussi les enfants furent d'abord installés momentanément au château de Versailles. Les langues s'aiguisèrent encore sur cette nouvelle situation et l'on entendit un peu partout des plaisanteries de plus ou moins bon goût, tel ce qu'on rapporte dans la correspondance du chevalier de l'Isle au prince de Ligne : « Madame de Polignac couchera-t-elle avec M. le dauphin ? » demande-t-il. À quoi, prenant le sujet très au sérieux, Ligne répond : « Non, il a été spécifié qu'elle couchera avec qui elle voudra. » Une porte vitrée lui permettra de suivre ce qui se passe chez l'enfant.

Au lendemain de la nomination de Mme de Polignac, Marie-Antoinette donna sans tarder des ordres pour que, dès le printemps suivant, des appartements soient préparés pour le dauphin et Madame Royale. Il n'était plus question de les loger où que ce soit, mais exclusivement au Petit Trianon même, afin de pouvoir les garder auprès d'elle en compagnie de son inséparable amie.

En même temps que ces travaux, on termina, au Petit Trianon, une nouvelle décoration que la reine commanda pour son jeu de bague. Dès 1781, on avait sur ses ordres creusé un souterrain qui menait directement du château au jeu de bague, par-dessous le perron de la façade nord-ouest. Cet aménagement, dont elle avait pris l'idée en visitant la redoute chinoise de Paris en août 1781, consistait en trois petits pavillons reliés entre eux par une galerie circulaire. Les toits de ces pavillons étaient en écailles de poissons, avec aux angles des dragons, des dauphins et des girouettes au sommet. De toutes parts, pendaient des guirlandes, des glands et des clochettes. Les couleurs les plus éclatantes, jaune, vert, azur, vermillon, relevées de traits blancs et noirs, brillaient sur les parois, sur les plafonds et les colonnettes. Tous les éléments en saillie étaient richement dorés. Le sculpteur Deschamp diminua les queues des paons qui étaient trop longues et posa de nouveaux porte-bagues. Le parasol qui dominait le manège fut peint en jaune vif. On replanta de nouvelles essences dans les bosquets alentour. Et surtout une centaine de petits arbres artificiels parfaitement imités de la nature.

Ce fut le dernier embellissement du jardin anglais. Il ne restait plus qu'à en user pour le plaisir. Mais rien n'est plus monotone que ce qui est terminé et la reine aimait se passionner pour un nouveau défi. On commençait d'ailleurs à se fatiguer des jardins à l'anglaise, de leurs bosquets compliqués, chargés de colonnes, de temples, de monuments de pierre et de marbre. On leur trouvait soudain trop d'architecture, d'apprêt, et l'on rêvait maintenant d'un genre plus simple, plus pastoral, plus rustique. Les paysanneries représentées les dernières années sur les scènes des théâtres avec succès avaient donné le goût des costumes, des mœurs et des coutumes villageoises. Rousseau était passé par là avec son *Contrat social* et son retour à la nature.

Déjà, le prince de Condé s'était fait bâtir un hameau dans un coin de son parc. La reine voulut aussi en avoir un à Trianon. Elle demanda à Mique d'en étudier le projet et s'y amusa pendant tout l'hiver 1782-1783.

26

UN HAMEAU COMME D'AUTRES
EN ONT DÉJÀ

On s'était peu soucié jusque-là du peuple de
France dans les arts et les lettres. On le trouvait
dans les fables de La Fontaine, les comédies de
Molière ou les romans de Le Sage. Dans certains
tableaux de Le Nain et Chardin. C'est avec Greuze
qu'on ne voit plus de bergères de convention,
mais de vrais villageois, chez qui il peint la
grandeur, la grâce, l'émotion. On imita partout
le comte Élie de Beaumont qui avait institué, en
1777, dans son domaine de Canon, la fête des
bonnes gens où étaient distribuées des médailles.
Cette fête fut placée sous le parrainage du comte
d'Artois. On la retrouve dans *Le Mariage de Figaro*
que Beaumarchais écrivit en 1782. Le comte Almaviva vit près de ses paysans : il se fait acclamer
par eux en supprimant le droit de cuissage hérité
des temps obscurs de la féodalité.

Duchesne, le botaniste des potagers de Louis XV,
décrit les bâtiments d'une ferme avec laiterie et
basse-cour « qui ramène au milieu du luxe, la vie
rustique de nos vertueux ancêtres ». Lorsqu'il

écrivait son *Traité sur la formation des jardins*, le prince de Condé, au même moment, venait de construire son hameau de Chantilly.

C'est un hameau composé de sept bâtiments ; quatre d'entre eux semblent une étable, une laiterie, un moulin, un cabaret et une grange, qui ont réellement la fonction de leur nom. Les autres sont de simples maisons de paysans. Mais l'une de ces maisons est un cabinet de lecture pourvu de grandes bibliothèques en bois travaillé, et l'autre, une superbe salle de billard. Tous ces bâtiments sont couverts de chaume mais leur intérieur présente un contraste frappant. Les rois, les princes qui se promènent à travers l'Europe sans suite et sans apparat, en logeant dans des hôtels garnis comme le faisait Joseph II, s'amusent à ce jeu, car ils savent qu'ils n'ont qu'un mot à dire pour que reparaissent la pompe et les honneurs. Ils recherchent le rêve, le merveilleux, pour se distraire de la fermentation des idées qui occupent les esprits, de la politique et des guerres qu'elle engendre. On dévore les contes de fées : contes de Perrault, d'Hamilton, contes arabes, contes persans. Le duc de Choiseul, à Chanteloup, y cherche une consolation à sa disgrâce. La duchesse, sa femme, écrit : « M. de Choiseul se fait lire des contes de fées toute la journée. C'est une lecture à laquelle nous nous sommes tous mis. Elle est aussi vraisemblable que notre histoire moderne. » Mme du Deffand en fournit sa bibliothèque. Quant à Marie-Antoinette, les contes de fées ne manquent pas dans sa bibliothèque de Trianon.

Les hameaux bâtis dans les parcs des grands seigneurs ménageaient aux visiteurs des surprises magiques. On s'amusait un instant à la vacherie ou au moulin, mais on n'entendait pas vivre soi-même en meunier ou en paysan. Quand on posait le pied sur le seuil d'une chaumière croulante, en ouvrant la porte, on se trouvait dans un palais enchanté. À Chaillot, chez le comte d'Harcourt, en entrant à l'intérieur d'une tente, on découvrait une multitude de trophées militaires. À Chantilly, les murs d'une grange délabrée, percés de lucarnes vieillottes garnies de plomb, dissimulaient un superbe salon avec colonnes corinthiennes rouges, cannelées d'argent, guirlandes de fleurs sculptées tout autour de la corniche, amours peints au plafond, glaces, candélabres, rideaux de taffetas roses avec glands d'argent. Deux cabinets jouxtent ce salon, un de lecture et un de trictrac. La baronne d'Oberkirch raconte que, après avoir soupé dans une sorte de serre où l'on s'asseyait sur des canapés de gazon ou sur des troncs d'arbres, on la conduisit au milieu des bois, dans un kiosque chinois surmonté d'une lanterne, où étaient cachés des musiciens qui donnaient un concert pour les invités.

C'est un hameau de ce genre que Marie-Antoinette veut avoir à Trianon et que Mique étudie pour elle. Les peintres Fréret et Châtelet peignent des croquis de paysages qu'on présente à la reine. Henry, sous les ordres de Mique, exécute des maquettes où l'on place même de minuscules instruments de labourage et de pêche. La reine s'amuse pour oublier ses malheurs. Elle déclenche aussi des passions. Un homme du nom de Castelnaux, ancien conseiller du parlement de Bordeaux, est tombé fou amoureux d'elle. Pendant dix ans, il suit la cour dans tous ses déplacements. Maigre, pâle comme les gens dont l'esprit est égaré, il promène une silhouette sinistre et tâche toujours de se planter face à la reine, au jeu, à la chapelle ou au spectacle. Il part toujours un jour avant la cour et, lorsque la reine arrive dans ses différentes résidences, la première personne qu'elle rencontre en descendant de voiture, c'est cette tête lugubre dont ne sort aucune parole. Mais le harcèlement atteint des sommets au Petit Trianon. Pendant les séjours de plus en plus fréquents et longs de la reine, la passion du malheureux se montre de plus en plus présente. Il mange à la hâte un morceau chez quelque garde et passe la journée entière, même sous la pluie, à faire le tour des jardins, ne quittant pas le bord des fossés. La reine le rencontre à tous les détours de chemin lorsqu'elle se promène avec ses enfants ou Madame Elisabeth. Cela devient gênant mais elle se refuse à employer la violence contre cet amoureux transi. Elle demanda donc à un célèbre avocat, M. de Sèze, d'avoir un entretien avec cet homme, M. de Castelnaux, afin de le faire revenir à plus de discrétion. L'avocat parla si bien et fit une telle impression sur l'esprit du fou que celui-ci admit qu'il allait se retirer dans sa province puisque sa présence était si importune à la reine. Marie-Antoinette fut réellement soulagée et remercia chaleureusement l'avocat d'avoir si bien rempli sa mission. Une demi-heure après que l'avocat fût parti, on annonça le retour de Castel-naux. Il venait avouer qu'il s'était rétracté et qu'il ne pouvait, par le seul effort de sa volonté, cesser de voir la reine aussi souvent que cela lui était possible. Celle-ci en conçut quelque ombrage au moment où on lui apprit la nouvelle, mais aussitôt, n'écoutant que sa générosité naturelle, elle dit : « Eh bien, qu'il m'ennuie ! Mais qu'on ne lui ravisse pas le bonheur de circuler librement. » À l'arres-tation du roi et de la reine, à Varennes, il tenta de se laisser mourir de faim ; on le sauva *in extremis,* en le trouvant inanimé sur le sol de sa chambre.

Quant à Madame Elisabeth, à cette époque, sans doute déçue de l'attitude des courtisans, et malgré son attachement à la reine, voilà qu'elle s'était mis en tête d'entrer au couvent, sans doute impressionnée par l'exemple de sa tante Louise. Le roi s'y opposait, déclarant que sa sœur, avant de prendre une décision si grave, devait avoir atteint l'âge de vingt-cinq ans et que « alors même, il délibérerait s'il était de la sagesse d'y consentir ». Devant cette opposition, Madame Elisabeth aurait résolu de quitter furtivement la cour pour se réfu-gier chez les carmélites de Saint-Denis. Or la reine, instruite du jour fixé pour la fuite, invita adroi-tement sa belle-sœur à Trianon, en lui montrant que ce jour elle avait besoin d'elle, et la garda auprès de ses enfants jusqu'à ce qu'on eût décou-vert le montage de cette pieuse intrigue et ceux qui en étaient les agents. Le comte d'Hézecques écrit dans ses *Souvenirs :* « À mon arrivée à la cour, on ne parlait que du désir de Madame Elisa-beth d'entrer au couvent et de prendre le voile à

Saint-Cyr. Le roi n'y voulut jamais consentir. » Il faut dire que la sœur du roi avait fait toutes ses études chez les dames de Saint-Cyr et ne cessait de les visiter, leur gardant une immense affection qu'elles lui rendaient bien. Chacune de ses visites était acclamée comme un événement heureux. Accueil auquel elle était très sensible.

Dès les premiers jours du printemps, Marie-Antoinette venait s'installer à Trianon, qui, grâce aux soins d'Antoine Richard, prenait un tour délicieux à ce moment de l'année. Le père, Claude Richard, avait pris sa retraite, et le fils Antoine dirigeait seul les jardins depuis 1782. Si la reine n'avait pas désiré garder les jardins botaniques de Bernard de Jussieu, il ne fut pas moins difficile de l'intéresser aux plantes d'ornementation. En revanche, lorsqu'un *Robinia* fleurit dans les serres de Trianon, elle demanda à Mme Regnault, auteur de la *Botanique mise à la portée de tous*, de le peindre et de le graver. Elle reçut de son frère l'empereur d'énormes caisses de fleurs à planter, et Richard obtint d'elle la construction de nouvelles serres autour du bassin du Trèfle. Peu à peu l'horticulture reprit à Trianon la place qu'elle y tenait au temps de Louis XV.

27

JARDINAGE ET THÉÂTRE À TRIANON

En 1783 les serres ne contenaient pas moins de deux mille trois cent cinquante arbustes à fleurs. Sans parler des huit mille pots et d'un grand nombre d'arbres fruitiers parmi lesquels on comptait trois cent soixante-dix pêchers. Dans le jardin de fleurs, Richard avait planté de précieuses collections qui réunissaient des espèces rares. La mode était aux tulipes, aux iris de Perse et aux jacinthes. On les plantait par coloris : rouge, blanc, bleu, jaune, porcelaine, agate. Il y avait cent dix variétés de fleurs aux noms dont la fantaisie le dispute à ceux que l'on peut donner aux variétés d'aujourd'hui : il y avait la belle galathée, la chartreuse, la grand-vizir, la rose sublime, le hacha de Bulgarie, le grand-mogol, proserpine, absalon, le passe-joab, la grandeur terrestre, le mont Vésuve, le gouverneur général, le commis des finances, etc. Les roses surtout étaient en honneur à Trianon. Les orangers n'étaient pas oubliés. La récolte de leurs fleurs était estimée, pour les années médiocres, à vingt ou trente livres ; pour les moyennes, de trente à soixante ; pour les bonnes années, de soixante à cent livres. La reine en faisait, chaque année, cadeau au roi, à ses tantes, à la surintendante de sa maison, à sa dame d'honneur, aux premières femmes de chambre, au directeur général des Bâtiments et à quelques autres fonctionnaires. Le projet floral fut d'abord assez mal accueilli par le roi, qui y voyait de nouvelles dépenses. Thierry, son premier valet de chambre, répondit en son nom, à Mique : « Sa Majesté m'ordonne de vous mander que vous ne risquez rien de rabattre beaucoup sur les onze cent soixante-quinze arbustes que le sieur Richard vous demande : c'est sa propre expression. » Il ne risquait rien sauf la colère de la reine. Mais la faiblesse de Louis XVI à l'encontre de sa femme étant connue, on put sans craindre de se tromper supposer que ce refus ne serait pas définitif et que, si la reine insistait, comme ce fut le cas, le château ne tarderait pas à se revêtir de la parure florale qu'exigeait la souveraine.

Pendant les mois d'avril et de mai, Marie-Antoinette et sa compagnie s'absorbèrent dans la préparation d'un spectacle prévu à Trianon. D'après le chevalier de l'Isle, les pièces mises en répétition étaient *Les Sabots, Les Deux Chasseurs et la Laitière* et *Isabelle et Gertrude*. Trois opéras-comiques pour une représentation. La reine, pour ces pièces, surveilla elle-même la fabrication des accessoires. Le mémoire du décorateur Mazières dit « avoir peint pour la pièce des *Sabots,* jouée par les seigneurs à Trianon, un grand tertre de gazon orné de fleurs, en bas d'un cerisier. Un cerisier avec ses branches garnies de cerises. Un lit de gazon fleuri. Un autre arbre ordonné par la

Reine, le premier n'étant ni assez gros, ni assez grand. Des marches de gazon fleuri pour monter à l'arbre ». Le tapissier, lui, demanda une demi-aune de satin pour faire les cerises, trois journées de petites mains pour les coudre et le coton pour les remplir.

C'est encore une histoire d'amour et de sabot, avec la reine dans le rôle de Babet.

Babet vient s'asseoir, pour prendre son goûter, sur le lit de gazon fleuri peint par Mazières. Elle n'a que du pain sec à manger. Au-dessus de sa tête pendent les cerises en satin bourré de coton. C'est bien tentant. Mais elles appartiennent à Lucas, un vieux bonhomme amoureux d'elle. Elle ne peut donc y toucher. Pourtant la gourmandise l'emporte. Elle ôte son chapeau, son corsage, son tablier, ses sabots et monte à l'arbre. Lucas, qui était caché derrière, paraît tout à coup et la surprend. Il ne dira rien si elle lui donne un baiser ou au moins une promesse. Babet refuse, et, pour se venger, il prend ses sabots et les emporte. Arrive alors Colin qu'elle aime : elle partage avec lui les cerises volées. Il lui prête ses sabots pour rentrer chez elle, et on les marie, naturellement. Lucas *se* console en épousant la mère de Babet.

Les Deux Chasseurs et la Laitière s'inspire de deux fables de La Fontaine : *La Laitière et le Pot au lait* et *L'Ours et les Deux Compagnons*.

La reine, déguisée en Perrette, passe en chantant :

Voilà, voilà la petite laitière
Qui veut acheter de son lait ?

Devant Guillot qui guette un ours. Un moment

235

après, elle rentre pour pleurer son pot cassé, tandis que Guillot a fui devant l'ours. Ils se moquent l'un de l'autre de leur mésaventure. Le comédien Fleury, dans ses *Mémoires,* dit qu'il y eut un grand concours parmi les courtisans pour savoir qui jouerait le rôle de l'ours. La comtesse d'Adhémar et le coiffeur Léonard en parlent également dans leur ouvrage. Que de graves soucis dans cette société inconsciente des réalités politiques !

Les pièces furent représentées le 6 juin 1783, après avoir été répétées quatre fois, les 24 et 28 mai, puis les 4 et 6 juin. Le chevalier de l'Isle écrit au prince de Ligne : « Tout le monde se porte bien ici, hormis la Reine, à cause d'une foulure qu'elle s'est faite au pied et dont les suites la retiennent sur une chaise longue depuis mercredi. Ce léger accident, qui a eu lieu au cours d'une répétition, a retardé la représentation fixée d'abord à vendredi et remise à mercredi prochain, à Trianon… Vous imaginez les acteurs sans que je vous les nomme. N'y placez pas pourtant le duc de Polignac, Mme de Chalons, la comtesse d'Andlaw, ni la marquise de Coigny, qui ne sont pas encore revenus d'Angleterre. » Toute cette « bande », comme la nomme le chevalier, était allée installer le comte d'Adhémar à son nouveau poste d'ambassadeur à Londres. Il devait sa nomination à l'influence de la duchesse de Polignac, et, pour l'en remercier, avait installé son portrait en bonne place dans le salon de l'ambassade. Une députation de la fameuse société devait rentrer en France d'un jour à l'autre après être restée neuf jours auprès du comte. « Ce qui fait, ironise le chevalier, qu'ils auront eu neuf jours pour connaître à fond, le sol, le climat, le gouvernement, les mœurs, les ressources, les monuments et les personnages célèbres d'Angleterre. Notre ambassadeur, arrivé une demi-heure avant eux, aura dû leur être bien secourable ! »

À la suite de la guerre entre la France et l'Angleterre, les préliminaires de paix avaient été arrêtés le 20 janvier 1783, et les deux gouvernements échangeaient des chargés de pouvoir pour préparer le traité définitif. La Grande-Bretagne envoya de son côté le duc de Manchester. La duchesse, sa femme, fut solennellement présentée à Versailles, le 22 juillet. Conduite à la salle des Ambassadeurs dans le carrosse de la reine par M. de Tolosan, elle fut ensuite reçue chez le marquis de Talaru, premier maître d'hôtel, où l'on dressa deux tables de quarante couverts chacune, dont la princesse de Chimay faisait les honneurs. Le succès de l'ambassadrice d'Angleterre fut total à la cour. Le *Mercure de France* note : « Le roi, la reine et les princes s'empressent également à lui faire accueil. Sans être jeune ni jolie, la duchesse a un éclat et surtout une dignité de maintien et des grâces rares parmi nos femmes de la cour elles-mêmes, qui ont tant de prétention. Elle pourrait bien influer sur cette opération tant contrariée de la signature du traité. »

Le 9 août, la reine la reçut à Trianon et lui offrit une fête nocturne en tous points semblable à celles de 1781 et de 1782. Le nombre des fagots brûlés pour l'illumination augmenta encore ce soir-là : on en usa 5 500. Le roi n'assista pas aux réjouissances. Pour ne pas donner à cette réception une signification politique trop prononcée, la réconciliation entre les deux nations n'étant pas encore officielle. Le traité de Versailles fut signé le 3 septembre 1783 et ne fut proclamé à Paris que le 25 novembre.

Ce séjour fut le seul que Marie-Antoinette fit à Trianon pendant l'année 1783. Le jardin était toujours livré aux terrassiers, maçons, charpentiers qui construisaient le hameau. Elle les visitait très souvent accompagnée de *ses* amies et de ses enfants. Le dauphin, aux bras de sa nourrice. Geneviève Barbier, dite femme Poitrine, était une figure originale dont les allures rustiques tranchaient sur l'obséquiosité des courtisans. La marquise de Bombelles écrit à son mari, toujours en poste à Ratisbonne, en Allemagne : « Elle est bien nommée car elle a une poitrine énorme. D'après les médecins, son lait est excellent. C'est une franche paysanne, femme d'un jardinier de Sceaux. Elle a le ton d'un grenadier, jure avec une grande facilité, ne s'étonne et ne s'émeut de rien. Les dentelles, le linge qu'on lui a donnés ne l'ont pas surprise : elle a trouvé cela tout simple, et a seulement demandé qu'on ne lui fît pas mettre de poudre, parce qu'elle ne s'en était jamais servie. Elle voulait mettre son bonnet de six cents livres sur ses cheveux comme ses autres cornettes. Son ton amuse tout le monde, elle dit parfois des choses fort plaisantes. »

Dame Poitrine a trente-trois ans en 1783. Cette année-là, elle accompagne le dauphin à Trianon pour la dernière fois. Elle prend sa retraite avec une pension de 6 000 livres, réversible sur la tête de ses deux filles et de son fils.

Au hameau, on creuse un lac entouré de plusieurs maisons paysannes. Le roi a donné un terrain entre l'allée de Saint-Antoine, l'allée du Rendez-Vous et le bois des Onze-Arpents. On l'entoura d'un fossé. Les maisons furent édifiées durant l'été de 1783. Elles forment deux groupes de chaque côté de la rivière. D'une part, un moulin, un boudoir et un grand manoir qu'on appela maison de la reine avec les bâtiments de service situés derrière. D'autre part, les maisons pour le garde et le jardinier, une grange, un poulailler et une tour avec des dépendances contenant une laiterie et une pêcherie. Un peu à l'écart, près du bois des Onze-Arpents, on bâtit une ferme. Les peintres Tolède et Dardignac revêtirent les murs des maisons d'une décoration imitant la vieille brique, la pierre effritée et le bois vermoulu, avec des lézardes et des crépis écroulés. On voulut même sur la hauteur placer l'inévitable ruine de M. de Caraman, mais le projet ne dépassa pas l'état de maquette.

À la tour, on donna le nom qui lui resta de tour de Marlborough. Tout était « à la Marlborough ». Beaumarchais avait rajeuni, dans *Le Mariage de Figaro,* une vieille complainte composée en 1722, à la mort du fameux général anglais. Il avait lu sa pièce au comte et à la comtesse du Nord, en 1782, mais la représentation en était interdite par le roi. Pour alerter le public, l'auteur mit en circulation la chanson du page, qui fut bientôt sur toutes les lèvres. Personne à la cour ne s'aventurait à fredonner cet air, puisqu'il était interdit. Les paroles disaient : « Marlborough s'en va-t-en guerre, mironton, mironton, mirontaine, Marlborough s'en va-t-en guerre, ne sait quand reviendra. » Dame Poitrine, seule, l'avait apprise dans son village, et un jour qu'elle la chantait la reine s'en amusa, voulut l'apprendre et les courtisans singèrent leur reine. Tout le monde la répéta bientôt et la chanson originale devint à la mode. Audinot la traduisit en pantomime. Nicolet la joua sur son théâtre. Au carnaval, on en fit une mascarade. La duchesse de Marlborough se fit envoyer en Angleterre tous les costumes, chansons, farces, quolibets, calembours auxquels cet engouement donna lieu. Il y eut des rubans, des coiffures, des gilets et surtout des chapeaux « à la Marlborough ». Voici comment on vit au Petit Trianon une tour de Marlborough.

Au mois d'octobre, le comte d'Adhémar envoya à la reine, pour le hameau de Trianon, un jardinier anglais, John Eggleton, « homme de talent, ayant quelque soupçon de goût pour la façon des jardins ». Mais sa réputation de libertinage le desservit et on le renvoya en 1784 avec une gratification de 600 livres.

Pendant l'hiver, les travaux de terrassement étant terminés, Antoine Richard planta la partie du parc qui entoure le hameau. On y mit 48 621 pieds d'arbres de la pépinière de la Rochette. Des trouées, percées avec art, reliaient le jardin au petit village de Saint-Antoine-du-Buisson, où les bouquets d'arbres servant de remises au gibier formaient des perspectives lointaines. Richard, botaniste érudit en arboriculture, a laissé un remarquable travail sur les arbres et arbrisseaux existant en France et capables de supporter l'hiver. On y voit les arbres, par rang de taille, de face et de profil, ainsi que les grimpants qui garnissent les murailles et les tonnelles. Au commencement de 1784, on couvrait les maisons de Trianon et on creusait le lac.

28

LES PORTRAITS DE MME VIGÉE-LEBRUN

Au salon de 1783 fut exposé un portrait de Marie-Antoinette, peint par Mme Vigée-Lebrun. Elle venait d'être reçue à l'Académie grâce à l'influence du comte de Vaudreuil et de la société Polignac dont elle était le peintre attitré. Elle avait peint huit portraits de la duchesse de Polignac, quatre de la duchesse de Guiche, un du duc de Polignac et un de son père, le vicomte, six du comte de Vaudreuil. Son salon réunissait la plus brillante société. Les Polignac et Vaudreuil s'y amusaient mieux qu'à Versailles. Ils y rencontraient des ministres du gouvernement. C'est à ces brillantes relations que Mme Vigée-Lebrun dut d'être nommée peintre de la reine. Elle la représenta coiffée d'un chapeau de paille et vêtue d'une de ces robes légères devenues à la mode récemment. M. de Kageneck écrit : « Parées de chapeaux de paille unis, comme de simples bergères, la reine, la comtesse d'Artois et la comtesse Jules de Polignac passent les meilleurs moments de la journée en promenades champêtres dans les bois et les jardins. » La chemise, ou gaulle, qu'elles portent, est une robe blanche, longue, sans aucun ornement. Le compte rendu du salon rapporte que « la reine a cet air leste et délibéré, cette aisance qu'elle préfère à la gêne de la représentation et qui, chez elle, ne fait point tort à la noblesse de son rôle. Quelques critiques lui trouvent le cou trop élancé : ce sera une petite faute du dessin. Du reste, elle a beaucoup de fraîcheur dans la figure, d'élégance dans le maintien, et ce naturel dans l'attitude qui fait aimer le portrait ».

Cette robe blanche sera désormais le costume ordinaire de la reine à Trianon. Ainsi Mme Campan nous la dépeint « vêtue en blanc avec un simple chapeau de paille, une légère badine à la main, marchant à pied suivie d'un seul valet, dans les allées du Petit Trianon ».

L'usage des vêtements blancs d'été venait des colonies. L'année précédente une flotte de cent voiliers, qui avaient échappé aux croiseurs anglais, avait débarqué en France avec des femmes de Saint-Domingue portant un linge éclatant. La reine, voyant leur tenue, trouva qu'elle convenait très bien à la saison d'été, et l'adopta. Ce fut un changement complet dans sa toilette qui, d'une magnificence excessive, passa soudain à la plus extrême simplicité. L'opinion publique, qui avait murmuré contre les plumes, les diamants, les brocards et les atours coûteux, n'accueillit pas mieux la mousseline et la batiste. Elle trouva indécent que la reine s'habille « comme une femme de chambre ». L'abandon des robes de soie, disait-on, ruinerait les ateliers de Lyon.

Le tableau de Mme Vigée-Lebrun fut l'objet

d'attaques si vives qu'on dut le retirer du salon. La dame en fut très affectée autant pour elle-même que pour son illustre modèle. Les deux femmes s'étaient prises d'affection l'une pour l'autre. Mme Vigée-Lebrun raconte dans ses *Mémoires* : « C'est en 1779 que j'ai fait pour la première fois le portrait de la reine alors dans tout l'éclat de sa jeunesse et de sa beauté... Ses bras étaient superbes, ses mains, petites, parfaites de forme, et ses pieds, charmants. Elle était la femme de France qui marchait le mieux, portant la tête fort élevée, avec une majesté qui faisait reconnaître la souveraine au milieu de sa cour, sans pourtant que cette majesté nuisît en rien à tout ce que son aspect avait de doux et de bien-veillant... Elle tenait de sa famille cet ovale long et étroit... Ses yeux étaient presque bleus, son regard était spirituel et doux, son nez fin et joli et sa bouche pas trop grande, quoique les lèvres fussent un peu fortes. Le plus remarquable dans son visage était l'éclat de son teint. Je n'en ai jamais vu d'aussi brillant et brillant est le mot. Car sa peau était si transparente qu'elle ne prenait point d'ombre. Aussi ne pouvais-je en rendre l'effet à mon gré. Les couleurs me manquaient pour peindre cette fraîcheur, ces tons si fins qui n'appartenaient qu'à cette charmante figure et que je n'ai retrouvés chez aucune autre femme. »

Marie-Antoinette accueillait ses visiteurs avec une grâce qui les marquait à jamais. Mme Vigée-Lebrun cite une anecdote où la gentillesse dont faisait preuve la reine ressort nettement. Un jour, tandis qu'elle était enceinte, elle manqua au rendez-vous qui lui avait été donné pour une séance de pose. Le lendemain elle alla s'excuser de n'être point venue. Elle se présenta à l'huissier de la Chambre, M. Campan, et lui demanda à parler à la reine. Celui-ci la reçut avec un air froid et lui dit : « C'était hier, madame, que la reine vous attendait. Aujourd'hui, elle va promener, vous avez dû voir sa voiture qui est prête, et certes, elle ne s'amusera pas à vous recevoir. »

Mme Lebrun insista, disant qu'elle voulait seulement prendre les ordres de la reine, et qu'elle se retirerait aussitôt. Tout émue et pensant que la reine était fâchée contre elle, elle fut admise à entrer. Marie-Antoinette était dans son cabinet, achevant sa toilette et faisant répéter, un livre à la main, une leçon à Madame Royale : « Le cœur me battait car j'avais d'autant plus peur que j'étais dans mon tort. La reine se tourna vers moi et me dit avec douceur : – Je vous ai attendue hier toute la matinée, que vous est-il donc arrivé ? – Hélas, madame, répondis-je, j'étais si souffrante que je n'ai pu me rendre aux ordres de Votre Majesté. Je viens aujourd'hui pour les recevoir et je repars à l'instant. – Non, non, ne partez pas, reprit la reine. Je ne veux pas que vous ayez fait cette course inutilement. Elle décommanda sa calèche et me donna une séance de pose. »

« Je me souviens, continue Mme Vigée-Lebrun, que, dans l'empressement où j'étais de répondre à cette bonté, je saisis ma boîte à couleurs avec tant de vivacité qu'elle se renversa. Mes brosses, mes pinceaux, mes pastels, tombèrent sur le parquet. Je me baissai pour réparer ma maladresse :

– Laissez, laissez, dit la reine, vous êtes trop avancée dans votre grossesse pour vous baisser. Et, quoi que je puisse dire, elle ramassa tout elle-même. »

La nouvelle tenue à la mode que l'on voit sur les tableaux de Mme Vigée-Lebrun se retrouvera dans l'affaire du collier. La demoiselle d'Oliva, déguisée en Marie-Antoinette, dira : « Je dus mettre une robe blanche de linon moucheté avec un dessous rose, c'était, autant que je m'en souvienne, une robe à l'enfant ou gaulle, qu'on désignait plus souvent sous le nom de chemise. »

Ce vêtement de « simple particulière », comme le nomme le comte de Vaublanc, marque le moment où la reine, exemptée des remontrances de sa mère, confirmée dans son rôle de souve-raine par la naissance du dauphin, s'est débar-rassée de toutes les entraves, et vit enfin à sa guise. Elle a renoncé aux dissipations bruyantes, aux folles sorties, et se pique aujourd'hui de vie intime et de mœurs simples. Au sein, bien sûr, d'un luxe qui ne se dément pas.

Grâce à Rousseau et à son *Émile*, l'éducation des enfants est devenue à la mode. La reine veut élever elle-même sa fille. On la lui amène tous les matins à dix heures, et on lui donne ses leçons devant elle jusqu'à midi. Elle est très sévère et ne lui passe rien. L'étiquette est complètement abolie, au grand scandale des survivants de l'an-cienne cour. Ceux que Marie-Antoinette appelait les « siècles ».

Le marquis de Mirabeau déplore les nouvelles habitudes de la reine. « Louis XIV serait un peu étonné, écrit-il, s'il voyait la femme du roi de France, en habit de paysanne et tablier, sans suite ni page, courant les palais et les terrasses, demandant au premier polisson venu de lui donner une main que celui-ci ne lui prête que jusqu'au bas de l'escalier. »

Le peuple qui venait à Versailles pour rendre un culte à la majesté royale se trouvait tout décontenancé de trouver le temple du pouvoir privé de sa pompe et de ses dieux. On voit passer la reine en déshabillé blanc, les cheveux en désordre, portant sur le bras une cape de taffetas noire dont le bord traîne par terre, se pressant au bras de M. de Vaudreuil, lui-même en frac écarlate, une houssine à la main, la chevelure roulée et retenue par un peigne. Jamais on ne pourrait ôter de l'idée des malveillants que la reine ne fût la maîtresse de ce cavalier qui se montrait si familier avec elle.

En 1780, déjà, Mercy, inspiré par l'impératrice d'Autriche, craignait que « le défaut d'occasions de faire sa cour n'en diminuât à la longue l'habitude et le désir ». Il en avait eu cette année-là un indice le jour de la fête du roi où il ne s'était pas trouvé à Versailles la moitié du monde que l'on y voyait les années précédentes. Et le duc de Lévis de renchérir : « Bientôt le rang, les services, la haute naissance ne furent plus des titres pour être admis dans l'intimité de la famille royale... Excepté quelques favoris que le caprice ou l'intrigue désigna, tout le monde fut exclu. Le dimanche seulement, les personnes présentées pouvaient, quelques instants, voir les princes.

Mais elles se dégoûtèrent, pour la plupart, de cette inutile corvée dont on ne leur savait aucun gré. Elles reconnurent à leur tour qu'il y avait de la duperie à venir de si loin pour n'être pas mieux accueillies et s'en dispensèrent... Versailles, ce théâtre de la puissance du pouvoir, sous Louis XIV, où l'on venait avec tant d'empressement de toute l'Europe prendre des leçons de bon goût et de politesse, ne fut plus qu'une petite ville de province où l'on n'allait qu'avec répugnance, et dont on s'enfuyait le plus vite possible. »

Après son dîner de midi, le roi, pour se distraire, montait dans les combles du palais, et de là, avec une lorgnette, il épiait les rares carrosses qui faisaient encore leur apparition dans l'immensité vide de l'avenue de Paris.

Toute la semaine Marie-Antoinette menait la vie de château chez la duchesse de Polignac. Elle entrait chez son amie, en disant avec un soupir de soulagement : « Maintenant je ne suis plus la reine, je suis moi. » Dans une grande salle de bois, construite face à l'orangerie, on jouait aux cartes, au billard, on faisait de la musique, on causait. La duchesse donnait des soupers, des concerts, des bals, des spectacles, auxquels assistaient la reine et parfois le roi. Il faut préciser que la plus grande partie des sommes considérables reçues par les Polignac était employée aux dépenses de ce train de fêtes. Mais les maisons du roi et de la reine payaient aussi une partie des frais.

En 1782, le duc de Polignac préféra échanger la propriété qu'il avait reçue, en Lorraine, contre sa valeur en argent. On la reprit avec une ordonnance au porteur de 1 200 000 livres. En plus des gratifications annuelles que recevaient les Polignac, la reine fit ajouter, en 1783, une pension viagère de 80 000 livres sur la tête du duc et de la duchesse après lui. Puis la société des Polignac, profitant de la démission de Necker, imposa Calonne au roi, comme ministre des Finances. Tout cela passait bien sûr par Marie-Antoinette. Ceux-là savaient qu'avoir le contrôleur général sous la main, c'était tenir les clefs de la caisse.

Au même moment Vaudreuil arrachait l'autorisation de représenter *Le Mariage de Figaro,* pièce dont Louis XVI se méfiait, en disant : « Si on la jouait, il faudrait démolir la Bastille »... Encore une fois c'est par Marie-Antoinette qu'on avait obtenu cette autorisation. Elle se dispensa d'ailleurs d'assister à cette représentation qui déplaisait au roi. Le comte d'Artois y alla. Et la duchesse de Polignac sollicita le droit de quitter le dauphin pour ne pas la manquer. Ce fut peut-être Marie-Antoinette qui garda l'enfant...

C'est ainsi que le salon de Mme de Polignac, à Versailles, et le château de la reine, à Trianon, étaient les deux seuls points demeurés scintillants dans ce crépuscule de la splendeur royale. Le corps de l'Ancien Régime se lézardait par tous ses membres et la reine elle-même y prêtait la main insensiblement.

29

GUSTAVE III AU PETIT TRIANON

En juin 1784, le roi de Suède venait pour la seconde fois visiter la France, sous le nom de comte de Haga. Au début Marie-Antoinette reçut Gustave III avec beaucoup de froideur. Mais très vite elle s'aperçut que deux de leurs passions allaient les rapprocher : le théâtre et le jardinage. À peine arrivé, le roi échangea avec la reine des plans et des vues des paysages de Drottningholm et du Petit Trianon. Quant à la passion du spectacle, Gustave III l'emportait carrément sur Marie-Antoinette. Il composait lui-même des pièces de théâtre et, pour les jouer, faisait monter avec lui sur les planches des jeunes filles de haute naissance, des parents et des vieillards, sans distinction de talent. Il dirigeait en personne les acteurs, donnait des leçons de déclamation, écrivait de sa main les billets d'invitation, et allait jusqu'à employer sur scène les diamants de la Couronne. Il recevait les ambassadeurs dans sa loge à l'Opéra. Aussi la glace du premier accueil ne tarda-t-elle pas à fondre.

Le 21 juin, la fête de Trianon dépassa en splendeur tout ce que l'on avait vu jusque-là. On ne

peut que s'effacer devant le compte rendu qu'en
fit Gustave III lui-même à son frère, dans un français mâtiné de langue ancienne au charme désuet,
mais d'une orthographe pleine de fantaisie que
nous ne reproduirons pas pour la clarté du texte :
« La reine a été délicieuse. On a joué sur le petit
théâtre *Le Dormeur réveillé* de M. de Marmontel,
sur une musique de Piccinni, avec tout l'appareil
des ballets de l'Opéra, réunis à la Comédie-
Italienne. La beauté des diamants clôtura le spectacle. On soupa dans les pavillons du jardin, et
après souper le jardin anglais fut illuminé : ce fut
un enchantement parfait. La reine avait permis de
se promener aux personnes honnêtes qui n'étaient
pas du souper, et on avait prévenu qu'il fallait être
habillé en blanc, ce qui donnait l'impression d'être
dans les Champs-Élysées. La Reine ne voulut pas
se mettre à table, mais fit les honneurs comme
l'aurait pu faire la maîtresse de maison la plus
diligente. Elle parla à tous les Suédois et s'occupa
d'eux avec un soin et une attention extrêmes.
Toute la famille royale y était. Les charges de la
cour, leurs femmes, les capitaines des gardes du
corps et des autres troupes de la maison du Roi,
les ministres et l'ambassadeur de Suède, le baron
de Staël. La princesse de Lamballe fut la seule
princesse du sang qui était présente. La Reine
avait exclu tous les princes qui avaient mécon-
tenté le Roi pour une sombre histoire de loges au
grand spectacle de Versailles. »

Gustave III ne nomme pas Axel de Fersen qui
était là bien sûr ; expliquant peut-être que la reine
se déplaçât, son rang lui interdisant d'être assise

252

ailleurs qu'auprès du roi de Suède. Or nous verrons qu'elle avait quelque raison de se rapprocher de celui qu'elle avait récemment retrouvé avec un regain de passion foudroyant.

Ce soir-là la troupe italienne joua *Le Dormeur réveillé* dont le sujet tiré des *Mille et Une Nuits* se prêtait aux plus merveilleux effets de scène. Hassan, homme simple, devient calife, puis retourne à son premier état, pour remonter ensuite sur le trône, auquel il préfère enfin une jeune esclave dont il est fou amoureux.

Un exemplaire de la pièce en maroquin vert avec dorures, frappé aux armes de la Suède, fut remis à Gustave III, neuf autres en maroquin rouge avec dentelles en argent, frappé aux armes de la reine, furent destinés à la famille royale, et deux cents, brochés, furent distribués aux spectateurs.

Le souper fut une débauche de plats en tout genre à donner le vertige, avec cent quatre-vingts plats de boucherie, volailles et gibier. Il y avait la grande table d'honneur où furent servis huit potages, huit plats d'œufs frais, huit terrines, huit consommés de potages, quarante-huit entrées, seize rôts, dix-huit grands entremets et quarante-huit petits. Il y avait trois tables plus petites : celle du roi, celle de la reine et celle des Suédois. Des mets encore plus délicats avaient été préparés pour ces tables-là. Le menu en était assez modeste comparé à la profusion monumentale du reste : quatre entrées, un rôt et quatre entremets. Le même privilège fut réservé à Mesdames, à la princesse de Lamballe et à Mme de Polignac. Les tables d'honneur devaient occuper l'antichambre de Trianon, la grande salle à manger, la salle de billard et le salon de compagnie. À des tables séparées, au rez-de-chaussée du château, dans les dépendances jusque vers le Grand Trianon, étaient traités les officiers des gardes du corps, les gardes, les officiers de la Chambre, les femmes de chambre de la reine, ainsi que celles qui étaient attachées aux princesses invitées.

L'intendant des menus, le régisseur en chef des spectacles royaux présidaient d'autres tables de suite. Tout le personnel des acteurs, danseurs et musiciens de l'Opéra eut, avant la représentation, un dîner de deux cents couverts et, pendant et après la comédie, un buffet copieux. Les musiciens des gardes française et suisse mangèrent à quatre grandes tables. On n'oublia ni les concierges ni les jardiniers du Grand et du Petit Trianon, qui furent nourris deux jours durant.

Tout le monde eut part au gala : les filles et garçons du garde-meuble, de la garde-robe, de la cave, les valets de pied du roi, de la reine, des princes, les officiers des vins, de la bouche, les garçons et apprentis de cuisine, les éplucheuses de légumes, sans parler d'un nombre infini d'ouvriers, gens d'écurie, et des cent cinquante musiciens répandus dans les jardins, à qui l'on distribua le jour, la nuit et le lendemain toute sorte de nourriture.

Le roi de Suède se contenta d'une friture de rouget et Marie-Antoinette d'un blanc de volaille et d'un peu d'eau de Ville-d'Avray.

Les divertissements nocturnes furent un peu

troublés par la température qui était plus basse que d'ordinaire à cette époque de l'année. Si bien que Gustave III put écrire : « Je me porte bien, à un furieux rhume près, que je dois au froid excessif qu'il fait ici. » Le ciel était couvert, mais il ne plut pas et le vent ne contraria point l'illumination qui fut plus éclatante encore que les précédentes. Les éventails et les ifs chargés de lumières, les lampions couverts qui donnaient des reflets si doux et des ombres si légères que l'eau, les arbres, les personnes, tout prenait un tour aérien et désincarné comme dans un conte de fées. La cascade qui versait un torrent d'étoiles, les touffes de roseaux argentés, les buissons de couleurs, les pots de feu dans les bosquets, les parterres de fleurs illuminés donnaient l'impression d'un feu d'artifice au sol.

Derrière le temple de l'Amour, on brûla 6 400 fagots.

L'effet des robes blanches dans cette féerie était surprenant. Autant de corolles fragiles qui évoluaient, gracieuses, dans la nuit de lumière. Un costume blanc était aussi imposé aux hommes invités à Trianon. On le sait par un état de la garde-robe du duc de Guiche. On y trouve d'ailleurs les uniformes de chasse de rigueur dans certaines résidences. Costume pour l'équipage du cerf, du sanglier, pour les chasses du comte d'Artois ou pour Choisy. Chez le prince de Condé, il y avait trois costumes : pour la chasse au cerf, pour celle du sanglier et pour les salons.

À Trianon, l'habit était écarlate, avec une veste à fond blanc, brodée de fils d'or. Toujours selon les couleurs de la livrée de la reine. L'habit de Trianon n'était pas exigé des hommes autorisés à s'y promener brièvement pour un concert ou une illumination ; seuls les courtisans admis à la table ou aux spectacles de la reine le portaient. C'était une distinction.

En quittant la France, Gustave III fit promettre à Marie-Antoinette de lui envoyer en Suède son portrait et celui de ses deux enfants.

Marie-Antoinette promit, mais elle comptait bien que ce portrait la rendrait présente au cœur de celui qu'elle n'avait jamais pu oublier, lorsqu'il serait en Suède, loin d'elle, comme il l'avait été si longtemps. Maintenant il était revenu et à nouveau son cœur battait à tout rompre. Elle ne voulait plus personne sauf lui et ses propres enfants ; et son amie inséparable, la duchesse de Polignac, si fraîche, si gracieuse, si étrangement égoïste. D'un égoïsme délicat d'oiseau des îles, qui avait un temps envoûté Marie-Antoinette. Mais l'oiseau qui s'était montré trop enfant gâté n'avait plus d'empire sur le cœur de sa souveraine et il se serait volontiers envolé vers d'autres cieux maintenant que sa fortune était faite. Or la fonction de gouvernante des enfants de France l'attachait. Marie-Antoinette avait mis en cage celle qui avait tout obtenu d'elle. Une autre passion possédait son cœur.

30

LE RETOUR DU BEAU FERSEN

Sur les instances de Marie-Antoinette, Louis XVI avait nommé Fersen capitaine du Royal-Suédois, à la cour de France, applaudi en cela par le roi Gustave III qui poursuivait un but diplomatique. On avait nommé le baron de Staël ambassadeur de Suède à Paris. Il était l'ami de Fersen. Un jour que les deux cavaliers chevauchaient dans la forêt de Saint-Cloud, au printemps 1785, le bruit d'un équipage venant vers eux leur fit arrêter leur monture. Marie-Antoinette, tentée par les premières chaleurs printanières, était sortie sans apparat, accompagnée de ses enfants et de la duchesse de Polignac. Le cherchait-elle ou cette rencontre était-elle fortuite ?

Elle l'aperçut, donna le signal d'arrêter sa calèche et lui adressa quelques paroles aimables. Elle lui réitéra l'invitation de paraître au cercle intime de la cour, avec cette grâce de naturel et de simplicité dont la séduction était irrésistible. Puis l'équipage reprit sa route et Fersen resta frappé de la nouvelle douceur qui auréolait la reine entourée de ses enfants. Le sourire mélancolique qui errait sur ses lèvres l'avait profondément touché. Maintenant pesait sur elle comme sur le roi le souci d'une France agitée. Fersen reçut un coup au cœur.

Le baron de Staël l'introduisit chez le tout-puissant ministre Necker dont il courtisait la fille, la brillante Germaine. Celle-ci, fort spirituelle et assez coquette, était déjà l'objet de demandes en mariage qu'elle repoussait toutes, les unes après les autres. Sa conversation pétillante de verve et d'insolence lui attirait tous les suffrages masculins. Staël paraissait très épris d'elle. Mais la jeune fille violente et exaltée tomba amoureuse du beau Fersen. Or pour lui, ces relations n'avaient qu'un attrait intellectuel. Un jour il la trouva en larmes et elle lui avoua qu'elle venait de refuser la main de William Pitt car, déjà, son cœur était à lui. Fersen devint blême, non seulement parce qu'il connaissait les sentiments de son ami le baron de Staël, mais aussi parce qu'il était en plein renouveau de passion pour la reine. Il la voyait chaque jour à Trianon ou chez les Polignac et une grande intimité, qui n'échappait d'ailleurs à personne, s'était à nouveau installée entre eux. Les calomnies avaient repris de plus belle. Ni la campagne d'Amérique, ni leur longue séparation n'avaient désarmé les bruits qui couraient en ville. On disait partout que Fersen était l'amant de la reine. Il reçut chez lui une feuille illustrée où, parmi les caricatures plus ou moins obscènes, on le voyait en train de forniquer avec Marie-Antoinette. Les libelles ne cessèrent plus.

Fersen, atterré, écrivit sans plus tarder à son père pour lui demander de consentir à son mariage avec Mlle Necker. Les parents de Germaine Necker ayant accordé leur consentement, la date des noces fut fixée et Fersen obtint seulement qu'elle ne serait annoncée publiquement qu'après la réception du courrier qu'il attendait de Stockholm.

Pendant cette crise de conscience aiguë, il continuait à être invité par la duchesse de Polignac aux soirées intimes du Petit Trianon. Un soir, dès son arrivée dans le salon, il comprit que son secret était connu. La duchesse vint à sa rencontre souriante et railleuse, demandant la permission de le féliciter. La reine, muette, était extraordinairement pâle, les yeux éteints, l'air abattu.

Un moment où elle était seule, il s'approcha d'elle. Elle voulut parler mais les mots expirèrent dans les larmes et elle s'enfuit. Il avait vu une telle angoisse dans ses yeux, c'était un tel aveu silencieux, qu'il comprit tout à coup que le sacrifice auquel il s'apprêtait pour sauver la réputation de la reine n'était pas réalisable.

Peu après, une lettre ironique de Gustave III lui servit de prétexte pour amener la rupture. Le roi de Suède écrivait : « Si j'en dois croire les bruits qui courent, vous êtes près de conclure un grand mariage. Je ne sais qu'en croire puisque vous ne m'en dites rien. Au reste, je n'en serais pas étonné. Il y a cent raisons pour M. Necker de vous donner sa fille préférablement à tout autre. Et votre grande fortune n'en est pas une petite auprès du banquier. » Lettre que l'on retrouva dans les archives de la famille Fersen. Quant au père de Fersen il ne consentait qu'à grand-peine à voir son fils s'allier avec une famille bourgeoise. Mlle Necker dut accuser une désillusion cuisante, et surmonter sa blessure d'amour-propre et d'amour aussi. Quoi qu'il en soit, peu de temps après, le monde apprit qu'elle allait épouser le baron de Staël. Et devenir la fameuse Germaine de Staël. Tout ceci est raconté en détail dans les *Souvenirs* de Sir Richard Barrington, ami de Fersen, qui écrivit une vingtaine d'années après les faits eux-mêmes, en spécifiant qu'ils ne soient pas publiés avant un siècle, pour le respect des protagonistes. Fersen repartit à la guerre, voyagea beaucoup, mais il revenait toujours à Trianon.

À Trianon justement, le vicomte de Ségur avait écrit dans de petites feuilles qu'on se passait de main en main une satire qui, pour être plaisante et de bonne compagnie, n'en offrait pas moins des traits piquants concernant les personnages qu'il voulait brocarder. Sous le titre de *Bibliothèque des dames de la cour,* il avait noté pour plusieurs d'entre eux le côté saillant de leur caractère.

Or, parmi ces petits épigrammes, on pouvait trouver :

Traité sur le plaisir, dédié à la Reine
L'empire des femmes, dédié à Mme de Chalons
J'ai donné dans la boue, dédié à la comtesse Diane
Une jolie mine mène à tout, dédié à la duchesse de Polignac.

À chacune, le trait caractéristique de la réputation qu'on lui faisait, si ce n'est de son caractère

260

réel. Le vicomte de Ségur avait aussi fait courir de *Petites-Affiches* qui annonçaient des spectacles plus ou moins imaginaires.

« L'on jouera demain sur le théâtre du Petit Trianon *L'Amitié sur le trône,* drame nouveau en cinq actes et en prose de M. le comte de Linières. La reine y fera le principal rôle. On donnera pour petites pièces les *On dit*, commandés par Sa Majesté. »

Il faisait aussi des vers sur les défauts de la reine, que celle-ci lui aurait elle-même commandés.

Sans l'égoïsme rien n'est bon
C'est là sa loi suprême
Aussi s'aime-t-elle, dit-on,
D'une tendresse extrême...

La reine accusée d'égoïsme commençait pourtant à s'oublier dans le soin de ses enfants. Peut-être voulait-elle se montrer sous son meilleur jour aux yeux de Fersen qui lui avait autrefois reproché sa frivolité. Cependant le dauphin grandissait avec peine. Sa santé était délicate, son tempérament, rachitique, il faisait preuve d'une maturité d'esprit inquiétante pour un si jeune enfant. Tous ces traits bizarres laissaient présager que la France ne le conserverait peut-être pas longtemps. Madame Royale, quoique très petite pour son âge, avait la dignité de port de tête et la fierté d'attitude de sa mère, qu'elle singeait évidemment. Cette allure altière s'était tellement développée en elle dès sa petite enfance qu'on s'était vu obliger de trouver un remède pour l'en corriger. On lui donna donc une petite compagne de son âge et de naissance obscure, qui une fois sur deux recevait à sa place les dons qui lui étaient faits. Madame Royale ne s'en offusqua point, elle lui témoigna un profond attachement qui ne se démentit jamais.

La reine, à Trianon, cherchait à ce que ses enfants se distraient intelligemment. Dans ce but, Antoine Richard traça pour la petite fille un parterre réservé à son usage dans le jardin français. Elle eut aussi un troupeau de chèvres et de moutons. Le berger qui s'en occupait avait sa cabane auprès de l'orangerie. Le frère et la sœur s'entendaient bien et ne se quittaient pas. Leur mère les fit peindre plusieurs fois par Mme Vigée-Lebrun, jouant ensemble dans le jardin de Trianon. L'un des tableaux les représente donnant une grappe de raisin à une chèvre. Sur un autre, on les voit blottis l'un contre l'autre au pied d'un grand arbre et à côté d'un buisson de roses. La petite a un nid sur les genoux, et son frère tient un oiseau dans sa main. À Trianon, ils étaient logés sous l'aile de Mme de Polignac, au second étage du château. Ils avaient chacun leur table servie d'après une règle invariable. Pour Madame Royale le menu type pouvait comporter un potage, un carré de mouton suivi d'un faisan rôti et d'une chicorée au bouillon. Quant au dauphin, il pouvait avoir un potage, une aile de poulet, un artichaut à la poulette avec une purée de lentilles. Tout ceci avec jus de fruits frais et pâtisseries de toute sorte.

L'autre inséparable de la reine, mais beaucoup plus discrète que la duchesse, reste Madame Elisabeth. Angélique de Bombelles écrit à son mari : « J'ai été hier à Trianon où Madame Elisabeth m'avait fait chercher en chaise pour monter à cheval avec elle. J'ai vu la Reine qui m'a traitée avec toutes sortes de bontés. Après la course à cheval, Madame Elisabeth est revenue dîner avec la Reine, et la comtesse Diane m'a emmenée à Montreuil où elle m'a donné à dîner. » Puis, quelques jours plus tard : « Je n'ai pu me dispenser d'aller avant-hier à Trianon, et j'ai d'autant mieux fait que j'ai été traitée à merveille par le Roi, par la Reine, et conséquemment par le reste des personnes qui y étaient. J'y ai perdu mon argent selon ma louable coutume. J'y ai vu M. d'Adhémar qui m'a beaucoup parlé de toi et de tout le plaisir qu'il avait eu de te recevoir à Londres. »

La petite marquise de Bombelles se soucie beaucoup de l'avancement de son mari, pour qui elle espère obtenir qu'il soit nommé ambassadeur à Constantinople. Aussi lui rend-elle compte fidèlement de tous les moments où elle se trouve en état de n'être pas oubliée du souverain. « J'ai encore été à Trianon samedi dernier, écrit-elle un autre jour de l'été 1784, le Roi a joué au loto à côté de moi et m'a traitée avec la plus grande distinction. »

Louis XVI est enchanté de cette vie tranquille. On constate qu'il se plaît beaucoup à Trianon où il passe fréquemment toute la journée. Il lit dans le jardin sur un banc ou sous cette tente décrite dans le mobilier de la liste civile « en coutil, doublée de taffetas bleu, avec des jalousies en bois doré ». La reine est enceinte pour la troisième fois, pourtant le roi ne couche jamais à Trianon et ne fréquente plus le salon Polignac où la reine passe toutes ses soirées. Elle ne joue plus gros jeu comme avant et accorde au roi de longues séances de loto auquel il prend un très grand plaisir. Les soucis politiques que lui cause l'empereur Joseph II qui cherche à étendre son empire, avec l'alliance de la France, occupent son esprit. Il est partagé entre l'intransigeance de son ministre Vergennes et celle de Marie-Antoinette qui veut se rendre aux souhaits de son frère en ce qui concerne le partage de la Hollande. Une guerre pourrait se déclarer dans le nord de l'Europe à ce sujet. Louis XVI reste indécis et mou.

Déjà, en 1779, il avait, avec sagesse, sauvé la paix européenne. Malgré le harcèlement de sa femme, il avait refusé de se ranger aux côtés des Habsbourg dans le conflit entre la Prusse et l'Autriche. Les échecs de l'armée impériale avaient calmé l'impératrice Marie-Thérèse et son fils, le futur Joseph II. Louis XVI avait délégué ses pouvoirs au baron de Breteuil, ambassadeur à Vienne. Il restait neutre dans les pourparlers, ce qui enrageait Marie-Antoinette.

Cet été-là, les spectacles continuent à Trianon. En juillet, la Comédie-Française donna *Le Comédien bourgeois,* et la Comédie-Italienne, un opéra-comique, *Les Amours d'été.* En septembre, on joua devant la reine *Le Barbier de Séville,* en y apportant quelques coupures et retouches afin d'en atténuer l'esprit révolutionnaire. En avant-première, on donna *Dardanus*. Ce drame lyrique fut joué à Trianon, en grande pompe, par l'Académie royale de musique et de danse, avant d'être représenté à Paris en novembre. Cette soirée d'apparat fut donnée en l'honneur du prince Henri de Prusse, venu en France sous le nom de comte d'Oels. Il était grand amateur de musique et ne voyageait pas sans son premier violon avec lequel il exécutait des duos. Il déclara en s'en allant : « J'ai passé la plus grande partie de ma vie à désirer de voir la France ; je vais en employer le reste à la regretter. » Marie-Antoinette écrivait à Gustave III, le 1ᵉʳ octobre : « Je n'ai pas encore eu beaucoup d'occasions de voir le prince Henri, parce que, depuis son arrivée ici, j'ai passé la plus grande partie du temps à Trianon, n'y recevant que mes intimes et toujours en petit nombre à la fois. Ce genre de vie convient à ma santé et à ma grossesse qui continue fort heureusement. »

Était-ce au roi de Suède qu'elle donnait des nouvelles de cette grossesse, ou à celui auquel elle pensait à chaque instant dès qu'il s'absentait de France ?

Pendant ce temps les prétendus prodiges de Cagliostro faisaient tourner les têtes du tout-Paris. Il occupa beaucoup la société des Polignac qui le reçurent dans leur salon. La reine s'y amusa dans les temps où elle n'était pas au hameau qui s'élevait peu à peu sous ses yeux.

31

NOUVELLE IMPOPULARITÉ,
LA REINE A CHANGÉ

Au hameau, on travaillait à la menuiserie et à la peinture de l'intérieur des maisons. On remit au régisseur du Petit Trianon une somme de 42 035 livres, 10 sous, 9 deniers, pour le mobilier qui leur était destiné. L'architecte Mique avait fait venir les glaises pour le lac, la rivière et le ruisseau du moulin. En novembre 1784 on posa les conduites d'eau. Dans le nouveau jardin on transporta des charretées de bonne terre pendant l'hiver afin qu'il prenne l'aspect de champ labouré. Enfin on construisit un rocher, au bord du lac, près de la tour de Marlborough. En juin, Marie-Antoinette fit transformer la petite salle à manger du château en salle de billard. On la tendit de damas cramoisi de Gênes avec des motifs de palmes en étoffe de Perse.

Mique fit monter dans le clocheton de la chapelle une horloge. La reine l'avait demandée l'année précédente car toutes les pendules du château s'étaient détraquées à la fois. La nouvelle horloge sonnait tous les quarts d'heure et possédait deux cadrans : l'un tourné vers le château, l'autre vers la cour des cuisines. On fit une petite économie de principe en mettant des cadrans de tôle au lieu d'émail. À la Révolution, l'horloge fut enlevée le 14 brumaire de l'an II, puis offerte le 30 pluviôse au Muséum d'histoire naturelle.

En septembre, Mme de Bombelles écrit : « La duchesse de Polignac a été bien mal d'une fièvre dyssentrique. Elle va mieux aujourd'hui. Le bruit a couru dans le monde que c'était la diminution de sa faveur qui l'avait mise dans cet état. » Huit jours après toute trace de maladie ou de disgrâce a disparu : « La duchesse de Polignac se porte très bien. Sa faveur, Dieu merci, est plus brillante que jamais. Le roi a soupé à Trianon deux fois depuis huit jours. »

Mais le comte de Tilly, qui a souvent la dent dure pour Marie-Antoinette, écrit : « L'amitié de la Reine ne se soutenait pas toujours à la même hauteur. Elle ressemblait à une belle journée qui n'est pas sans nuages, ni variations, et finit cependant par une belle soirée. » L'esprit de la reine se troublait. De quoi cela venait-il ? Les Polignac avaient intrigué pour la nomination de Calonne au ministère des Finances, contre sa volonté. Elle en fut profondément irritée. Elle déplora que les amis de *ses* amis profitent de *ses* faveurs pour agir contre ses désirs, « mais, écrit Mme Campan, une rupture totale, avait des inconvénients encore plus graves et ne pouvait amener que de nouveaux torts ».

Mique avait dit au roi que pour restaurer les

parties de Versailles qui en avaient besoin, il aurait fallu dix ans de travaux, aussi, lorsque Marie-Antoinette manifesta le souhait d'acheter le château de Saint-Cloud, il pensa qu'il serait bon de s'y replier. La reine voyait d'un très bon œil l'occasion de se rapprocher de ses sorties dans la capitale. Un jour qu'elle s'y promenait en calèche avec la duchesse de Polignac, les deux femmes en avaient conçu le projet.

Le roi acheta donc Saint-Cloud pour la reine. Elle fit prendre sa livrée aux suisses des grilles, aux garçons de service et fit afficher aux portes du palais le règlement de police intérieure avec ces mots *De par la reine,* comme à Trianon. Ce fut un tollé général. Un parlementaire, M. d'Esprémenil, mit le feu aux poudres en déclarant qu'« il était également impolitique et immoral de voir des palais appartenir à une reine de France ». À quoi Marie-Antoinette répliqua : « Mon nom n'est point déplacé dans les jardins qui m'appartiennent ; je puis y donner des ordres sans porter atteinte aux droits de l'État. »

Elle résolut d'y faire de grands travaux : transformer la chapelle en salle de spectacle en congédiant les missionnaires qui s'y trouvaient, remplacer l'hôpital en remerciant les Ursulines et agrandir le château en employant les fonds destinés au Louvre. Mique fit des plans évalués à plusieurs millions. Jamais ces projets ne se réalisèrent.

Le roi essaya d'attirer la reine à Rambouillet, mais le château lui parut laid et triste. La reine, de son côté, proposa au roi de tenir la cour à Saint-

Cloud, mais Louis XVI ne trouva pas le séjour à son goût, il n'y voyait « que des croquants et des catins » et refusa désormais de s'y rendre. Il allait seul à Rambouillet pour les parties de chasse qui l'occupaient.

Et la reine passait ses jours à Trianon.

À dater de 1785, Marie-Antoinette s'est soustraite à la domination exclusive de la société des Polignac. Elle se prend d'amitié pour la duchesse de Fitz-James qui jouit de plus en plus de ses bonnes grâces, ce qui excite la jalousie des intimes. Pour redonner de l'éclat à Versailles qu'elle avait bien négligé, elle donna des bals dans l'ancien théâtre de la cour des Princes et des spectacles où fut admise toute la cour.

Au premier signal, la noblesse rapplique pour être présentée à la famille royale. On parle de trois cent quarante gentilshommes et deux cent trente dames ainsi appelés à cet honneur en 1785. Marie-Antoinette garde Trianon exclusivement pour sa vie intime. On n'y verra plus ces illuminations éclatantes ni ces soirées de gala dont parlait l'Europe entière. Trianon devient un château près d'un village, avec une châtelaine qui se mêle à l'existence des villageois, contemplant leurs travaux champêtres et goûtant leurs plaisirs innocents. C'est ce dont elle a rêvé.

Dans le même esprit, Bernardin de Saint-Pierre vient d'écrire la naïve idylle de *Paul et Virginie.*

La reine accouche de son troisième enfant, le duc de Normandie, le 27 mars 1785. Deux mois après, le 24 mai, elle vient en grande pompe fêter ses relevailles à Paris. Le lendemain, elle donne une fête au roi, à Saint-Cloud. Mais dès le 26, elle s'est soustraite au tumulte de la cour et se rend au Petit Trianon. La duchesse de Fitz-James, qui est dame du palais depuis 1781, accompagne maintenant Marie-Antoinette et l'on craint beaucoup les représailles de la société des Polignac qui voient d'un œil jaloux cette nouvelle amitié de la reine. Mais la mode est aux bals champêtres et l'on attendait l'accouchement de la reine pour en donner un au Petit Trianon. Le moment venu, on dressa une grande tente en courtil, de quarante-cinq pieds de long, sur la pelouse, devant le château. À l'intérieur elle était décorée de guirlandes de fleurs artificielles, et éclairée par des lustres et des girandoles. Elle communiquait avec une autre tente plus petite, ornée de même et servant de salon. Autour, on monta plusieurs maisons de bois pour le service. Il y eut, d'après le Journal du roi, trois bals pendant le mois de juin. Et la reine fit donner, en outre, de fréquents concerts, tant à Versailles qu'à Trianon et à Saint-Cloud.

Les maisons du hameau s'achevaient. Les carrelages et les parquets furent faits au mois de mai. Les marbriers montaient les cheminées. La pêcherie, près de la tour de Marlborough, gênait la vue. On la démolit. La ferme était terminée. On mit du bétail et un bouvier le 15 juin. Pour que les vaches puissent avoir un pâturage, le roi fit agrandir le jardin des Onze-Arpents. Le fossé d'enceinte fut prolongé jusqu'au Grand Trianon. On fit une balançoire devant la maison de la reine.

On posa les glaces dans les maisons. Les menuisiers disposèrent contre les murailles des étagères destinées à recevoir 1 230 pots en faïence blanche, avec le chiffre de la reine en bleu, que Mique avait commandés à la manufacture de Saint-Clément, en Lorraine. Un exemplaire en est conservé au musée de Sèvres.

Marie-Antoinette passa le mois de juillet à Trianon. Pendant que, sous ses yeux, le hameau recevait sa dernière parure, on continuait à danser dans le jardin français. La tente avait été renversée par une violente tempête. En la relevant, on remplaça le simple courtil par des draperies de gaze rose, lamées d'argent. Ce séjour d'été fut un bal champêtre ininterrompu.

Les courtisans dansent le dimanche sous la grande tente. Tout le monde s'amuse jusqu'au petit jour. À l'imitation de ces bals, tous ceux qui ont des maisons de campagne aux environs de Paris et de Versailles donnent aussi des concerts de violons les dimanches et fêtes à leur voisinage.

Le comte de Vaublanc raconte : « La reine donnait dans les jardins de Trianon un bal tous les dimanches. Là étaient reçues toutes les personnes vêtues correctement, mais on y voyait aussi les bonnes avec les enfants. La reine dansait une contredanse, pour montrer qu'elle prenait part au plaisir auquel elle conviait les autres. Elle se faisait présenter les enfants, leur parlait de leurs parents et les comblait de cadeaux. Presque toute la famille royale était là. Des personnes de la haute société assistaient à ces réunions champêtres. »

Il n'y avait pas eu de comédie jouée par la troupe des seigneurs à Trianon depuis le printemps 1783. Elle se reforma pour jouer *Le Barbier de Séville*. La troupe italienne était venue représenter l'opéra-comique l'année précédente. Beaumarchais était en faveur sur les scènes parisiennes, dans ses œuvres les usages et la tradition qui marquaient l'Ancien Régime étaient livrés à la dérision populaire. Critiquer et se moquer était généralement devenu la disposition de l'esprit populaire, nous dit en substance Mme Campan. Ceux qui visaient l'honneur d'être rangés parmi les esprits supérieurs répétaient la phrase de son Figaro : « Il n'y a que les petits esprits qui craignent les petits écrits. »

Vaudreuil avait obtenu la permission de faire jouer *Le Mariage de Figaro* à sa maison de campagne. On prétendait que les passages satiriques qui pouvaient blesser le gouvernement avaient été supprimés. La princesse de Lamballe, pour une fois d'accord avec le salon des Polignac, sollicita de Beaumarchais une lecture de la pièce chez elle. L'auteur se fit prier puis consentit. Le comte d'Artois se rendit à une représentation au Théâtre-Français. La pièce déclencha le fol enthousiasme du public. L'auteur fut emprisonné tandis que sa pièce était couverte d'éloges. La reine témoigna de son mécontentement envers ceux qui avaient arraché le consentement du roi. Et spécialement envers le comte de Vaudreuil qui venait récemment de commettre une sombre erreur : la reine portait à sa ceinture la clef du cadenas qui ouvrait le coffret où était enfermée sa queue de billard. Ce soir-là, en rentrant de chez la duchesse de Polignac, elle demanda à sa femme de chambre de lui apporter l'étui où était rangée la queue en ivoire, sculptée dans une seule pièce, avec un pommeau d'or ciselé. L'objet était cassé en deux morceaux. La reine s'écria : « Voilà de quelle manière M. de Vaudreuil a arrangé un bijou auquel j'attachais un grand prix. Je l'avais posée sur le canapé pendant que je parlais à la duchesse dans le salon ; il s'est permis de s'en servir, et dans un mouvement de colère pour une bille bloquée, il a frappé la queue si violemment contre le billard qu'il l'a cassée en deux. » Évidemment le comte n'aurait jamais, après un tel incident, la place de gouverneur du dauphin qu'il ambitionnait d'obtenir. La reine nourrissait une certaine aversion pour lui.

32

DEUX FAUSSES NOTES :
LE BARBIER ET LE COLLIER

C'est pendant les répétitions du *Barbier de Séville* qu'éclata l'affaire du collier. Le joaillier Boehmer avait conçu le projet de vendre à la reine un collier de diamants d'une valeur de 1 600 000 livres. On savait le goût très vif de Marie-Antoinette pour les diamants. Dans une entrevue nocturne, on déguisa une certaine Oliva, « barboteuse des rues », comme l'appellera Marie-Antoinette, pour la faire passer pour la souveraine aux yeux du cardinal de Rohan. On l'avait persuadé de faire passer secrètement ce collier à la reine, afin de rentrer en grâce auprès d'elle. Mais, d'une part, la reine le détestait depuis qu'il s'était mal conduit du temps où il était ambassadeur à Vienne, et d'autre part, elle avait déjà renoncé au collier beaucoup trop cher. Aussi lorsque Boehmer vint demander le paiement du bijou à la reine, celle-ci poussa de hauts cris et entra dans une violente colère. Comme Boehmer la menaçait de tout dévoiler au public, la reine, bouleversée, déclara à sa première femme de chambre : « Il faut que les vices hideux soient démasqués ; quand la pourpre romaine et les titres de prince ne cachent qu'un besogneux, un escroc qui ose compromettre l'épouse de son souverain, il faut que la France entière et que l'Europe le sachent. » De ce moment elle avait programmé la chute du cardinal. Elle décida le roi à interpeller et à condamner Rohan en public, en présence du garde des Sceaux et du baron de Breteuil. Elle écrivit de Trianon à son frère : « Le cardinal prétend avoir été trompé par une Mme Valois de La Motte. Cette intrigante du plus bas étage n'a nulle place ici et n'a jamais eu d'accès auprès de moi. Elle est depuis deux jours dans la Bastille et nie fermement d'avoir eu aucune part au marché du collier... Je n'ai jamais signé "de France". C'est un étrange roman de supposer que j'ai pu vouloir donner une commission secrète au Cardinal... Je désire que cette horreur et tous ces détails soient bien éclaircis aux yeux de tout le monde. »

Tandis qu'on embastillait le prince de Rohan, la reine jouait *Le Barbier de Séville*, devant Beaumarchais lui-même, à qui « l'on avait daigné accorder la faveur très distinguée d'assister à cette représentation », dit la correspondance de Grimm. Il était curieux en effet de voir la fille de l'impératrice descendue, en cette circonstance, au rôle d'actrice de théâtre se soumettant au jugement d'un homme qui avait été jadis, sur l'ordre de sa mère, emprisonné en Autriche comme auteur d'un libelle calomnieux contre la reine de France. Un homme que tout récemment encore le gouvernement avait enfermé à la prison de Saint-

Lazare à cause de son insolence. C'était à Vaudreuil, le boute-en-train, qu'il devait cet honneur insigne.

Dans la pièce de Beaumarchais, Marie-Antoinette jouait le rôle de Rosine, le comte d'Artois, celui de Figaro, le comte de Vaudreuil, celui du comte Almaviva. Les rôles de Bartholo et de Basile étaient joués par le duc de Guiche et le comte de Crussol. Il n'y eut qu'un très petit nombre de spectateurs admis à cette représentation. « La reine y a déployé une sincérité et un charme qui n'auraient pu être dépassés par l'actrice la plus expérimentée », témoigna par la suite le baron Grimm. Le comte de Vaudreuil était un Almaviva si convaincant que le bruit se répandit qu'il n'était pas seulement un amoureux de théâtre pour la reine. Or il semble que rien ne soit plus faux puisque Marie-Antoinette ressentait à son égard une forme de répulsion pour deux raisons : d'une part, il lui était odieux de voir quel ascendant il exerçait sur la duchesse de Polignac soumise à tous ses jugements, d'autre part, l'abbé de Vermont, l'éternel directeur de conscience de la reine, entretenait chez elle le feu d'une profonde méfiance envers lui. Car le comte l'avait souvent calomnié.

Quelques jours après cette représentation qui avait beaucoup agité les esprits, on exposait au salon de peinture un portrait de la reine commandé à Wertmüller, pour le roi de Suède. On la voyait se promenant avec ses deux enfants, dans le jardin anglais du Petit Trianon, au bord de la rivière, près du temple de l'Amour dont on aperçoit la colonnade et la coupole. Madame Royale, vêtue de bleu, à sa droite, porte des roses et des lys dans sa robe relevée. Le dauphin, à sa gauche, tient d'une main la robe de sa mère, et de l'autre, un chapeau à la Henri IV orné d'un panache blanc, il est habillé de soie gorge-de-pigeon et porte les insignes de l'ordre du Saint-Esprit, créé par Henri III, et la croix de Saint-Louis pendue à son cou. La reine est en grand habit de soie puce avec jupe blanche, col et manchettes de dentelle, rangs de perles aux poignets. Sur sa haute coiffure vaporeuse se tient une sorte de chéchia de satin gris garnie d'aigrettes de plumes blanches. Les contemporains trouvèrent ce tableau froid, sans majesté et sans grâce. Il faut dire que Marie-Antoinette n'y est pas flattée : son visage reste inexpressif et peu engageant.

Lorsque le roi de Suède reçut le tableau à la fin de l'année 1786, il écrivit au baron de Staël : « Voici, cher baron, une lettre pour la reine de France pour la remercier de son portrait. Il est bien peint mais ne lui ressemble pas en beau. Il est si difficile d'attraper les grâces et les agréments de sa figure. La petite est charmante ; mon fils, lorsqu'il a su que c'était la fille du roi de France, a dit : "C'est elle qui sera ma femme." Le dauphin est fort grand et ressemble au roi son père. C'est un très beau tableau que je mettrai dans ma nouvelle maison d'Haga. »

Le portrait de Wertmüller répond à la description que le comte de Tilly nous laisse de Marie-Antoinette : « Ses yeux n'étaient pas beaux mais prenaient tous les caractères. La bienveillance ou l'aversion se peignaient dans son regard, plus singulièrement que je ne l'ai jamais vu ailleurs. Je ne suis pas sûr que son nez fût celui de son visage. Sa bouche était plutôt désagréable ; sa lèvre, épaisse, avancée et parfois tombante, mais elle donnait à sa physionomie une étrange distinction. Elle eût pu servir à peindre la colère et l'indignation mais ce n'est pas là l'expression habituelle de la beauté. La poitrine était un peu trop pleine et la taille eût pu être plus élégante, mais je n'ai jamais revu d'aussi beaux bras et d'aussi belles mains. Elle avait deux sortes de démarches : l'une ferme, un peu pressée et toujours noble. L'autre, plus molle et plus balancée, presque caressante, mais n'inspirant pas l'oubli du respect. On n'a jamais fait la révérence avec tant de grâce, saluant dix personnes en se ployant une seule fois et donnant, de la tête et du regard, à chacun ce qui lui en revenait. Rien n'est moins français que ce type et l'on comprend ce mot des Parisiens qui disaient en allant à Saint-Cloud : "Allons voir les eaux et l'Autrichienne." »

De son côté le baron de Besenval écrivait : « Marie-Antoinette se plaisait à rendre service et jouissait du bien qu'elle avait fait. Elle avait un grand attrait pour le plaisir, beaucoup de coquetterie et de légèreté, et peu de gaieté naturelle. Sa familiarité nuisait à sa considération. Si bien qu'elle étonnait par son attitude guindée dans les circonstances officielles. De là venait qu'on en disait souvent du mal, en se surprenant à en dire. Peu faite pour le sentiment, sans sa liaison avec Mme de Polignac, on aurait pu dire qu'elle

279

ignorait l'amitié. Elle se méfiait des femmes trop jolies, mais à cet égard elle était femme. »

À Saint-Cloud, elle fit exécuter des ameublements splendides, donna à toute la cour des fêtes à l'occasion desquelles on construisit un grand théâtre portatif dans les jardins. Une foule énorme remplissait quotidiennement le parc où les marchands eurent la permission de s'établir comme à Trianon. La reine aimait se mêler à la foule. Elle se plaçait dans les joutes ou aux jeux des bateliers, comme simple spectatrice aux côtés des badauds. Elle n'en devenait pas plus populaire pour autant. Il suffisait que quelqu'un crie « Vive la reine ! » pour déclencher une émeute.

À Fontainebleau, les fêtes recommencèrent de plus belle. Il semble que cette tête légère n'eut pas le moindre souci du formidable procès qui s'instruisait contre elle. Elle se faisait faire dans cette résidence des appartements nouveaux d'une extraordinaire magnificence. Les murs étaient entièrement couverts de miroirs peints de fresques ravissantes. Il y avait des cabinets meublés dans le goût oriental, des garde-robes doublées de taffetas dont on changeait la couleur à volonté. La reine voulait que les musiciens fussent vêtus d'habits rouges galonnés d'or. On les faisait venir du magasin de l'Opéra ou des menus-plaisirs et, s'il en manquait, on les faisait faire au plus vite. Les spectacles et les bals continuèrent à Versailles. Fatiguée des splendeurs surannées des salons de Louis XIV, Marie-Antoinette les avait désertés pour faire camper la cour dans une immense maison de bois bâtie sur la terrasse du théâtre de la cour des Princes. La salle de comédie avait été transformée en une sorte de temple orné de statues et entouré de bosquets artificiels. Elle avait fait mettre une glace sans tain dans l'ouverture centrale qui était transparente au point qu'il fallait y mettre un suisse en sentinelle pour empêcher les maladroits de passer au travers. Elle laissait voir la salle de danse dans la maison de bois à laquelle on accédait par les portes de côté en suivant des allées bordées de buissons de roses.

Germaine de Staël écrit : « Cette salle de danse est arrangée comme un palais de fées. Les jardins de Trianon y sont représentés et des jets d'eau jaillissent sans cesse. Les idées champêtres, les rêveries qu'inspire la campagne dans l'été, se mêlent à l'éclat du plaisir et au luxe des cours. » On y dansait encore au mois de mars 1786.

Le moment approchait où la reine allait jouir des derniers moments d'insouciance dans les nouveaux paysages qu'elle avait créés au hameau, maintenant terminé.

33

LA VIE DU HAMEAU

Les parterres du hameau étaient de vrais jardins plantés de fruits et légumes. On avait placé huit cents pieds de fraisiers, cent de groseilliers et cent de framboisiers. Il y avait cinquante noyers, quatre cents cerisiers, deux cents pruniers, quatre cents poiriers de « plein vent » et cent d'espalier, cent pêchers et deux cents abricotiers. L'eau arrivait du bassin du Trèfle, puis de Chèvreloup. On avait mis 2 349 carpes et 26 brochets dans le lac, on leur jetait des fortunes de pain, 950 livres par an. Une barque en bois de chêne peint en gris servait à se promener et à pêcher. Des bestiaux paissaient sur les pelouses sous la garde d'un berger.

Marie-Antoinette voyait labourer les champs, cultiver les jardins, tailler les arbres, faire la moisson et cueillir les fruits. Les vaches venaient boire au lac, pendant que les paysannes de commande venaient laver leur linge au lavoir du moulin, où le grain était vraiment moulu. À la ferme il y avait un valet, un petit vacher, une fille de service qui portait le lait au château. Il y avait des garçons jardiniers, un taupier, un ratier, un fureteur, un faucheur ; un commissionnaire pour porter les messages et un garde qui faisait des rondes de surveillance.

La ferme comprenait le logement du bouvier, une serre aux fromages, des étables pour le taureau, les vaches, les veaux, les moutons, les chèvres. Une soupente à porcs et une niche à lapins. La reine avait un superbe troupeau de vaches suisses. On élevait de la volaille au poulailler, et on travaillait les laitages dans la laiterie dite « de préparation ». Au bord du lac il y avait la volière de la reine. Weber, son frère de lait, raconte : « J'ai vu la reine, bien jeune encore, cesser d'aimer les plaisirs bruyants et les dissipations de la jeunesse, faire succéder aux bals éclatants de Versailles, les bals champêtres de Trianon. Puis, de jour en jour, se renfermer davantage dans les soins et les devoirs d'une mère, les jeux innocents de ses enfants ; je l'ai vue se promener, solitaire, avec eux dans les jardins, s'adonner avec passion à tous les ouvrages d'aiguille. Elle fit bâtir à Trianon, en 1785, douze chaumières dans lesquelles elle plaça douze familles pauvres, se chargeant pour toujours de leur entretien. »

On mit en doute ensuite ce beau souvenir. Cet autre, en revanche, n'exista jamais : le régisseur, Alexandre Monavon, raconta dans ses *Mémoires* que « Louis XVI était le seigneur de ce singulier village en miniature, Marie-Antoinette en était la fermière, le comte d'Artois, le garde-chasse, le comte de Provence, le meunier, le cardinal de Rohan, le curé, et le prince de Polignac, le bailli ». Dans ce scénario, la maison de la reine devenait la maison du seigneur, la maison du billard, la maison du bailli, et le poulailler, le presbytère. Mais cela dépassait en fantaisie les romans les plus rocambolesques. Certes, on se livrait à des amusements innocents : le roi se déguisait en meunier, la reine en paysanne, Monsieur, en maître d'école. On habitait plusieurs jours le hameau dans ces costumes. Sans se prendre au jeu plus longtemps.

Mme Campan raconte : « La reine y avait établi tous les usages de la vie de château... On venait pour parcourir toutes les fabriques du hameau, voir traire les vaches, pêcher dans le lac avec la reine. » On venait voir des femmes laver le linge au ruisseau, le bouvier faire moudre son blé chargé à dos d'âne, un pêcheur jetant son filet dans le lac, une fille de ferme y menant boire une vache. Les toits des bâtiments étaient couverts de chaume. De chaque côté de la longue galerie à claire-voie se trouvaient, à droite, la maison de la reine, à gauche, la maison du billard. Sur la galerie, Mique avait fait poser une caisse de quatre-vingt-huit pieds de long sur huit pouces de large pour les fleurs et les plantes grimpantes qui montaient le long des poutres jusqu'au toit.

Au rez-de-chaussée de la maison de la reine, se trouvaient une salle à manger et un cabinet pour le jeu de trictrac ; au premier étage, une anti-chambre en forme de cabinet chinois, un salon à six fenêtres, tendu de tapisseries, une cheminée en marbre blanc veiné ; au-dessus du cabinet de trictrac, était un petit salon nommé « salle des nobles ». Dans la maison du billard, le billard était au rez-de-chaussée, au premier se trouvait un petit appartement auquel on accédait par la galerie : une pièce vaste, une moyenne, et trois petits cabinets, dans l'un d'eux, une bibliothèque.

Derrière le manoir principal se cachait le réchauffoir pour le service de la reine : cuisine, fournil, bûcher, garde-manger, lingerie, argenterie, lavoir, hangars, maison pour les valets de pied. La cuisine était décorée en pierres de taille à joints réguliers. Au sommet du faîtage on avait perché un petit pigeonnier. Le boudoir, qu'on avait nommé « petite maison de la reine », était le rendez-vous secret de Marie-Antoinette. Elle y avait des entrevues politiques avec les ambassadeurs ou les ministres. On y voyait une cheminée en marbre blanc, des lambris en chêne de Hollande et les fenêtres vitrées en verre de Bohême.

Jointe à la grange, il y avait la laiterie de travail et la laiterie dite « de propreté ». On accédait au haut de la tour de Marlborough par un escalier extérieur garni de giroflées et de géraniums qui figuraient un parterre aérien.

Au mois de février 1786, le fermier, Valy, fit remarquer à la reine que le bouc n'était pas de bonne qualité « attendu que sur sept chèvres il n'y en avait pas une de pleine » et il demanda à le changer. La reine accepta mais précisa que le nouveau devrait être tout blanc et non méchant. Valy commanda alors qu'on lui amène « un bouc tout blanc, très beau en tout, pas méchant, à quatre cornes, et une chèvre blanche et bonne laitière, pleine ». Celle-ci mit bas deux chevreaux en route et il fallut les placer dans une petite voiture spéciale pour arriver à bon port.

Dans un tourbillon aérien de mousseline et de plumes blanches, Marie-Antoinette, accompagnée de ses enfants et de sa suite, quitte la maison de la reine où elle a bu un peu d'eau de Ville-d'Avray et mangé un blanc de volaille. Vaudreuil, Esterhazy, les Polignac, Madame Elisabeth, le prince de Ligne, Axel de Fersen, Angélique de Bombelles, les petits princes et quelques intimes se dirigent vers la laiterie. La reine a chanté après le dîner en s'accompagnant au clavecin « Allons danser sous les ormeaux » ou « Ah s'il est dans votre village un berger sensible et charmant ». Elle a été applaudie puis elle a proposé d'aller déguster des fromages frais et des laitages à la laiterie, grande pièce claire, pavée de carreaux de marbre rouge et blanc. Dans des terrines en porcelaine de Sèvres posées sur des tables en marbre blanc une servante a mis des fruits frais, de la crème et des gaufrettes. Les musiciens dehors jouent des contredanses et des gavottes dont la reine raffole. Des filets d'eau claire coulent dans une rigole et dans de petites vasques fixées au mur, pour conserver à la pièce sa fraîcheur. L'une d'elles représente un vase surmonté de deux enfants tenant un cygne qui étend ses ailes. Dans la longue pièce, il n'y avait pas moins de quinze tables de marbre où sont exposées soixante-dix-huit pièces de porcelaine décorée : douze terrines à lait, six plateaux à fromages, douze tasses, deux beurriers, huit brocs, douze assiettes, des sucriers, des seaux, etc. On dit qu'à Chantilly les princesses s'amusaient en tablier à faire du beurre, « comme la reine en faisait à Trianon » ! Il y avait aussi à la laiterie de Trianon des bols-seins, en forme de mamelles, en porcelaine teintée couleur chair, posés sur des trépieds à têtes de bélier, qui imitaient, dit-on, la forme des seins de Marie-Antoinette ! Le modèle de ces bols fut fabriqué à la manufacture de Sèvres puis les moules furent détruits. Les Goncourt en publient un très joli dessin dans leur *Histoire de Marie-Antoinette*.

Puis la compagnie retourne à la maison de la reine pour jouer au trictrac, au billard, broder, chanter, rire et se disputer sur les avis politiques divergents et les charges qu'on guigne. Pendant ce temps, soudain, la reine, de son pas chaloupé, un éventail à la main, s'éclipse vers son cabinet privé. Chacun sourit. Elle a un entretien secret avec Axel de Fersen qui la voit toujours en dehors de tout le monde comme s'ils avaient des choses intimes et graves à se dire. Lorsqu'on sait qu'il organisera à lui seul la fuite à Varennes on peut comprendre qu'ils aient à se parler en dehors de la compagnie. Madame Royale, sa fille, qu'elle surnomme Mousseline, et « Chou d'amour », le futur Louis XVII, sont restés à la garde de la duchesse de Polignac qui les emmène pêcher sur le lac avec d'autres enfants et ramasser les œufs frais du jour.

Lorsque le couple revient du boudoir, Fersen s'éclipse et la comtesse d'Ossun, dame d'atours de la reine, vient la consulter, avec son livre d'échantillons, pour qu'elle choisisse la toilette qu'elle portera au bal ce soir dans la grange décorée de grands pans de soie multicolores. À Trianon il n'y a pas d'étiquette.

La reine offre à ses visiteurs de marque des gravures et des dessins de son jardin anglais pour qu'ils en gardent le souvenir. Elle en avait envoyé une collection à Gustave III. Bonnefoy du Plan avait lui aussi reçu le petit dessin d'une illumination qui représentait une fête nocturne à Trianon. La reine commandait aussi des miniatures représentant sa résidence favorite pour des dessus de tabatières et de drageoirs. Son architecte reçut ainsi une boîte doublée en or, enrichie des vues du Petit Trianon peintes à l'huile et fixées sur glace, et une autre, en écaille, enrichie sur le couvercle d'un plan gravé du Petit Trianon et de huit médaillons représentant les différentes vues du jardin, le tout cerclé d'or.

Le 11 mai 1786, la reine accueillit son frère Ferdinand, gouverneur de Lombardie, et sa femme, Marie Béatrice d'Este, qui voyageaient sous le titre de comte et comtesse de Nellenbourg. Ils dînèrent cette fois-là à Trianon avec le roi mais n'y couchèrent pas. Ils soupèrent ensuite deux fois chez la duchesse de Polignac. La marquise de Sabran écrivit le 5 juin de cette année-là : « Hier au soir, j'ai été souper chez la duchesse de Polignac. Il y avait un monde prodigieux. L'archiduc et l'archiduchesse y assistaient ainsi que la reine. » Et puis le 11 juin, elle écrit, toujours au chevalier de Boufflers : « J'ai soupé hier au soir chez la duchesse de Polignac, avec cent personnes qui n'avaient pas l'air plus gai que moi. »

On avait les plus sérieux motifs à la cour d'être triste et de ne pas célébrer la fête : le cardinal de Rohan venait de gagner, devant l'opinion et devant le Parlement, le procès que la reine lui avait intenté. Marie-Antoinette était effondrée. « Faites-moi votre compliment de condoléances, dit-elle la voix entrecoupée de larmes, à Mme Campan, l'intrigant qui a voulu me perdre ou se procurer de l'argent en abusant de mon nom et en imitant ma signature vient d'être pleinement acquitté... Un peuple est bien malheureux d'avoir pour tribunal suprême un ramassis de gens qui ne consultent que leurs passions, et dont les uns sont susceptibles de corruption, et les autres, d'une audace qu'ils ont toujours manifestée contre l'autorité et qu'ils viennent de faire éclater contre elle. »

34

TOURMENTE À TRIANON

Marie-Antoinette avait pensé faire condamner le cardinal comme escroc. « Il a pris mon nom, écrivait-elle à son frère, comme un vil et maladroit faux-monnayeur. » Mais, à l'instruction, l'affaire prit une tournure inattendue. Il devint évident que le cardinal avait été dupe et non voleur. Il avait cru réellement acheter le collier pour Marie-Antoinette. N'avait-il pas cependant fait outrage à sa souveraine en tenant pour vrai que la reine de France ait chargé une Mme de La Motte d'acheter un collier pour elle, en lui donnant rendez-vous de nuit dans les jardins de Trianon ? Ce procès devenait le procès de la reine. Puisqu'elle avait élevé Mme de Polignac au plus haut degré de faveur, un caprice ne pouvait-il pas avoir gagné les bonnes grâces de cette femme La Motte qui descendait de la race des Valois ? Ne s'était-elle pas autorisé mille libertés interdites aux autres reines ? Quant à acquérir des diamants à l'insu du roi, n'avait-elle pas déjà traité avec Boehmer pour des pendants d'oreilles de plus de cent mille écus par l'intermédiaire d'une femme de chambre ? Louis XVI avait payé sur sa cassette personnelle, c'est entendu, mais ne venait-elle pas de renouveler la même erreur ?

Le cardinal comptait parmi ses alliés des princes du sang, en place dans les grands ordres de l'État, dans le clergé et la noblesse. Ceux-là trouvaient exorbitant de voir l'un des leurs, abbé de plusieurs abbayes, proviseur à la Sorbonne, grand aumônier de France, confondu avec une intrigante, un charlatan et des comparses obscurs. Les vieux courtisans du temps de Louis XV, laissés de côté par la génération de la reine, boudaient. Une puissante coterie était montée contre elle. On détestait l'alliance autrichienne dont elle était le symbole. Le peuple s'était peu à peu détaché de sa reine et prêtait l'oreille à toutes les calomnies qui couraient sur elle. Beaumarchais avait tracé de la calomnie un effrayant portrait. Il avait écrit de façon prémonitoire : « Il n'y a pas de conte absurde qu'on ne fasse adopter aux oisifs d'une grande ville en s'y prenant bien... D'abord un bruit léger rasant le sol comme une hirondelle avant l'orage... Telle bouche le recueille et *piano, piano,* vous le glisse à l'oreille adroitement. Le mal est fait, il germe, il rampe, il chemine, et *riforzando,* de bouche en bouche, il va le diable. Puis tout à coup, on ne sait comment, vous voyez la calomnie se dresser, siffler, s'enfler, grandir à vue d'œil. Elle s'élance, étend son vol, tourbillonne, enveloppe, arrache, entraîne, éclate et tonne, et devient, grâce au ciel, un cri général, un *crescendo* public, un chorus universel de haine et de proscription. Qui diable y résisterait ? »

On comprend que Marie-Antoinette ait eu

quelque raison de se reconnaître et envie de jouer elle-même cette partition qui s'appliquait trop bien à son cas.

Si le tribunal reconnaissait que la reine n'avait été pour rien dans les intrigues qui avaient trompé le cardinal, puisqu'il condamnait la comtesse de La Motte, il ne la considérait pas pour autant comme au-dessus de tout soupçon.

À ce moment justement, pour ne pas perdre la Hollande, Louis XVI devait verser en dédommagement à Joseph II la somme de cinq millions de florins. Le traité était considéré comme une duperie et l'opinion publique plus que jamais remontée contre l'« Autrichienne ».

« À cette époque, dit Mme Campan, finirent les jours fortunés de la reine. Adieu pour jamais aux paisibles voyages de Trianon, aux fêtes où brillaient à la fois, le luxe, l'esprit et le bon goût français. Adieu à ce respect dont les formes accompagnent le trône. » Il faut cependant apporter quelques réserves à ces regrets de la première femme de chambre. Les fêtes continuaient.

Toutefois Trianon a joué un rôle considérable dans l'affaire du collier. L'effrontée comtesse, afin de convaincre Rohan de son intimité avec la reine, feignit d'avoir été reçue en cachette à Trianon, le soir, pour des entretiens amoureux. Dans ses *Mémoires*, le cardinal rapporte : « Son nom, ses malheurs, la bonté de la reine, affirmait-elle, lui avaient ouvert un accès auprès de sa personne : elle l'approchait en secret. » Cagliostro, dans ses *Souvenirs*, écrit : « Je me trouvais à Bordeaux dans le temps de l'apparition de la fausse reine

293

dans les bosquets de Trianon. » Personne n'osait évoquer la nature des « bontés » de la reine pour l'intrigante. Celle-ci en parla dans ses *Mémoires* lorsqu'elle se fut enfuie à Londres, soutenant que la reine était amoureuse d'elle. Quant à la « fausse reine » il s'agissait de Mlle d'Oliva qu'on avait déguisée en Marie-Antoinette en comptant sur l'obscurité pour que le cardinal ne découvre pas la supercherie.

Si la reine n'avait pas éradiqué autour d'elle les barrières protectrices de l'ancienne étiquette, si elle n'était pas demeurer seule dans un château, sans le roi, sans ses dames d'honneur, entourée seulement de serviteurs, pour y vivre « en particulière » avec quelques intimes dont on pensait qu'ils abusaient d'elle, jamais la comtesse de La Motte n'eût pu prétendre à faire partie de cette intimité mal comprise par l'opinion publique. Sans l'inconduite des courtisans uniquement intéressés par leur avancement, jamais la complice du cardinal n'eût même conçu son effarant projet. Avait-elle agi par cupidité ou par dépit amoureux ? Qui le dira ?

La suite est encore plus trouble. On décréta absurdement que Marie-Antoinette était la maîtresse du cardinal. Alors qu'elle le détestait. Puis on trouva que le cardinal et la femme La Motte avaient été également coupables mais inégalement jugés. On voulut rétablir la balance de la justice en exilant le cardinal à l'abbaye de la Chaise-Dieu, et en laissant s'évader Mme de La Motte, peu de jours après son entrée à la prison de Saint-Lazare. Ce nouveau décret confirma les

Parisiens dans la conviction qu'elle n'était peut-être pas si menteuse. Mais toutefois, lui rendre la liberté après l'avoir fouettée et marquée au fer rouge de la lettre « V » signifiant voleuse, c'était lui donner les moyens de se livrer à une vengeance dont elle ne pouvait manquer d'être enragée. Les circonstances de son évasion sont d'ailleurs assez misérables : elle arriva à pied, moitié nue et presque mourante, à Bar-sur-Aube, et se cacha dans un trou de carrière, où elle serait morte de faim sans la compassion de la mère de son avocat, qui lui porta de la nourriture et lui donna de l'argent pour fuir à l'étranger. Comme on pouvait le prévoir, elle publia d'horribles *Souvenirs* sur Marie-Antoinette.

Cette année-là, on acheta un grand nombre de fleurs à Trianon. Myrtes, grenadiers, géraniums, chèvrefeuilles, tubéreuses, jasmins d'Espagne et d'Arabie, narcisses, œillets d'Espagne, campanules, amarantes, giroflées. La reine continuait de s'intéresser aux travaux de son jardinier, Antoine Richard, malgré la tourmente qu'elle traversait. Les cerisiers étaient particulièrement soignés. On les couvrait de filets pendant la saison des fruits.

Le roi, sans doute profondément choqué par l'affaire du collier, était parti à Cherbourg assouvir sa passion pour la marine nationale. Pendant son absence, Marie-Antoinette alla s'enfermer à Trianon, où elle demeura dans une retraite absolue. Elle fut saignée, car la quatrième grossesse qu'elle menait à terme lui causait de lourds maux de tête. Lorsque la comtesse de Provence voulut lui rendre visite, elle lui refusa l'entrée du château. Seule Madame Elisabeth trouvait grâce à ses yeux. Les deux belles-sœurs restaient avec les enfants et les gouvernantes.

L'isolement de la reine se termina avec le retour du roi, qui revint de Cherbourg le 29 juin. Il se rendit, dès son arrivée, à Trianon, pour y retrouver avec émotion sa femme enceinte et ses enfants. La reine rentra avec lui à Versailles. Elle y accoucha le 8 juillet 1786 d'une deuxième fille, la princesse Sophie. Quelque temps après, elle reçut la visite d'une de ses sœurs aînées, qui dut lui être moins agréable que celle de son frère Ferdinand. C'était Marie-Christine, souveraine des Pays-Bas, mariée au duc de Saxe-Teschen. Elles avaient quelque raison d'avoir une médiocre sympathie l'une pour l'autre. Lorsque l'impératrice avait appris que sa fille venait d'acheter des bracelets de diamants à l'insu du roi, et lui en faisait le reproche, Marie-Antoinette avait dit à l'abbé de Vermont : « – Voilà que la nouvelle de mes bracelets est arrivée à la cour de Vienne. Je gage que cet article vient de ma sœur Marie-Christine ? – Pourquoi ? dit l'abbé. – C'est de la jalousie, c'est dans son goût », répondit la reine.

Elle eut du mal à supporter la présence de cette sœur peu indulgente au lendemain de l'affaire du collier. Son accueil paraît avoir manqué d'empressement. Elle lui fit donner la comédie à Versailles, mais il n'y eut ni fête ni réception à Trianon. En même temps, Marie-Antoinette venait d'accoucher peu avant cette visite et n'avait peut-être plus envie de donner des réceptions à Trianon.

Un petit billet très sec adressé à Mercy donne une idée de son état d'esprit. On pensait qu'elle recevrait sa sœur, pendant que son mari, le prince des Pays-Bas, chassait avec le roi, la laissant livrée à elle-même dans ce Versailles peu chaleureux. Mais au contraire, Marie-Antoinette écrit à l'ambassadeur de Vienne : « Faites bien entendre que ces jours-là je me les réserve pour mes affaires, et que j'aime à être seule, pour qu'elle ne demande pas à venir, car cela me gênerait fort. » On voit qu'elle ne tenait pas à se retrouver face à cette sœur peu amène.

Le couple partit de Versailles le 28 août. Dès le lendemain, la reine vint s'établir à Trianon pour tout le mois de septembre. C'est à ce séjour que se rapporte un épisode raconté par Mme Campan. En entrant dans la chambre de la reine, elle la trouva couchée avec des lettres éparses sur son lit. En larmes, et répétant au milieu de ses sanglots : « Ah ! Je voudrais mourir ! Ah ! Les monstres ! Que leur ai-je fait ? » Malgré l'eau de fleur d'oranger et l'éther qui devaient la calmer, rien n'y faisait. « Laissez-moi, disait-elle, si vous m'aimez, il vaudrait mieux me donner la mort. » « Elle jeta un moment ses bras à mon cou et se mit à verser de nouvelles larmes. Je vis qu'une grande et secrète peine déchirait son cœur. Qu'elle avait besoin d'une confidente et que ce devait être son amie. Je le lui dis. » Mme Campan ne se souciait point de recevoir un secret qui pouvait être dangereux pour elle. Et malgré l'opposition de la reine, elle se dégagea de ses bras et fit chercher la duchesse de Polignac qui arriva dans les dix minutes qui suivirent. Un messager à cheval attendait toujours aux portes du Petit Trianon pour se rendre à toutes fins utiles jusqu'au château de Versailles.

Mme de Polignac entra, la reine se jeta dans ses bras. La cameriste sortit prestement. Un quart d'heure après, la reine, redevenue plus calme, sonna pour choisir ses toilettes du jour. Bientôt après le comte d'Artois arriva de Compiègne où il était à la chasse avec le roi.

Louis XVI dîna au hameau le 21 septembre, comme il le note dans son Journal. Le médecin de la reine lui ordonna de se livrer à l'activité du jeu de paume. Dès lors, on trouve dans les comptes pour les quartiers d'été cette mention : « Masson, paumier du roi, pour son service pendant un mois à Trianon, auprès de la reine, a reçu 720 livres. » Le séjour de 1786 se termina sans autre incident. Mais la reine aurait bien d'autres sujets de larmes à partir de ce moment. Les libelles déchaînés qui provoquaient ses sanglots seraient suivis de pires encore, avant que la fureur se déclare contre elle et contre les siens.

35

DERNIÈRES RETOUCHES À TRIANON

Le cœur n'y était plus mais les bals de la reine à Versailles pendant l'hiver 1787 ne furent pas moins brillants que les années précédentes. On refit même la grande maison de bois annexée au théâtre de la cour des Princes. On y ajouta un cabinet de toilette pour la reine, un salon de jeu pour le roi, une salle de billard, une salle à manger, des emplacements pour les buffets.

Les soieries de Lyon qui souffraient des caprices de la mode reçurent en commande un parement de soie destiné au mobilier du petit cabinet voisin de la chambre à coucher de la reine au Petit Trianon. Ce cabinet était lambrissé de boiseries unies, or le mécanisme qui permettait de masquer les fenêtres par des panneaux de glaces remontant du sol à volonté exigeait une décoration appropriée : afin de ne pas toucher aux rouages et poulies des glaces mouvantes, Mique fit peindre des arabesques sur le bois. On plaça une nouvelle cheminée en marbre blanc à colonnes. Cette guirlande de fleurs entremêlée d'amours, de vases, d'arcs, de flambeaux, de colombes, d'écussons aux armes de France, du chiffre de Marie-

Antoinette, fut la dernière coquetterie du château. Le mobilier était en « pou de soie bleue, recouvert de broderies et de dentelles en soie blanche ». Il se composait d'un lit de repos de dix pieds de long sur trois de large, avec chevet, boudins, carreaux garnis en draperies dorées sur le devant et cinq oreillers emplis de duvet, de la même décoration. Il y avait encore trois fauteuils recouverts de la même façon, deux chaises garnies, quatre draperies pour les fenêtres retenues par huit écharpes, le tout encadré de broderies et de franges en soie de Grenade.

En ce début juin trois voyageurs venus de Lorraine voulurent voir le « jouet de la reine ». L'un d'eux a raconté sa visite : « Le 3 juin nous sommes allés au Petit Trianon. La reine vient fréquemment s'y délester du poids de la grandeur. Elle aime à y être seule et à s'y livrer à des jeux qui ne sont point de son rang. Les murs sont tapissés de broderies, les parquets, de marqueteries, les fleurs sont des champs ou sauvages. L'étiquette étant bannie, on n'y aperçoit point les distinctions du tabouret. La salle de bain est de la plus grande beauté. »

Tandis qu'ils visitent, la reine se dirige vers la laiterie pour y boire un gobelet de lait tiède, leur guide les fait se cacher et ils contemplent, bouche bée, le passage de la souveraine. « En simple robe de linon, sous ces habits modestes, elle paraissait plus majestueuse que dans le grand costume de cour où nous l'avions vue à Versailles. On ne distingue point ses pas, elle glisse avec une incomparable grâce et relève plus fièrement la tête, quand, comme à ce moment-là, elle se croit seule. Nous eûmes tous trois comme le désir de fléchir les genoux, nous sentant partagés entre la crainte d'être aperçus et l'espérance de l'être. »

Mais les chagrins allaient s'enchaîner désormais, et le 19 juin, la reine vint dans son château pleurer sa petite Sophie morte à l'âge de 11 mois. Elle demanda dans une courte lettre à Madame Elisabeth de venir auprès d'elle pour supporter sa douleur autrement que dans la solitude : « Nous pleurerons sur la mort de ma pauvre petite ange. Adieu, mon cher cœur, vous savez combien je vous aime, et j'ai besoin de tout votre cœur pour consoler le mien. » Louis XVI écrivit seulement dans son Journal au sujet du décès de la petite princesse : « Mercredi 19, mort de ma fille cadette ; promenade à pied à Saint-Cyr. » Madame Elisabeth, quant à elle, écrit à son amie Angélique de Bombelles pour lui apprendre le deuil de la reine et le séjour qu'elles font ensemble à Trianon, sans la duchesse de Polignac mais avec les trois enfants qui restent encore : « La petite Madame Royale a été charmante et a montré une sensibilité extraordinaire pour son âge. » Celle qui deviendrait la duchesse d'Angoulême en épousant son cousin, le fils du comte d'Artois, selon les dernières volontés de sa mère.

La politique prit à Trianon le pas sur le plaisir. Devant le déficit des finances de l'État, on cherchait un ministre capable de faire des réformes qui sauvent la situation du pays. On voyait la misère s'étendre dans les campagnes, le prix du blé monter dangereusement, des soulèvements se produire dans tous les coins de France. Les pillards envahissaient les chemins et mettaient à sac les granges et les greniers. L'abbé de Vermont pensait à remplacer Calonne par l'archevêque de Toulouse, Loménie de Brienne, sur lequel l'ambassadeur Mercy fondait de grands espoirs. L'empereur d'Autriche avait lui-même exhorté « son auguste sœur à porter l'attention du Roi sur le prélat en question ». Louis XVI faisait la sourde oreille. Il végétait dans la plus grande indécision. On aurait voulu que la reine acquière une influence dans le gouvernement. Mercy attendait ce moment. Il écrivait : « Le caractère du roi penche à la faiblesse. Il serait facile à la reine de le gouverner si elle voulait s'en donner la peine. » Mais à cette époque-là le discrédit de la reine est trop fort. Elle se cache à Trianon avec sa « compagnie », Madame Elisabeth, les Polignac, Coigny, Adhémar, Esterhazy, Vaudreuil, Besenval et Artois qui vient y souper deux à trois fois par semaine.

Le roi s'y rend seul, lorsqu'il ne chasse pas, sans capitaine des gardes, il déjeune avec la reine, dîne, puis s'en va au jardin lire dans un bosquet. Lorsqu'il vient pour le souper, il joue une partie de billard ou de loto puis rentre se coucher à Versailles. Comme il n'y a pas de logements à Trianon, la « compagnie » couche également à Versailles, à part Madame Elisabeth qui a ses appartements là. Il faut à tout prix faire des économies dans le fonctionnement du Petit Trianon. Esterhazy, Vaudreuil, Polignac, Coigny se voient enlever les charges plus ou moins imaginaires pour lesquelles ils touchaient de grasses pensions.

Ils en conçoivent une rage virulente. Le duc de Coigny a une vive altercation avec le roi qui lui apprend la nouvelle. La reine s'en plaint à Besenval qui lui répond : « Il perd trop pour se contenter de vagues compliments. Il est affreux de vivre dans un pays où l'on n'est pas sûr de posséder le lendemain ce qu'on avait la veille. Cela ne se voit qu'en Turquie. » On juge par ces diverses réactions du degré d'insolence auquel les favoris de la reine étaient montés. Vaudreuil perdit sa charge de grand fauconnier et ne fut pas agréé au poste de gouverneur du dauphin. Marie-Antoinette prit la peine de lui expliquer en privé, au cours d'une promenade dans ses jardins, les raisons qui lui imposaient de réduire ses charges. Mais le facétieux Besenval le prit très mal. Aussi dit-il dans ses *Mémoires* : « En reprenant le chemin de la maison où la compagnie l'attendait, elle ne me parla plus de rien. »

Un envoyé de la reine de Naples, le chevalier de Bressac, vint à Trianon pour une mission secrète relative au mariage de Madame Royale avec le prince des Deux-Siciles. Mais Marie-Antoinette avait déjà décidé de marier sa fille aînée à son neveu, le duc d'Angoulême. Toutes ces intrigues n'empêchaient pas le train de vie du Petit Trianon de poursuivre son cours. Au théâtre, les machinistes changeaient les décors, nettoyaient la scène et faisaient tourner les rouages. Il y eut trois grands bals les 5, 7 et 11 août et ainsi chaque semaine. On critiqua beaucoup ces fêtes comme étant de nature déplacée dans le contexte de restrictions que l'État devait s'imposer.

Dans la nuit du 18 août, un moine escalada le mur du Petit Trianon pour présenter une requête à la reine. En tout cas le prétendait-il. On l'arrêta et on le jeta en prison en le soupçonnant d'avoir été envoyé pour commettre un attentat. Le roi se résolut à prendre pour ministre l'archevêque Loménie de Brienne. On y vit l'influence marquée de la reine ou plutôt de son confesseur de toujours, l'abbé de Vermont, lui-même agent de Mercy pour la cour de Vienne. L'abbé, enivré, demanda dès lors qu'on lui donne du « monsieur » et qu'on agrandisse ses appartements. Mais c'était un esprit médiocre que Marie-Antoinette regardait comme un homme très ordinaire. Malgré la passion qu'il avait pour elle, elle comptait plus sur son dévouement que sur ses lumières. Louis XVI, qui le considérait comme un agent de Vienne, était resté dix ans sans lui adresser la parole. L'abbé laissa éclater sa joie et déclara sans vergogne : « Dix-sept ans de patience ne sont pas trop longs pour réussir dans une cour. » Désormais on se levait sur son passage.

Le portrait de la reine destiné au roi de Suède avait essuyé de telles critiques acerbes et désobligeantes qu'elle en commanda un nouveau d'elle et de ses enfants à Mme Vigée-Lebrun. On l'y voit entourée du dauphin, de Madame Royale et du duc de Normandie. Auprès d'elle, le berceau vide de la princesse Sophie, morte pendant que l'artiste travaillait à cette toile. « La dernière séance que j'eus de Sa Majesté, dit-elle dans ses *Mémoires*, me fut donnée à Trianon où je fis sa tête pour ce grand tableau dans lequel je l'ai peinte avec ses enfants. Je me souviens que le baron de Breteuil, alors ministre, était présent et, tant que dura la séance, il ne cessa de médire sur toutes les femmes de la cour. Il fallait qu'il me crût sourde ou bien bonne personne pour ne pas craindre que je rapporte aux intéressées ses méchants propos. Le fait est que jamais je n'en ai répandu un seul, quoique je n'en aie oublié aucun. »

L'exposition de cette peinture valut à la reine un de ces noms sinistres dont s'empara la Révolution. À l'ouverture du salon, l'artiste n'avait pas encore terminé son œuvre. Le cadre demeura quelques jours accroché vide. Un spectateur, voyant ce cadre, s'écria, par allusion à la situation financière dont on parlait sans cesse : « Voilà le déficit ! » On commença dès lors à appeler la reine, à qui on attribuait une large part dans les prodigalités du ministre Calonne, « Madame Déficit ».

36

DERNIERS FEUX À TRIANON

L'équipée du moine en pleine nuit au Petit Trianon annonçait l'émergence d'un sentiment général. On était curieux maintenant de venir vérifier *de visu* ce qui s'y passait. Le monde exclu de ce jardin de délices s'en vengeait en le dénigrant. Cela prenait des proportions fantastiques. On voyait se dessiner les signes menaçants de l'orage populaire qui montait à l'horizon.

En 1788, Marie-Antoinette s'établit à Trianon au mois de juillet. Il n'y eut plus ni fêtes, ni spectacles, ni bals. On dansa en petit comité dans la grange du hameau. La reine fit construire un jeu de boules le long du bras gauche de la rivière. Le roi vint déjeuner chaque jour à Trianon. On fit encore un grand festin pour Mesdames tantes le 24 juillet. Il y eut des potages aux laitues, des pièces de bœuf aux choux, de la longe de veau à la broche, des pâtés espagnols, des poulets à la tartare, des dindons poêlés à la ravigote, des ris de veau en paillotes, des canetons de Rouen à l'orange, des chapons, levreaux, perdreaux rôtis, des buissons de brioche, de la crème au chocolat, de la gelée d'orange, des œufs pochés au jus, des gâteaux princesse et des gaufres à l'allemande. Et il y eut encore deux dîners au hameau.

Le 10 août, le roi reçut en grande pompe les trois ambassadeurs de Tippoo Sahib, souverain du Mysore. La reine fit faire leurs portraits en cire, grandeur nature et les plaça, fumant leurs pipes, dans une des chaumières du hameau, sous un grand palanquin chinois. Marie-Antoinette ne gardait plus auprès d'elle que Madame Elisabeth, Coigny, Polignac et Vaudreuil. Elle avait maintenant percé tous ses favoris à jour. Elle savait à quoi s'en tenir sur la bonhomie de Besenval, l'emportement dont était capable le duc de Coigny, la violence et les exigences perpétuelles du comte de Vaudreuil. Les Polignac, qui n'avaient plus rien à espérer, ne se gênaient plus pour recevoir dans leurs salons les ennemis de la reine. Ils se répandirent en propos malveillants. La reine déserta peu à peu leurs soirées. Elle recherchait à nouveau la compagnie de la princesse de Lamballe, revenue de Londres où elle était en sûreté, pour être auprès de son amie dans les mauvais jours. Elle lui était restée attachée et conservait sa charge de surintendante de sa maison. On la voyait revenir dans ce Paris qui lui réservait une mort affreuse, pour ne plus quitter celle qu'elle n'avait jamais cessé d'aimer.

Les bruits continuaient de courir ; on colporta que Marie-Antoinette aimait à danser des écossaises avec un jeune lord, aux petits bals de Mme d'Ossun. Une fois qu'elle se hasardait à exprimer à la duchesse de Polignac le déplaisir que lui inspiraient certaines personnes qu'elle rencontrait chez elle, il lui fut rétorqué : « Ce n'est pas parce que Votre Majesté veut bien venir dans mon salon, qu'il faut qu'elle prétende en exclure mes amis. »

Plus tard, Fersen retrouvant Mme de Polignac réfugiée à Vienne s'étonnera qu'elle ne lui parle que de ses « affaires » et jamais de son amie disparue. Dans une lettre de Marie-Antoinette à la princesse de Lamballe, on trouve encore une information sur un séjour au Petit Trianon au printemps 1789. « Je pars à l'instant avec ma chère Elisabeth pour mes jardins de Trianon. M. de Jussieu les est venu visiter et j'y fais de grandes plantations nouvelles. J'espère bien, ma chère Lamballe, que j'aurai la consolation d'y aller avec vous la prochaine fois. Nous sommes assez tranquilles ici dans ce moment… Adieu, mon cher cœur, je vous embrasse. »

Mais depuis le mois de mai des processions de visiteurs défilaient à Trianon en se mêlant aux ouvriers qui terminaient les travaux ou aux employés des jardins. On venait y chercher la trace des désordres annoncés de tous côtés. Tout le monde voulait voir de ses yeux le château et les jardins fameux sur lesquels on avait débité tant de récits fantastiques. Les signes de ce luxe auquel on attribuait la ruine de la France. Des députés venus de province, trouvant que la simplicité de cette maison de plaisance ne répondait pas à ce qu'ils imaginaient, insistaient pour qu'on leur fasse voir ces fameux cabinets secrets qui devaient être partout ornés de diamants, avec des colonnes incrustées de saphirs et de rubis. La reine était abreuvée de ces idées folles. Ils confondaient avec la décoration de théâtre qui avait été faite sous le règne de Louis XV. Le décor imaginé par Mazières, à l'époque, scintillait des mille feux de fausses pierres en verre ordinaire. Il y eut tant d'allées et venues de gens de toute sorte au Petit Trianon qu'on dut y mettre une garde extraordinaire jusqu'au départ de la famille royale pour les Tuileries.

Dans la nuit du 3 au 4 juin 1789, le premier dauphin âgé de six ans, après de longs mois de souffrance, venait de rendre l'âme. La reine avait écrit à son frère en février 1788 : « Mon fils me donne bien de l'inquiétude. Sa taille s'est dérangée, et pour une hanche qui est plus haute que l'autre, et pour le dos dont les vertèbres sont un peu déplacées et en saillie. Depuis quelque temps il a toujours la fièvre, il est fort maigre et faible. »

La marquise de Volude, dame de la princesse de Lamballe, écrivait à sa mère : « Tout ce que dit ce pauvre petit est incroyable, il fend le cœur de la reine. Il est d'une tendresse extrême pour elle. L'autre jour, il l'a suppliée de dîner dans sa chambre. Hélas, elle avala plus de larmes que de pain. » Son pauvre corps contrefait, amaigri douloureusement, n'avait pas résisté. Il ne supportait même plus à la fin les parfums de la duchesse de Polignac. De son air épuisé il disait : « Sortez, duchesse, vous avez la fureur de faire usage d'odeurs qui m'incommodent toujours. »

Louis XVI et Marie-Antoinette allèrent se cacher à Marly où l'enfant venait d'agoniser sous leurs yeux impuissants.

Lors de la procession des états généraux, des femmes du peuple, en voyant passer la reine avaient crié « Vive le duc d'Orléans ! » avec de tels accents de haine qu'elle avait failli s'évanouir.

La reine ne revint au Petit Trianon qu'un après-midi du 5 octobre. Elle se promena seule dans ces jardins qu'elle parcourait pour la dernière fois de sa vie. Le roi chassait à Meudon. L'armée parisienne, précédée d'une troupe de femmes en colère, marchait sur Versailles pour s'emparer du couple royal. Quand cette foule parut à l'entrée de l'avenue de Paris, on envoya des messagers pour prévenir le roi et la reine de rentrer à Versailles. Le sombre message la trouva réfugiée dans sa grotte, aux prises avec les plus angoissantes questions. Cette grotte, comme un réduit obscur, avait été le prétexte à mille atrocités colportées sur Marie-Antoinette, par les jacobins, décidés à la traîner dans la boue avant de l'envoyer à l'échafaud. Il y avait bel et bien matière aux plus tristes pensées.

Pendant la journée du 20 juin, Louis XVI avait vu le serment du Jeu de paume où la nouvelle Assemblée nationale, qui venait de se créer, avait juré de ne pas se séparer avant d'avoir donné une constitution démocratique à la France.

Puis le roi vit l'insurrection du 14 juillet qui se termina par la prise de la Bastille.

Marie-Antoinette avait le cœur déchiré par la mort du dauphin qui avait manifesté pendant les longs mois de son agonie un courage extra-ordinaire puisqu'il avait voulu assister, chétif et vacillant, à la procession des députés qui allaient former l'Assemblée nationale.

L'insurrection avait été principalement dirigée contre la reine. Celles qu'on nommait les « poissardes » criaient que leurs tabliers blancs seraient bientôt ensanglantés des entrailles de Marie-Antoinette. Des témoins affirmèrent qu'ils avaient reconnu le duc d'Orléans parmi les assaillants, indiquant, un chapeau rabattu sur les yeux, les appartements de la reine...

La reine avait eu la tristesse de voir émigrer la duchesse de Polignac. Elle lui avait écrit ce billet : « Adieu la plus tendre des amies ! Que ce mot est affreux mais il est nécessaire. Adieu. Je n'ai que la force de vous embrasser. » Elle fut remplacée dans sa charge par la duchesse de Tourzel à qui Marie-Antoinette dira : « Madame, j'avais confié mes enfants à l'amitié. Aujourd'hui je les confie à la vertu. »

Elle était bien maintenant dispersée, cette société de Trianon qui avait tant joui des dons de la reine. Dès le lendemain de la prise de la Bastille, le comte d'Artois était parti avec Vaudreuil, donnant le signal de l'émigration, et derrière eux les Polignac, fuyant devant l'explosion de la haine publique. L'abbé de Vermont avait suivi le mouvement et était rentré à Vienne. Les autres ne tardèrent pas à l'imiter ou se cachèrent à l'étranger, en Angleterre, en Allemagne, en Autriche.

Mais ce jour-là le cortège des assaillants à Versailles exigeait que le roi et la reine reviennent sur Paris. Les têtes des gardes du corps massacrés étaient montées sur des piques. Le carrosse royal entouré de la cohue vociférant se dirigea vers la capitale à petite allure. La marche était si lente que la famille royale ne parvint à l'Hôtel de Ville que le soir de cette journée d'enfer.

Marie-Antoinette avait quitté le Petit Trianon pour ne plus y revenir.

37

TRIANON DEVANT
LE TRIBUNAL RÉVOLUTIONNAIRE

Au cours du procès de la reine bâclé en quelques heures, le président du Tribunal ne laissa rien de côté dans les chefs d'accusation retenus contre elle. Les dépenses du Petit Trianon en firent partie. Les questions fusèrent :

— N'avez-vous pas abusé de l'influence que vous aviez sur votre époux pour lui arracher des bons sur le Trésor public ?

— Non, jamais.

— Où avez-vous donc pris l'argent avec lequel vous avez fait construire et meubler le domaine du Petit Trianon, dans lequel vous donniez des fêtes, vous considérant comme la déesse des lieux ?

— C'était un fonds que l'on avait destiné à cet effet.

— Il fallait que ce fonds soit bien conséquent car le Petit Trianon a coûté des sommes énormes.

— Il est possible que le Petit Trianon ait coûté des sommes immenses, peut-être plus que je ne l'aurais désiré. On avait été entraîné dans les dépenses peu à peu. Du reste je désire plus que personne que l'on soit instruit de ce qui s'y est passé.

Au commencement un crédit avait été ouvert au service des Bâtiments du roi pour l'exécution du premier plan de Mique. Mais ce crédit insuffisant se trouva bientôt épuisé. Puis chaque année une fantaisie nouvelle venait s'ajouter aux autres. Il fallait la réaliser sans retard sans avoir pris le temps d'établir des prévisions régulières. On avait dû grappiller sur tous les budgets : celui des dépenses de la reine, celui des Bâtiments, des menus-plaisirs, du garde-meuble, des jardins, sans compter ce que le roi avait payé sur sa cassette personnelle. Malgré cela, on n'avait pu payer les entrepreneurs qui avaient fini par envoyer des huissiers. Si Fouquier-Tinville avait pris le temps d'instruire l'accusation, il aurait trouvé dans les dossiers de la liste civile le compte de la liquidation des dépenses du Petit Trianon, arrêté le 31 août 1791. Il s'élève à la somme de 1 649 529 livres dont on avait payé 1 170 730 livres. Il restait dû 478 799 livres. Cette somme comprenait également les frais engagés pour les fêtes et les représentations, mais ne contient pas le coût des plantations et du mobilier qui incombait au roi. On peut en conclure que la dépense totale dut atteindre la somme de deux millions de livres.

L'interrogatoire à ce sujet se poursuivait :

— N'est-ce pas au Petit Trianon que vous avez connu pour la première fois la femme La Motte ?

— Je n'ai jamais vu cette femme.

— N'a-t-elle pas été votre victime dans l'affaire fameuse du collier ?

— Elle n'a pu l'être puisque je ne la connaissais pas.

— Vous persistez donc à nier que vous l'ayez connue ?

— Mon plan n'est pas la dénégation. C'est la vérité que j'ai dite et que je persisterai à dire.

Mais Mme de La Motte avait déjà publié, sous le titre de *Mémoires justificatifs*, de sa retraite en Angleterre, des révélations effrontées sur ses entrevues supposées avec la reine de France. Elle avait ensuite fait paraître son autobiographie. Elle y prétendait que la reine lui avait donné des rendez-vous à Trianon, le soir entre onze heures et minuit, pendant l'hiver 1784. Elle publie le texte des billets qui lui furent écrits, dont elle a eu, dit-elle, la « discrétion » de supprimer les originaux. La reine lui indiquait les jours où elle se trouverait libre, le roi chassant à Rambouillet. On peut simplement préciser que Marie-Antoinette ne séjournait pas au Petit Trianon les mois froids de l'hiver. Que le roi n'y couchait jamais, il n'était donc pas nécessaire qu'il chasse à Rambouillet pour que la reine fût seule. Et qu'enfin Louis XVI qui notait tous ses déplacements dans son Journal n'a pas ces jours-là été à Rambouillet. D'autre part, l'accusatrice prétend que la reine s'est livrée au cardinal de Rohan, or l'on sait combien Marie-Antoinette avait d'aversion pour cet homme. Ses descriptions du Petit Trianon sont si fantaisistes qu'on s'aperçoit qu'elle n'y a jamais mis les pieds.

Elle n'eut donc ni rendez-vous secret ni aventure amoureuse avec la reine, comme elle le prétend.

Mais la corruption et la bassesse de cette brillante société, que la Révolution allait détruire, peuvent se mesurer à l'aune des inventions de l'intrigante.

Les textes insultants ou orduriers parus sur Marie-Antoinette sont l'écho de désordres plus profonds et plus graves qui minaient le peuple de France. « On ne conçoit pas quel génie infernal souffle sur les courtisans ! » s'écriait l'auteur des *Mémoires secrets* écrits par Mercy-Argenteau. La guerre des chansons et des pamphlets avait commencé dès 1781 et avait trouvé son aboutissement au Tribunal révolutionnaire.

Inceste, dépravation, traîtrise, dépenses immodérées, lesbianisme, tout avait été imputé à la femme qui ne savait pas la terrible responsabilité qui pèse sur les chefs d'État. Le deuxième dauphin, futur Louis XVII, qui trouverait la mort à la prison du Temple, n'était pas le fils du roi mais de son amant Fersen, disait-on. Elle avait comploté avec l'empereur d'Autriche, son frère Joseph II, la ruine de la France. Elle lui avait procuré des sommes considérables pour qu'il lève des armées contre son pays d'adoption. Elle avait fait nommer des ministres incapables qui avaient ruiné le pays. Elle se moquait éperdument de la misère du peuple. Celle-là même qui l'avait poussée à exiger sa mort.

Ainsi celle que l'on vit passer les traits flétris, les yeux rouges de pleurs, les cheveux blanchis

318

par le chagrin, la tête coiffée du bonnet des femmes du peuple, fut croquée par David, tandis qu'elle était debout dans la charrette des condamnés qui la menait à l'échafaud.

Le dessin est atroce. C'est celui d'une femme aux cheveux tailladés courts, insultant à la chevelure somptueuse qui était la sienne. Dépouillée de tout. Le visage défiguré par le malheur. Dont le peintre n'a gardé qu'une laideur imaginaire et brute. Car sur les traits durcis par l'insomnie et les larmes, il devait régner une sorte de beauté tragique venue du fond de l'âme. L'œil animé par l'espoir fou de la rédemption. La bouche close sur la certitude de l'innocence. Le cœur en sang à la pensée des enfants retenus en prison. Une femme réduite à rien, à pire que rien, en chemin vers l'absolu.

Mais David n'a gardé que le schéma trivial du malheur sans en pénétrer les arcanes. Son dessin fait frémir par le sarcasme qu'il jette au visage. Te voilà, toi la superbe, telle qu'en toi-même le crime t'a faite, semble-t-il ricaner. Mais de criminelle, il n'y avait pas. Seule une jeune étourdie de vingt ans, enivrée de luxe par les faiblesses d'un époux subjugué. Qui deviendra peu à peu cette femme magnifique de trente-huit ans, traquée par la meute, au procès final. Ce qu'elle s'est révélée être dans l'adversité et la haine, elle l'était depuis toujours. Elle fut maladroite sans doute, prise de panique, c'est sûr, amoureuse de la vie et du bonheur, c'est un fait. Mais le sort l'avait faite fille de l'empereur d'Autriche – lui-même français car prince de Lorraine –, reine de France, fascinante de charme et d'élégance. Qu'y pouvait-elle ? C'était son lot. On le lui reprocha avec une virulence sans exemple. Ou on l'adora.

En 1796, le docteur Meyer qui faisait une visite au Petit Trianon a laissé une description de l'état dans lequel il se trouvait. Les salles et les chambres étaient dévastées, on avait enlevé jusqu'aux serrures en bronze des portes et fenêtres, les glaces étaient cassées, les consoles brisées, les dessus de portes peints, arrachés. On avait laissé les boiseries travaillées avec art et les fenêtres en miroir dans les trois cabinets de la reine qui faisaient face au temple de l'Amour et dont la transparence était si trompeuse qu'on ne pouvait remarquer la différence entre les fenêtres ouvertes ou fermées. Dans la salle à manger étaient entassés des débris de différentes espèces de jeux, des chars brisés, des fragments de figures fantastiques ayant servi à des traîneaux, des morceaux de fauteuils et des chimères provenant du jeu de bague. Au théâtre les étoffes des sièges et des appuis des galeries avaient été enlevées. Sur une pancarte accrochée aux torchères des groupes d'avant-scène, on lisait : « Réquisitionné par le musée. »

Dans les jardins, toutes les plantations étaient abandonnées et étouffées par les plantes sauvages qui encombraient le passage. « La nature, dit-il, s'y était abrutie. » Dans le hameau la plupart des fenêtres étaient brisées, et les escaliers, à moitié rompus, étaient envahis par le lierre et la vigne sauvage. Quelques chaumières menaçaient de tomber en ruines. On apercevait des silhouettes suspectes se glisser derrière les maisons abandonnées pour aller abattre furtivement des arbres dans les bois attenants. On entendait des récits épouvantables sur les vols et les meurtres qui désolaient la région.

Puis le docteur Meyer se laisse emporter par la mélancolie des lieux. « La soirée était sombre, écrit-il, des nuages, roulant au-dessus du parc, menaçaient d'une tempête. Cette solitude, ce silence me pesaient. Soudain neuf heures sonnèrent. À ce moment une musique de harpe et de flûte en sourdine, m'étonna. Elle venait d'une horloge admirable que j'avais vue, douze ans auparavant, dans la chambre de la reine. C'était le tendre *andante* d'une sonate, précédant un *adagio* mélancolique. Il se terminait insensiblement par des notes qu'on entendait à peine. Alors se turent les flûtes, les harpes, et le silence de la mort régna de nouveau. »

Avec l'empire, le Petit Trianon reprit son rang de palais grâce à Napoléon. Après une visite qu'il y fit le 22 mars 1805 en compagnie de Joséphine, il ordonna sa restauration. Richard demeura exclu de cette réhabilitation. Il dut vendre sa précieuse bibliothèque composée des ouvrages les plus rares en botanique, pour subvenir aux besoins de sa famille. Puis, atteint d'une fièvre inflammatoire, manquant de tout, dépouillé de tout, il mourut le 28 janvier 1807, à l'âge de soixante-douze ans, laissant sa veuve et trois enfants, après une vie de travail et d'érudition.

La fin de Richard Mique, architecte de la reine, fut encore plus terrible que celle de son jardinier. Il fut accusé, avec son fils Simon, de complicité dans une conspiration ourdie pour sauver la reine. Il fut jeté en prison et condamné, le 7 juillet 1794, à la peine de mort. On les décapita tous deux le lendemain.

L'ombre de Marie-Antoinette est partout : dans les appartements dont elle faisait les honneurs comme une simple maîtresse de maison, sur le théâtre où elle déposait son diadème pour le bonnet d'une soubrette, aux concerts où elle faisait découvrir la musique nouvelle de Gluck et de Grétry, sur la barque où flottait son pavillon bleu et blanc, sur l'escarpolette qui se balançait au bord du lac devant la galerie embaumée de fleurs de la maison dite de la reine, au boudoir où elle lisait la dernière pièce de théâtre qu'on lui avait portée, dans la laiterie de marbre où ruisselait un lait aussi blanc que ses fichus de linon, à la ferme où elle donnait le pain aux chèvres et aux pigeons.

Mais derrière cette silhouette paisible et légère, se profile le spectre des cachots noirs du Temple et de la Conciergerie qui aboutissent à la guillotine.

Précédée du roi et de la princesse de Lamballe, suivie par sa sœur Elisabeth l'invincible, elle marche vers la mort, emportant ses jours heureux dans le creux de son cœur comme un enfant défunt.

CHRONOLOGIE

1749	Louis XV fait construire la nouvelle ménagerie et le salon frais.
1750 à 1759	Claude Richard crée le nouveau potager.
1759 à 1774	Antoine Richard crée le jardin botanique.
1761 à 1774	Construction du château et de la chapelle.
1774	Mort de Louis XV. Louis XVI offre le Petit Trianon à Marie-Antoinette. Création du jardin anglo-chinois.
1774 à 1782	Théâtre du Petit Trianon. Séjours fréquents de la reine avec sa « société » puis avec ses enfants, le dauphin et Madame Royale.
1782	Aménagement du hameau de la reine. Maisons normandes.
1783	La tour de Marlborough. Travaux d'Antoine Richard.
1784	Les enfants royaux à Trianon. Suppression de l'étiquette. L'horloge du château. Le loto du roi.
1785	Achèvement des maisons du hameau.

	Affaire du collier. *Le Barbier de Séville*.
1786	La ferme, la maison du garde et du jardinier. La volière. Maison de la reine et maison du billard. Granges, tour et laiterie. Manufacture de porcelaine de la reine. Tente installée pour les bals.
1787	Nouveaux meubles et lambris pour le boudoir du château. Bals et réceptions intimes au hameau.
1788	Fersen à Trianon. « Madame Déficit ».
1789	Trianon devant le Tribunal révolutionnaire.
1792	Inventaires des pépinières de Trianon.
1795	Le contenu des serres chaudes transporté au Muséum d'histoire naturelle, par décision du 4 pluviôse an III.
1796	Un limonadier s'installe à Trianon.
1805	Napoléon ordonne la restauration du Petit Trianon pour l'impératrice Joséphine. Il fait tendre les murs et les plafonds en toile de soie bleue.
25 août 1811	L'empereur donne une fête avec illuminations, spectacle et bal.
1818	Les futurs Louis XVIII et Charles X y dînent avec Wellington.
Août 1855	Visite du roi de Wurtemberg et du grand duc Constantin ainsi que de la reine Victoria.

Pendant le règne de Napoléon, sa sœur, Pauline Borghèse, habita le Petit Trianon.

Puis la duchesse d'Orléans y pleura la mort de son époux.

1867 L'impératrice Eugénie, qui veille sur le Petit Trianon, fait organiser une exposition des objets ayant appartenu à Marie-Antoinette. Les pièces sont tendues de fleuret cramoisi et blanc.

La restauration du domaine du Petit Trianon s'est poursuivie jusqu'à nos jours. Si Marie-Antoinette y revenait maintenant, on dit qu'elle pourrait se croire sortie d'un long sommeil, tant les travaux effectués respectent l'état dans lequel elle l'a laissé.

LE PETIT TRIANON
DE MARIE-ANTOINETTE
EN IMAGES

*Portrait en pied Marie-Antoinette, reine de France,
en grand costume de cour, une rose à la main.*
Mme Vigée-Lebrun, Versailles, musée du château.

Portrait de Yolande Gabrielle Martine de Polastron,
duchesse de Polignac, au chapeau de paille.
Mme Vigée-Lebrun, Versailles, musée du château.

Le comte de Fersen.
Illustration parue dans la revue *Les Contemporains*
du 16 juin 1907.

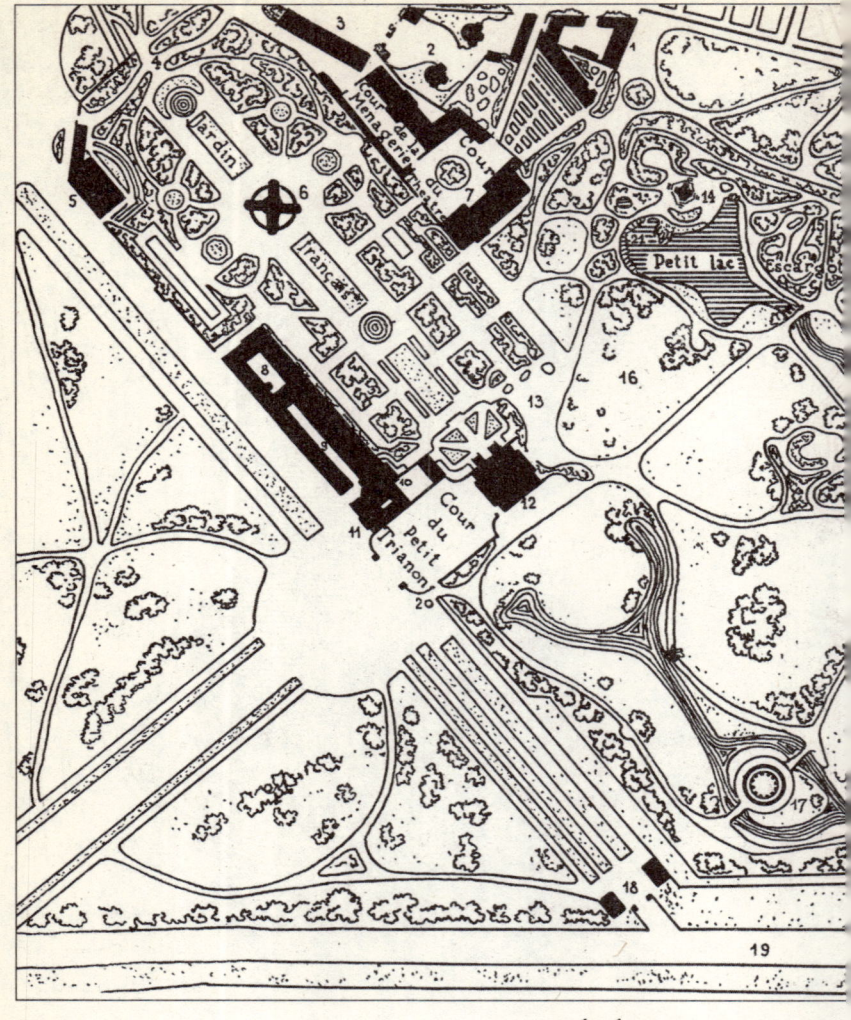

PLAN GÉNÉRAL AVANT

1. Maison
   du jardinier
2. Glacières
3. Corps de garde
4. Pont moderne
5. Musée des voitures
6. Salon de jeux et de
   conversation
7. Salle de comédie
8. Petite cour des
   cuisines et cour
   des écuries
9. Cour des cuisines
   et des communs
10. Chapelle
11. Logement du suisse
12. Château
13. Emplacement du
    jeu de bague
14. Belvédère
15. Grotte
16. Emplacement
    de l'ancienne
    orangerie (première
    salle de spectacle)
17. Île et temple
    de l'Amour
18. Grille et avenue
    des deux Trianons
19. Allée des Matelots

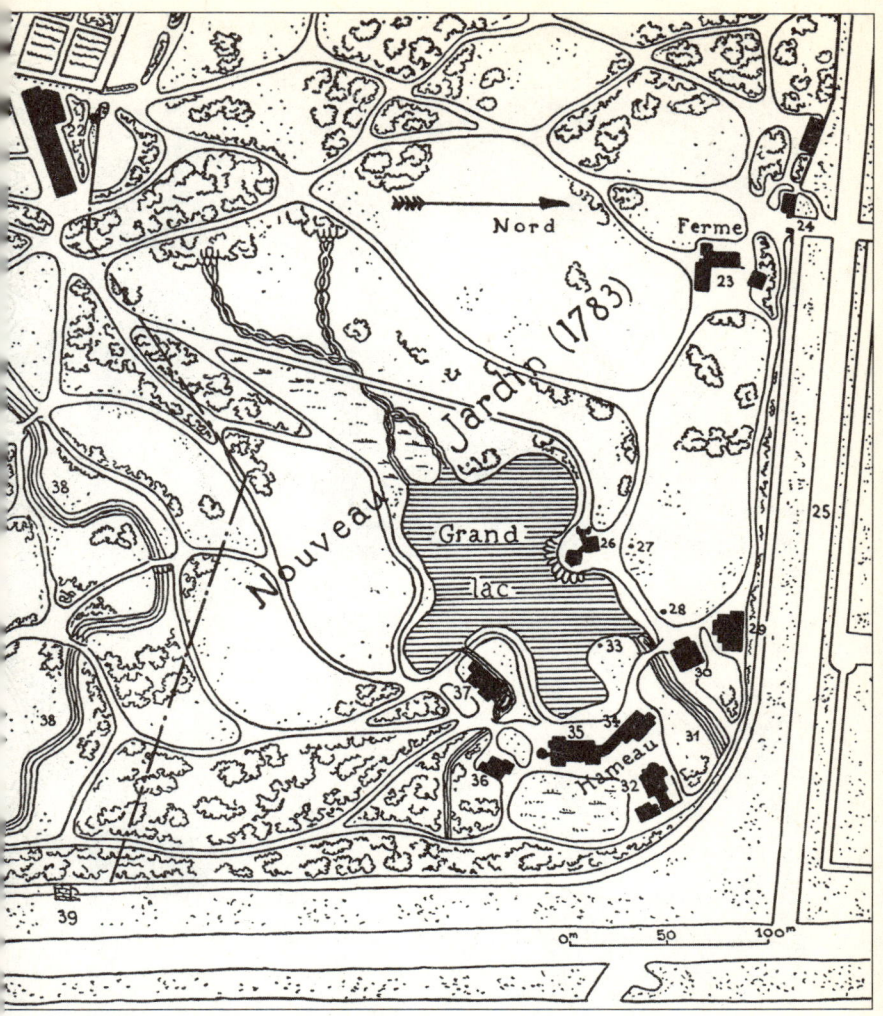

LA RESTITUTION DES JARDINETS.

20. Porte verte
21. Rocher
22. Orangerie
23. Ferme
24. Porte extérieure de la ferme
25. Allée du Rendez-Vous
26. Tour et laiterie de propreté

27. Emplacement de la laiterie de préparation
28. Emplacement de la grange (salle de bal)
29. Maison du gardien et lingerie
30. Colombier
31. Rivière du lac

32. Réchauffoir
33. Saule de la reine
34. Maison du billard
35. Maison de la reine
36. Boudoir
37. Moulin
38. Rivière
39. Fontaine ferrugineuse

La reine et ses fils dans les jardins français.
(Gravure d'après Chevalier de Lespinasse)

Illumination du temple de l'Amour.
(Gravure d'après Chevalier de Lespinasse)

334

Un jeton d'entrée dans les jardins de Trianon.

La Tour Marlborough, au sommet de laquelle Louis XVI
montre au Dauphin le domaine de Versailles.
(Gravure d'après Van Blarenberghe)

Le théâtre de Marie-Antoinette.
Gravure parue dans la revue *L'Illustration* du 6 juin 1891.

Jeu de cartes de la reine
annoté de sa main.

Le fameux bol-sein en porcelaine, posé sur des trépieds
à têtes de bélier, qui imitait, dit-on,
la forme du sein de Marie-Antoinette.

Le Petit Trianon.
Gravure parue dans *L'Illustration* du 6 juin 1891.

Composition et mise en pages réalisées
par Text'oh ! - 39100 Dole

Achevé d'imprimer par N.I.I.A.G.

en juin 2011

pour le compte de France Loisirs, Paris

Numéro d'éditeur : 64275
Dépôt légal : mars 2011
Imprimé en Italie

DU MÊME AUTEUR

Thérèse d'Avila (illustré par Marc Rénier), Mame, 1994

Thérèse d'Avila ou le divin plaisir, Fayard, 1997

Jean de la Croix, fou de Dieu, Grasset, 1999

Petit traité très incorrect sur la pensée, le sexe et Dieu, Éditions du Rocher, 2000

Le Chevalier de lumière, roman, Éditions du Rocher, 2001

Le Sang de l'Écriture, essai, Éditions du Rocher, 2002

La Valse des imposteurs, essai, Éditions du Rocher, 2003

Élisabeth de Hongrie, princesse des pauvres, Presses de la Renaissance, 2005

Madame Élisabeth, sœur de Louis XVI, Ramsay, 2007 (Prix Bel Ami 2007)

Meurtres au couvent, Ramsay, 2008

DANS LA MÊME COLLECTION :

Chenonceau
le château des plaisirs

ADA ou le génie des femmes, revue semestrielle